퀴어 페미니스트, 교차성을 사유하다

퀴어 페미니스트, 교차성을 사유하다

지은이   전혜은 · 루인 · 도균

발행   고갑희

주간   임옥희

기획   비사이드 콜렉티브

편저자   전혜은

편집 · 제작   사미숙

펴낸곳   여이연

주소   서울시 마포구 월드컵로8길 72-5 4층

전화   (02) 763-2825

팩스   (02) 764-2825

등록   1998년 4월 24일(제22-1307호)

홈페이지   http://www.gofeminist.org

전자우편   alterity@gofeminist.org

초판 1쇄 발행 2018년 12월 20일

초판 2쇄 발행 2020년 2월 12일

값 17,000 원

ISBN 978-89-91729-37-7 93300

여이연 이론 32
비사이드 선집 1

퀴어 페미니스트,
교차성을 사유하다

전혜은 루인 도균

도서출판 여이연

2014년 제15회 서울퀴어문화축제가 신촌에서 열렸을 때 보수 기독교가 중심인 퀴어 반대 세력은 사상 처음으로 퀴어문화축제 행사를 방해했다. 그 결과 1시간 정도로 예정되었던 퀴어문화축제 퍼레이드는 멈춤과 전진을 반복하며 4시간이 넘게 진행되었다. 이 사건은 당시 상당한 화제가 되었는데 오랫동안 반反퀴어-보수기독교 집단은 성소수자를 혐오하고 적대하는 발언을 했지만 거리에 나와서 직접 적대적 행동을 취한 경우는 드물었기 때문이다. 그러나 이 사건 이후 반퀴어-보수기독교 집단은 성소수자를 비난하고 적대하는 행동을 계속해왔고 시간이 지날수록 그 세를 더 키우고 있다. 2018년 9월 8일 인천 지역에서 열린 제1회 인천퀴어문화축제에서 이들이 천여 명 이상(경찰 추산) 모여 축제 참가자들에게 아침부터 밤까지 폭력을 휘두른 사건은 그 적대의 현주소를 적나라하게 보여주었다.

한편 2015년 한국 사회는 페미니즘의 대중화라는 새로운 시대를 맞이했다. 페미니즘의 대중화는 페미니즘에 대한 사회적 관심을 키웠을 뿐만 아니라 많은 '여성'이 자신을 '모태페미'라고 부를 정도로 페미니스트 선언을 확산시켰다. 하지만 페미니즘의 대중화와 동시에 한편으론 그에 대한 반동으로 페미니즘을 겨냥한 사회적 적대가 퍼져나갔고, 다른 한편으로는 래디컬 페미니즘의 기치를 건 이들이 남성과 여성을 기계적으로 분리하는 경향이 심화되었다.

이 두 가지 현상은 2018년 현재 한국 사회에서 퀴어와 페미니즘 의제에 관심이 있는 이들에게 매우 중요하고 유의미하지만 동시에 굉장히 어렵고 복잡한 의제이다. 반퀴어-보수 기독교 집단이 성소수자를 혐오할 때, 그 혐오발언이 여성운동을 하거나 페미니스트를 자처하는 이들에 의해 재생산되는 사태가 자주 발생하였기 때문이다. 반퀴어-보수기독교와 페미니즘을 표방하는 일부 집단은 '똥꼬충'이라는 말을 빈번하게 사용한다. 이들은 또한 성소수자를 이 사회와 페미니즘 양쪽에서 추방/삭제시켜야 한다는 주장을 쏟아낸다. 다른 일군의 페미니스트와 퀴어 활동가 및 연구자들은 이런 발언을 강하게 비판하고 있지만 이런 비판은 널리 받아들여지지 않는 편이다.

퀴어와 페미니즘을 적대적 정치학으로 구성하고(더 정확히 말하자면 퀴어를 페미니즘을 망치고 여성을 억압하는 정치학으로 구성하고) 페미니즘을 반퀴어-보수 기독교의 언설과 긴밀하게 연결시키는 이 시대에 어떤 새로운 개입과 정치학이 필요할까? 보수기독교 기반의 퀴어 혐오 집단은 퀴어와 페미니즘 양쪽 다 혐오하면서 '이것들이 나라를 망하게 만든다'고 주장하고, 남혐과 역차별이 존재한다고 주장하는 집단에서는 페미니즘과 퀴어를 동시에 적대하며 '이것들이 사회를 위협하게 만든다'고 주장하고, 여혐을 문제 삼는 집단 중 일부는 퀴어를 비난하면서 '퀴어가 페미니즘이 설 자리를 위협한다'고 주장한다. 이 혼란스러운 뒤얽힘 속에서 어떤 다른 목소리가 필요하고 또 가능한가?

2016년 겨울 솔여심 포럼이란 이름으로 시작하여 2017년 비사이드 포럼으로 이름을 바꾸고 2018년까지 3년째 열리고 있는 비사이드 포럼, 그리고 그 강연 일부를 모아 출간한 이 선집은 바로 이런 시대에 응답하여 이전과는 다른 퀴어 정치, 소수자 정치, 비판 이론을 모색하는 작업이다. 퀴어와 페미니즘은 어떤 정치적·역사적 관계를 맺어왔는가? 퀴어는 모두 단일한가? 정체성의 정치는 항상 자명하고 유용한가? 기존에 인정받은 범주에 들어맞는 정체성이 아니면 내가 여기 살아 존재한다는 것 자체를 주장해서는 안 되는가? 만성질환 및 장애가 있는 사람들을 '우리' 곁에 살아있을 수도 없고 살아서도 안 되는 불가능한 존재로 배척하고 혐오하는 사회에서 퀴어와 장애의 교차는 어떤 복잡한 정치적 지형을 구성하는가? 그리고 어떤 다른 인식론적 태도를 요청하는가? 모든 사람은 사랑하고 섹스해야 '정상'이라는 유성애 중심적 인간관에서 인간의 어떤 다양성과 차이가 삭제되는가? 합법적인 퀴어와 비합법적인 퀴어를 구분할 수 있는가? 품위와 음란함의 위계를 세울 자격이 누구에게 있는가? '똥꼬충'이라고 불리는 사람들은 퀴어와 페미니즘의 교차 위 어디에 존재하는가? 퀴어와 페미니즘의 운동, 담론, 공동체에서 성노동은 어떻게 취급되고 은폐되는가? 페미니즘을 획일적인 자매애로 상상하는 동시에 오직 '생물학적 여성'만 챙긴다는 자격조건을 걸어놓고도, 중·노년 여성도 이성애적 혼인 관계를 맺은 여성도 유자녀 여성도 비혼모 여성 성노동자도 치마를 입거나 머리 긴 여성도 '좆빨러'라며 배척하는 이 배타적 움직임에서 퀴어 장애인과 퀴어 성노동자와 트랜스 여성은 어디까지 밀려나야 하는가? 페미니즘의 기치를 건 이런 적대에 우리는 어떻게 대응해야 할 것인가?

　이것은 비사이드 포럼이 지금 시대에 던지는 질문이기도 하고 동시에 구성원 개개인이 집요하게 모색하고 있는 질문이기도 하다. 이런 질문과 고민을 통해 구성된 본 작업은 혐오와 적대가 넘쳐나는 시대에 다양한 입장과 범주와 사안의 복잡한 교차 속에서 퀴어 정치학을 어떻게 구축할 것인지 모색하고 대안적인 인식론을 만들고자 한다.

비사이드 포럼은 2016년부터 한국 사회의 퀴어 담론에서 지속적으로 배제되고 삭제된 논의를 중심으로 강좌를 기획해왔다. 에이섹슈얼리티, 장애-퀴어, 성노동, 바이섹슈얼, 트랜스젠더퀴어 등의 주제가 포함되었다. 이런 의제는 한국의 퀴어 논의에서도 페미니즘 논의에서도 제대로 충분히 논의되지 않은 채 남겨져왔다. 공론장에 올라올 때조차 이런 의제들은 페미니즘이나 퀴어와 무관한 의제라고 방치되거나 그들만의 소란이라고 치부되는 경향이 있었다. 교차성 페미니즘이라는 개념어가 등장하고 스스로를 '쓰까페미', '교차성 페미'라 부르는 이들이 교차성의 관점에서 퀴어운동과 페미니즘을 다시 쓰려고 노력하고 있지만 그 맞은편에선 수많은 여성을 배제하며 오직 여성만을 챙기겠다는 운동이 들불처럼 번져가는 지금, 교차성을 둘러싼 논쟁이 첨예하게 진행되고 있는 지금 시점에서 우리는 교차성을 어떻게 사유해야 할까? 교차성을 어떻게 구체적으로 맥락화하여 현재의 난국을 타개할 정치적 자원으로 사용할 수 있을 것인가? 이 선집에 실린 글은 교차성에 대한 어떤 단 하나의 정의를 내리거나 현 상황에 대한 확실한 단 하나의 해답을 내놓을 수 있다고 자만하지 않는다. 그 대신 교차성이 구현되는 맥락을 더욱 복잡하게 만든다. 단편적인 입장에 파묻혀서는 전방위적으로 우리를 압박하는 구조적 억압과 차별에 제대로 맞설 수도 없고 규범에서 벗어나는 다양한 존재의 삶을 제대로 이해할 수도 없기 때문이다.

포럼의 이름인 '비사이드beside'는 교차성에 대한 이해를 돕는 공간적 비유라 생각해서 가져왔다. 퀴어 이론가 이브 코소프스키 세즈윅Eve Kosofsky Sedgwick은 『느낌에 닿다』[1]에서 지금까지의 비판 정치가 이원론적 사유를 기반으로 무언가의 밑이나 뒤를 캐야만beneath, behind '진실'을 확보할 수 있고 무언가를 넘어서고 초월해야만beyond 순수한 저항의 당위성을 주장할 수 있다고 믿어왔다는 점을 비판하면서, 대신 이원론적이지 않은 사유를 위한 상상적 도식으로 '~옆에beside'를 제안한 바 있다. '옆에'는 뭐든 계속해서 나란히 놓으며 거의 무한하게 연결해나갈 수 있다. '옆에'는 본질주의나 목적론적 서사에 섣불리 의지하지 않으면서, 모든 이원론적 대립과 위계를 무효로 만들면서 모든 다양성과 차이를 함께 사유할 수 있게 해준다. 물론 세즈윅이 "형제자매와 한 침대를 같이 쓰는 아이라면 누구든 알 수 있다"고 말했듯, '옆에'라는 공간적 도식으로 형상화하는 비이원론적인 사유는 반드시 형식적인 평등이나 평화로운 관계를 완성할 수 있다는 환상에 매달리지 않는다. "'옆에'는 광범위한 관계들로 이뤄져 있다. 욕망하는 관계, 동일시하는 관계, 대변하는 관계, 접근하지 못하게 쫓아버리는 관계, 병행하는 관계, 구별 짓는 관계, 라이벌 관계, 의지하는 관계, 꼬인 관계, 모방하는 관계, 움츠러드는 관계, 끌리는 관계, 시비 거는 관계, 비뚤어진 관계 등등."[2]

우리는 이 설명이 교차성을 사유하는 데에도 도움이 될 거라고 생각했다. 교차성은 단순한 덧셈 모델이 아니다. '퀴어'와 '장애인'을 이어붙일 때, '트랜스젠더'와 '여성'과 '성노동자'를 이어붙일 때 이것들이 만들어내는 갈등과 모순은 그 범주를 자기 이름으로 경험하는 한 개인이 감내하기엔 너무나도 폭발적이다. 하지만 또 바로 이 갈등과 모순과 애증이 뒤범벅된 삶이 모든 인간의 삶이기도 하다. 또한 교차성은 피해의 경쟁 구도를 만들고 '내가 가장 심한 피해를 겪고 있다'라는 태도를 취해 갈등에서 유리한 고지를 점하기 위한 도구가 아니다. 교차성은 세상을 지배하는 권력들과 어떤 식으로든 관계를 맺고 있다는 사실을 깨닫게 해주고, 그 관계가 결코 단순하거나 자명한 것이 아니라 복잡하고 모순적이라 나를 사회적 약자로 배치하는 바로 그 상황이 동시에 나를 사회적 권력자로 배치할 수도 있음을 함께 깨닫게 해주는 분석틀이다. 섣불리 규범적 잣대를 들이대며 의심하고 부정하는 대신, 어딘가 인정받은 범주에 억지로 끼워 넣으려 하는 대신, 한 사람을 이루는 여러 정체성 범주의 충돌을 무마하겠다고 억지로 이름 간의 위계를 만들고 단속하는 대신, 또는 내가 제일 피해자니 도덕적으로 제일 우월하고 고로 남을 공격할 자격이 있다고 주장하는 대신, 우리는 한정된 범주와 한정된 경험으로는 설명할 수 없는 이 복잡성과 다양성과 차이에 좀 더 겸손하게 접근해야 한다.

이 선집의 구성 또한 다양한 주제를 나란히 옆에 놓으면서 교차성에 대한 사유를 더욱 깊고 넓게 확장하는 작업을 시도한다. 첫 번째로 만나볼 전혜은의 글 「장애와 퀴어의 교차성을 사유하기」는 퀴어와 장애가 별개의 영역이라는 인식에 도전하면서 퀴어 관점에서 장애를, 장애 관점에서 퀴어를 다시 사유하여 퀴어와 장애를 둘러싼 담론 지형을 교차적으로 다시 짠다. 먼저 퀴어와 장애를 반목시키는 주요인으로 '병리화'를 지목하여 병리화의 특성과 작동 방식을 해부한다. 병리화의 낙인에 맞서 퀴어와 장애의 연대를 이루기 위해서는 '정상성'을 해체하는 작업이 중요하다. 전혜은은 퀴어와 장애가 어떻게 복잡하게 얽히는 지를 살펴봄으로써 정상성의 해체가 어느 한쪽 분야의 힘만으로 해결할 수 있는 문제가 아님을 보여준다. 그 다음엔 퀴어와 장애가 맞물리는 수많은 사안 중 특히 섹슈얼리티와 에이섹슈얼리티에 초점을 맞춰 정상성을 해체하는 논의를 정리한다. 섹슈얼리티와 에이섹슈얼리티에 대한 퀴어 이론의 성과는 병리적으로만 이해되었던 장애인의 성적인 삶을 재정립하는 데 도움을 줄 것이다. 동시에 우리는 퀴어 이론이 그간 발전시켜온 섹슈얼리티-에이섹슈얼리티 논의를 장애 관점에서 재구성했을 때 얼마나 풍성하고 복잡한 다른 이야기가, 어떤 다른 가능성과 대안이 나오는지를 보게 될 것이다.

루인의 글 「젠더로 경합하고 불화하는 정치학: 트랜스젠더퀴어, 페미니즘, 그리고 퀴어 연구의 이론사를 개괄하기」는 페미니즘, 퀴어 연구, 트랜스 연구의 관계를 탐색하면서 전혜은의 논의를 이어간다. 페미니즘, 퀴어 연구, 트랜스 연구는 종종 별개의 역사적 사건으로, 서로 반목할 뿐인 정치학으로 인식된다. 이러한 인식은 오직 '생물학적 여성'만 챙긴다는 한국 래디컬 페미니즘 담론에서 더욱 두드러진다. 루인은 페미니즘, 퀴어 연구, 트랜스 연구의 역사적 결절점을 살피면서, 세 정치학이 젠더 개념을 중심으로 첨예한 갈등 관계를 형성하고 있지만 서로 배타적인 듯 보여도 사실상 서로가 서로에게 의존하는 긴밀한 형태로 구성되어 왔음을 논증한다. 또한 이 글은 오늘날 여성 범주를 둘러싼 논쟁에 개입하여 퀴어 트랜스 페미니즘 관점에서 여성 범주를 더욱 복잡하게 재구성한다. 첫 두 편의 글이 교차성을 중심으로 논의를 전개한다면 다음 세 편의 글은 교차성 논의의 핵심인 정체성을 중심으로 논의를 전개한다. 정체성을 둘러싼 다양한 질문은 이 책의 핵심 문제의식이기도 하다. 전혜은의 글 「'아픈 사람' 정체성」은 "'아픈 사람'을 정체성으로 사유할 수 있을까?"라는 질문을 던진다. 이 질문을 통해 비장애인도 장애인도 아닌 아픈 사람의 경계적 경험을 고찰하고, 아픈 사람의 특수한 체현을 계속해서 부인하는 이분법적 가치 체계를 문제 삼는다. 이 작업을 위해 먼저 아픈 사람과 '장애인' 정체성 사이의 복잡한 관계를 살펴보고, 아픈 사람이라는 이름이 왜 필요한지 검토한다. 그 다음엔 정체성에 관한 급진적 논의를 발전시켜온 퀴어 이론으로부터 이론적 자원을 끌어와 '아픈 사람'이라는 이름을 정체성으로 사유할 방법을 모색한다. 마지막으로 '아픈 사람'을 정체성으로 사유할 때 그러한 사유가 개인적 차원과 사회적 차원, 그리고 인식론적 차원에서 어떤 함의와 가치, 잠재력을 갖는지를 논한다.

　루인의 글 「죽음을 가로지르기: 트랜스젠더퀴어, 범주, 그리고 자기 서사」는 트랜스젠더퀴어의 죽음을 재현하는 방식을 통해 트랜스젠더퀴어가 이 사회에서 탄생되는 방식을 탐문한다. 보통 부고는 한 사람의 전 생애를 다시 돌아보며 그 사람의 삶을 되새기는 작업이지만 트랜스젠더퀴어의 죽음은 그 사람의 범주를 확인하는 과정으로 기능한다. 한 사람의 삶의 많은 부분이 트랜스젠더퀴어라는 정체성에 부합되는 방식으로 수렴되고 트랜스라는 정체성으로 수렴할 수 없는 삶은 삭제된다. 이런 식의 재현은 한 사람의 삶을 특정 정체성 범주로 박제시키고 그리하여 정체성 범주를 알면 마치 그 사람의 모든 것을 다 알게 되었다는 식의 문제를 일으킨다. 루인은 죽음을 통해 트랜스젠더퀴어를 애도하는 과정에서 트랜스젠더퀴어(혹은 다른 많은 성적소수자)

의 삶을 정체성으로 수렴시키는 방식의 서술이 결국 트랜스의 삶의 복잡성을 단순하게 만들고 다른 삶의 가능성을 삭제시킨다는 점을 지적한다. 이 글은 트랜스를 비롯한 다양한 퀴어가 자신의 생애를 기술할 때, 특정 정체성 범주로 전생애를 환원시키지 않는 방법을 모색하는 작업이기도 하다.

마지막으로 도균의 글 「게이라는 게 이쪽이라는 뜻이야?」는 본인의 경험을 기반으로 '이쪽 사람들'이라는 개념을 탐색한다. 최근 몇 년 사이에 성소수자를 명명하는 언어는 매일 같이 새롭게 생겨나고, '~로맨틱/~섹슈얼/~젠더'라는 도식적 형태로 성정체성을 분류하는 것이 일반화되는 경향이 있다. 이런 경향은 정체성을 사유하는 방식까지 도식적으로 만들고 있다. 이런 흐름에서 벗어나 도균은 기존의 범주로 충분히 설명하고 담을 수 없는 '이쪽 사람들'에 대한 이야기를 들려준다. 그리고 이를 통해 트랜스젠더퀴어이자 성노동자인 본인의 경험과 정체성에 대한 사유를 엮어 짠다. 정체성과 정체화를 수많은 도식과 구분 중 자신에게 딱 맞는 무언가를 찾는 것으로 이해하는 현재 상황에서 도균의 글은 정체성 및 정체화 과정을 완전히 다른 방식으로 사유할 수 있는 가능성을 제시한다. 이는 명징한 정체성 범주 명명이 없으면 자신의 존재를 사유할 수 없고 설명할 수 없다는 통념을 문제시하는 중요한 질문인 동시에, 정체성을 완전히 부정하는 것이 아니라 급진적으로 재사유하는 작업이다.

3년 동안 포럼에 함께 해온 분들이 많았지만 우여곡절 끝에 세 사람이 먼저 선집을 내게 되었다. 특히 1회 포럼을 기획했고 2회 포럼은 공동으로 기획했던 퀴어 연구자 이조 님이 급격한 건강 악화로 첫 선집에서 빠지게 되어 매우 안타깝다. 에이섹슈얼리티 연구자인 이조 님이 빠지시는 바람에 우리 포럼이 한국의 여타 퀴어 관련 강좌와 차별화되는 특징 중 하나였던 에이섹슈얼리티 논의를 선집에 전면적으로 소개하지 못하는 것도 애석한 일이다. 이 선집의 필진은 매년 포럼을 꾸준히 열고 선집을 묶어내기로 종신계약(?)을 맺었기에 다음에 함께 할 기회가 있을 것이라 믿는다. 끝으로 이 책을 봐주실 독자님들에게 미리 진심으로 감사드린다. 이 책이 여러분의 퀴어한 여정에 함께 할 동반자가 되길 바란다.

2018년 가을
루인, 전혜은

1   Eve Kosofsky Sedgwick, *Touching feeling: Affect, pedagogy, performativity*, Duke University Press, 2003.
2   *ibid*, p. 8.

1. 장애와 퀴어의 교차성을 사유하기

전혜은

1. 장애와 퀴어의 교차성을 사유하기[1]

01   들어가며

퀴어와 장애의 교차는 퀴어이자 장애인인 사람들에게는 자기 삶을 이해하고 다른 이들과 소통하기 위해 반드시 고민하게 되는 주제이다. 이 글은 퀴어 관점에서 장애를, 장애 관점에서 퀴어를 다시 사유하면서 퀴어와 장애와 관련된 담론의 지형을 재편하는 논의를 살펴보고 재구성하고자 한다.

장애와 퀴어의 교차성을 사유한다는 것은 제일 먼저, 퀴어인 사람은 당연히 비장애인일 것이고 장애인은 당연히 시스젠더 이성애자일 것이라는 전제를 깨겠다는 것이다. 둘째, 퀴어와 장애를 서로 무관한 별개의 범주로 혹은 어느 한쪽이 다른 쪽 밑으로 들어가는 관계로 보는 대신, 같은 척도로는 잴 수 없는 차이를 품고 복잡하게 얽혀 있는 관계로서 살펴보겠다는 뜻이다. 셋째, 장애를 퀴어에, 퀴어를 장애에 통합시키는 동시에 서로의 관점을 통해 변환시키는 인식 틀의 상호 대 격변을 꾀하는 구도로서 장애와 퀴어의 교차성을 사유하겠다는 것이다. 퀴어장애학자 캐리 샌달Carrie Sandahl은 이러한 상호 통합과 변환을 '크립을 퀴어하게 만들기queering the crip', '퀴어를 크립하게 만들기cripping the queer'로 개념화한 바 있다.[2] 여기서 '퀴어하게 만들기'는 주류 사회에서 유통되는 재현 아래 숨겨져 있는 퀴어하게 읽힐 만한 텍스트를 발굴하기 위해 주류 텍스트를 새롭게 해석하기, 그런 재현을 가져와 내 목적에 맞게 기존과는 다른 퀴어한 의미를 담도록 만들기, 주류적인 재현에서 이성애 중심주의를 해체하기와 같은 실천을 의미한다. '크립하게 만들기'는 장애 없는 신체를 중심으로 하는 전제들이 이 사회 구석구석에 깔려 있다는 점을 폭로하고, 그런 전제들이 어떻게 장애인을 비롯한 사회의 타자들을 배척하는 효과를 낳는지를 드러내기 위해 주류 사회에서 유통되는 재현과 관행을 새롭게 해석하는 실천을 의미한다. 따라서 '크립을 퀴어하게 만들기'는 "크립으로 존재한다는 게 무엇을 의미하는가에 관한 통념을 비판하고 확장"하고, '퀴어를 크립하게 만들기'는 "퀴어로 존재한다는 게 무엇을 의미하는가에 관한 통념을 비판하고 확장한다."[3] 마지막으로 넷째, 장애와 퀴어 둘 다 무수히 많은 다양성과 차이를 느슨하게 아우르는 '상상의 공동체'[4]일 뿐만 아니라 분석범주이자 재현체계로, 즉 세상을 달리 이해하고 조직하는 해석적 틀로 이해한다면, 퀴어와 장애의 교차성을 탐구하는 작업은 지금과는 전적으로 다른 세상을 만들고자 하는 미래지향적 과업이 될 것이다.

이 글에서 우리는 퀴어와 장애가 얼마나 밀접하게 연결되어 있는지, 왜 이 둘을 함께 탐구해야 하는지, 또한 왜 퀴어와 장애가 함께 연대해야 하며 이미 진행 중인 연대는 어떠한지를 개략적으로나마 살펴볼 것이다. 그리고 그만큼 퀴어와 장애 사이의 불화와 갈등도 보게 될 것이다. 먼저 이 글은 퀴어와 장애를 반목시키는 주요인으로 '병리화'를 지목하여 병리화가 무엇인지, 병리화의 낙인이 어떻게 퀴어와 장애 둘 다를 타자화하면서도 서로 반목하게 만드는지, 이 인위적인 갈등에서 벗어나기 위해선 어떻게 해야 할지를 검토한다. 그리고 병리화의 낙인에 맞서 퀴어와 장애의 연대를 이루기 위해서는 '정상성'을 해체해야 하며 이 해체 작업은 어느 한쪽 분야의 힘만으로 해결할 수 있는 문제가 아님을 논증할 것이다. 이 글의 나머지 부분에서는 퀴어와 장애가 교차하는 수많은 사안 중 특히 섹슈얼리티에 초점을 맞춰 정상성을 해체하는 논의를 탐구한다. 섹슈얼리티와 에이섹슈얼리티asexuality에 대한 퀴어 이론의 성과는 병리적으로만 이해되었던 장애인의 성적인 삶을 재정립하는 데 도움을 줄 것이다. 동시에 우리는 퀴어 이론이 그간 발전시켜온 섹슈얼리티와 에이섹슈얼리티 논의를 장애 관점에서 재구성했을 때 얼마나 풍성하고 복잡한 다른 이야기가, 어떤 다른 가능성과 대안이 나오는지를 보게 될 것이다.

02   갈등과 연대 : 병리화의 낙인과 정상성의 해체

앞으로 보게 되겠지만 어떤 면에선 장애는 퀴어하다고 말할 수 있고, 장애의 퀴어한 측면을 부각시켜 퀴어 이론과 연결하는 논의가 특히 영미권에서는 2000년대 초부터 나오고 있다. 이 글이 실린 선집의 특성상, 이 글을 읽는 독자라면 아마도 퀴어로 정체화했거나 퀴어에 적대적이지 않은 분들이 많을 것이다. 그런데 이 독자들에게 '장애는 퀴어다'라는 말이 정치적으로 전복적이고 해체적이고 이론의 첨단을 달리고 규범성에 저항하는 선언처럼 들린다면, 그 반대는 어떠한가? '퀴어는 장애다.'

본인이 퀴어이거나 퀴어 친화적인 비장애인 독자들에게 '퀴어는 장애다'라는 말이 그리 긍정적으로 들리지 않는다면, 그리고 다른 한편 장애인이거나 장애 공동체와 문화에 친숙한 독자들도 장애와 퀴어를 연결시키는 걸 불편하게 느낀다면, 이는 각자 이 사회에 널리 퍼져 있는 장애나 퀴어에 대한 뿌리 깊은 부정적인 편견에 물들었기 때문일지도 모른다. 하지만 이런 불편함을 개인이 품고 있는 '퀴어 혐오'나 '장애 혐오' 때문이라고만 단정하긴 어렵다. 이런 불편함의 원인은 장애와 퀴어의 관계가 공통된 억압을 공유하면서도 서로의 낙인을 짊어지지 않기 위한 갈등과 반목의 복잡한 역사로 얼룩져 있기 때문이기도 하다. 몇 가지를 꼽자면 첫째, 19세기 중반~20세기 초반 유럽과 미국에서 성행했던 프릭 쇼freak show는 인종·국적·성별·성차·섹슈얼리티·비장애 등에 대한 당대의 규범을 바탕으로 구축된 외양의 정상성에서 어긋나는 모든 차이를 '인간이 아닌 괴물'로 전시하였고, 퀴어와 장애 또한 이 타자성의 표식 아래 묶여 수집되고 볼거리 취급당해왔다.[5] 둘째, 역사적으로 퀴어와 장애는 둘 다 '병리적인 것'으로 취급되어 감시와 통제를 받아왔다. 동성애는 1973년이 되어서야 『정신질환 진단 및 통계 편람Diagnostic and Statistical Manual of Mental Disorders, DSM』에서 빠지게 되었다.[6] 트랜스젠더는 1980년 DSM 3판에 성별정체성장애Gender identity disorder, GID란 명칭으로 정신장애 항목에 추가되어 2012년 DSM 5판에서 '성별위화감Gender Dysphoria'으로 명칭이 한 차례 바뀌었고, 1990년 세계보건기구the World Health Organization, WHO의 『국제질병분류International Classification of Diseases, ICD』제10차 개정판에서는 '성별정체성장애', '성전환증Transsexualism'이라는 이름으로 정신장애에 포함되어 있었다가 2018년 11차 개정판에 이르러서야 30여 년 만에 정신장애 항목에서 삭제되었다.[7] 또한 장애를 치료 또는 제거해야 할 생물학적 결함 내지 병리학적 상태로만 간주하는 사회에서 많은 장애인이 시설에 격리되어 심각한 인권침해를 당해왔듯, 많은 퀴어들은 '전환치료'라는 명목 하에 감금과 고문 등 심각한 인권침해를 겪어왔다.

셋째, 이처럼 유사한 억압의 역사를 지나왔음에도 일반적으로 퀴어 진영과 장애 진영은 서로의 낙인을 기피하느라 껄끄러운 관계였다. 한편으로 주류 장애 운동의 남성 중심적이고 이성애 중심적인 경향으로 인해 퀴어이자 장애인인 사람들 및 퀴어 의제는 장애 정치에서 소외되어왔다. 한편, 다른 사회 영역과 마찬가지로 퀴어 학계와 운동판도 비장애 중심주의에 물들어 있다. 퀴어 이론에서 장애에 관심을 가질 때는 비주류에 일탈적 특성을 보이는 유형의 장애만이 퀴어함의 은유로서 소비될 때, 혹은 가장 비정상적이고 병리적인 비체의 은유로 신체적·정신적 장애가 소비될 때일 뿐, 장애와 장애인이 퀴어 이론 및 정치의 전면에 중요하게 등장하는 경우는 드물다.[8] 무엇보다, 퀴어와 장애가 껄끄러운 관계를 맺게 만든 주된 요인은 병리화의 낙인이다. 정체성의 정치[9]를 기반으로 하는 주류 장애 운동은 장애인들이 장애가 있는 것만 빼면 모든 면에서 '남들과 같은 정상'임을 주장하는 태도를 자주 취해왔다. 그 과정에서 사회에서 병리적인 것으로 치부되는 특성들과 거리를 두곤 했는데 거기엔 동성애나 젠더 위반 등 퀴어에 속하는 특성도 포함되어 있다. 주류 성소수자 운동 또한 성소수자들의 특성이 '병'이 아니라 건강하고 자연스러운 인간 다양성에 속함을 강조하면서 장애 및 질환과 거리를 두어왔다. 이러한 대립은 퀴어와 장애 양쪽에 걸쳐 있는 사람들을 더욱 주변부적인 존재로 만들 뿐만 아니라 때로 이들의 생존까지도 위협한다. 일례로 HIV/AIDS 이슈는 퀴어 이슈인 동시에 장애 및 만성질환 이슈임에도 불구하고 장애운동 및 학계에서는 이를 언급하길 꺼려하며 HIV/AIDS를 가진 사람들을 장애 정체성을 공유하는 공동체의 구성원으로 받아들이려 하지 않는 경향이 있다. 그러나 HIV/AIDS를 가진 사람들에게는 요양 및 보건의료 지원이 절실하고 인터섹스와 트랜스젠더들에게는 지속적으로 호르몬제를 지원하는 등의 건강 서비스가 필요하기 때문에[10] 퀴어 진영과 장애 진영 간의 거리 두기는 퀴어와 장애 양쪽에 속한 사람들의 삶을 사회의 가장 위태로운 가장자리까지 내몰 수 있다. 그러므로 병리화의 낙인을 부수는 것이 장애와 퀴어의 생산적 연대의 발판을 마련하는 첫 번째 과업이 될 것이다.

1) 퀴어와 장애의 갈등 : 병리화의 낙인

페미니즘이나 퀴어와 장애 관련 문헌에서 병리화pathologization라는 용어는 자주 등장하지만 제대로 정의된 적은 없다. 아주 간단히 설명하자면, 병리화는 차이가 병으로 환원되는 것이다. 다시 말해 지배적인 사회질서와 규범에서 일탈한 존재나 행동이 질병 취급당하는 것이다. 그러나 이 간단한 정의는 이해하기엔 쉬우나 충분치 않다. 이 정의는 병리화를 문제시하면서도 여전히 병을 나쁜 것과 등치시킴으로써 병 그리고 그 병과 더불어 사는 사람들에 대한 낙인을 재생산하기 때문이다.[11] 따라서 병리화의 낙인에 제대로 맞서기 위해서는 병리화에 대해 좀 더 본격적인 논의가 필요하다.

병리화 개념은 의료화medicalization와 밀접한 관계가 있다. 의료화의 핵심은 무엇보다도 어떤 것이 병리적인 문제인지, 즉 의학의 대상인지를 정의하는 능력이기 때문이다.[12] 의료사회학자 피터 콘래드Peter Conrad는 의료화를 "의료적이지 않은 문제들이 의료적인 문제로—보통 병과 장애illness and disorders로—정의되고 취급되는 과정"이라고 정의한다.[13] 의료화의 첫 번째 문제점은 일상의 거의 모든 영역이 의학의 대상으로 접수되어 사람들의 일거수일투족이 건강과 질병의 문제로 환원된다는 점이다. 콘래드보다 앞서 의료사회학자이자 장애운동가인 어빙 K. 졸라Irving K. Zola는 의료화를 "의학을, 그리고 '건강'과 '병'이라는 이름표를 인간 존재의 점점 더 많은 부분과 관련되게 만드는" 현상으로 정의하면서 일상생활이 전부 의료화되는 현상을 강하게 비판했다.[14] 더욱이 무엇을 의료적 틀에서 해석하고 기술하며 의료적으로 치료해야 할 문제로 정의할 것인가 하는 사안에서, 그러한 정의와 해석을 내릴 권한을 가진 의료전문가들은 장애인을 비롯한 사회적 소수자들의 삶을 지나치게 좌우해왔다. 의사들은 진단을 내리고 치료법을 처방하는 것뿐만 아니라 "운전능력을 평가하고 휠체어를 처방하고 재정 혜택의 할당을 결정하고 교육 설비를 선택하고 노동할 능력과 잠재력을 측정하는 일에도 관여한다."[15] 물론 병을 근절해야 할 해악이 아니라 평생 더불어 살아가는 다양성의 문제로 접근하는 의사들도 있고, 당면한 증상의 제거에 집중하느라 환자의 전반적인 건강이 관심 사안이 아닌 의사들도 있다. 그러나 의료전문가들이 이처럼 광범위한 영역에 개입할 권한을 가질만한 자격이 있는가 하는 질문엔 분명하게 답할 수 없는데도 의학이 관할하는 영역이 계속 확장되고 의사들이 점점 더 많은 영역에서 "이익과 불이익, 특권과 배제를 둘 다 수여하는 사회적 기능에 문지기 역할을 담당"[16]하게 된다는 것은 문제가 있다. 의료화의 '정의하는 능력'은 실제로 그 대상자의 생존을 좌우할 수 있다. 심각한 만성질환과 더불어 사는 페미니즘 장애학자 수잔 웬델Susan Wendell이 지적했듯이, 아픈 사람이 진단명을 얻지 못하는 경우, 즉 아프다는 본인의 주관적인 경험에 대해 "의학적 승인"을 받지 못할 경우 아픈 사람은 아픈 몸으로 살기 위해 필요한 모든 지원을 끊길 위험에 처한다. "보험금 청구, 보조금, 복지 수당과 장애 수당 모두가 공식적인 진단에 달려 있"을 뿐 아니라, 병을 인정받지 못한 사람들은 아프다고 거짓말하면서 제대로 일도 안 하고 주변 사람들에게 민폐 끼치는 인간으로 낙인찍혀 결국 "가족, 친구로부터 버림받는" 일이 드물지 않은 것이다.[17]

　의료화의 두 번째 문제점은 건강과 질병의 문제를 개인의 문제로 환원시킨다는 것이다. 질병과 장애가 산업재해나 지속적인 폭력에의 노출 등 사회적 문제에서 비롯된 것이라 할지라도, 의학에서는 그러한 맥락을 무시한 채 질병과 장애를 개인적인 불행이자 결함으로 간주하고 개인적인 층위에서 문제를 해결하려는 경향이 우세하다.[18] 이는 세 번째 문제와 연결되는데, 질병과 장애를 개인화하는 관점은 건강을 좋은 것이자 나아가 보편적인 선으로 규정하는 건강 이데올로기와 밀접한 관련이 있다. 이 관점에서는 건강의 반대편에 있는 질병과 장애는 나쁘고 심지어 악한 것으로 간주되어 건강의 문제는 도덕적인 가치판단의 문제가 된다.[19] 건강을 절대 선으로 놓고 질병과 장애를 개인화하는 관점이 사회에 널리 퍼져 있을 때 질병과 장애를 가진 개인의 행실은 모조리 건강에 악영향을 미치는 것으로 비난받고 감시당한다.[20] 트집 잡을 거리는 무궁무진하다. 당신이 아픈 이유는 담배를 피워서, 술을 마셔서, 하라는 공부는 안 하고 놀러 다녀서, 너무 문란해서 혹은 너무 엄격하게 자신을 단속하며 살아서 생긴 스트레스로, 너무 아무거나 먹어서 혹은 너무 가려 먹어서, 너무 못되게 굴어서 혹은 너무 소심해서 속에 있는 말도 못 하고 살아서, 심지어 페미니즘 같은 거 하느라 사회의 모든 것을 삐딱하게 받아들이다보니 병을 자초했다는 비난을 받을 수도 있다. 또한 무슨 이유 때문에 병을 얻었든 간에 질병과 장애를 '해결'하는 방법은 개인화된 의료적 치료와 예방이라고 여겨진다. 이 '해결책'을 받아들이지 않거나 받아들일 수 없는 사람은 다시 그 이유로 비난을 받으며 질병과 장애의 책임을 개인적으로 짊어지게 된다. 또한 건강 이데올로기의 견지에서는 질병과 장애는 곧 고통과 동의어처럼 여겨지는데, 바로 이 '고통'이 질병과 장애를 계속해서 치료라는 의료적 과정 안에 속박하는 근거로, 나아가 완치가 불가능할 경우 그 장애인의 '근절'을 지지하는 근거로 쓰인다. 장애인으로 사는 것은 고통이나 다름없다는 이유로 장애가 발견된 태아의 낙태는 물론 살아있는 장애인의 안락사가 대중적인 공감과 지지를 받는 것이다.[21]

넷째, 장애 및 기타 소수자 특성의 의료화가 문제인 또 다른 이유는, 의학이 그러한 특성을 가진 이들을 병리적인 문젯거리로 규정하는 관점이 대중의 문화적 인식에 막대한 영향을 미쳐 주류 집단의 구성원이 그 소수자 집단의 구성원과 상호작용하는 방법 자체를 구성하기 때문이다.[22] 의료 전문가들이 장애를 결함으로, 만약 태아일 때 발견되었다면 낙태시켜야 하고 장애아동이 태어났다면 하나 더 낳으면 되는 문제로 치부하는 경향은 장애아동이 부모를 비롯한 주변의 비장애인들에게 학대받을 위험을 증가시킨다.[23] 또한 이런 관점은 퀴어들에게 가해지는 폭력을 '치료'랍시고 정당화하는 근거로도 동원된다.[24]

장애학자 및 활동가들은 이러한 문제점에 '병리화'라는 이름을 붙였다. 일반적으로 의료계에서는 병리화라는 현상 자체를 부인하거나 병리화와 의료화는 무관하다는 입장인 반면, 장애학계에서는 의료화가 적어도 장애 몸과 장애인의 병리화에 기여했다고 본다. 물론 의료화가 병리화와 꼭 같은 것은 아니다. 어떤 사안을 의료적 개입이 필요한 문제로 전환하는 것이 당사자들에게 도움이 되는 경우도 있다. 가장 대표적인 예는 알코올중독으로, 알코올중독이 개인의 악함이 아니라 치료와 지원이 필요한 질병이라고 주장하며 인식의 변화와 제도적 지원을 요구한 건 당사자 모임이었다.[25] 그래서 의료 전문가들은 의료화를 다양한 행위자가 올라와 자유롭게 협상하며 고루 이득을 얻는 합리적이고 평등한 공론장처럼 생각하는 경향이 있다. 그러나 이러한 관점에선 병리화가 어떻게 젠더 · 섹슈얼리티 · 비장애 · 계급 · 인종 등등의 범주 안에서의 권력 불평등을 따라 작동하는 동시에 그러한 불평등을 심화시키는지를 제대로 논할 수 없다. 이러한 불평등과 이에 기초한 편견은 의료 현장에서 대다수 환자가 철저히 을의 위치에 놓이는 상황을 더욱 악화시키며 때로 진단과 처방에도 중대한 영향을 미친다. 예를 들어 미국에서는 백인보다 흑인과 소수민족이 통증 치료에서 소외되어 있고 모르핀 계열 진통제를 처방받기 훨씬 어려운데, 유색인은 가난할 테니 진통제를 처방하더라도 마약으로 사용할 것이라는 편견이 의료계에서도 널리 퍼져 있기 때문이다.[26] 더욱이 당사자들이 스스로 의료화 안으로 진입하는 맥락은 훨씬 더 복잡하다. 예를 들어 트랜스섹슈얼인 사람들은 그저 자기 자신으로 살아가기 위해 필요한 법적 지위, 사회적 안전, 경제적 문제 등을 해결하기 위해 정신과에서 진단을 받아 성 재지정 수술을 승인받는 과정에 참여하지만 그 과정에서 트랜스섹슈얼을 정신질환자로 병리화하는 담론에 순응해야 하는 곤란을 겪는다. 수술 허가에 필요한 정신과 진단은 세상의 성별이 남성/여성 단 두 개로 이루어져 있고 남성성과 여성성이 명백히 본질적으로 대립할 것이라는 고루한 젠더 이원론을 바탕으로 구축되어 있다. 따라서 수술을 원하는 트랜스섹슈얼은 자신이 사회의 규범적 여성성이나 남성성에 부합한다는 것을 증명하기 위해 규범에 순응하는 연기를 해야 하는데, '꽃을 좋아하면 남성성이 부족하다' 같은 편견이 진단 근거에 포함되는 경우도 있어 증명 과정이 쉽지 않다. 또한 이런 정신과 진단에는 이성애가 자연스럽고 당연한 순리라는 편견도 깔려 있다. 따라서 현재 '남성'이면서 '이성애자'로 분류되는데 '여성'으로 '전환'하길 원하는 사람은 수술 후 '동성애자'로 분류된다는 이유로 수술 허가를 받지 못하는 경우도 있다. 결국 수술을 원한다면 젠더 이원론과 이성애 중심주의에 들어맞지 않는 사람은 '정신질환자'로 병리화되어 마땅하다는 굴욕적인 기준과 거짓으로라도 타협해야만 수술 허가를 받을 수 있는 셈이다.[27]

이처럼 규범적인 주체 위치에 있지 않은 사람들은 의료화와 병리화가 밀접한 관계를 맺고 있음을 일상에서 생생히 겪어왔다. 역사학자 줄리 리빙스턴Julie Livingston은 장애와 의학의 역사를 개괄하는 글에서 장애인들이 의료전문가의 실험 대상이 되어 학대받고 무시당해온 역사를 언급하며 "병리화의 사회적 효과는 클리닉이나 병원을 넘어 장애 경험의 정수를 형성하는 데 이르렀다"고 쓴다.[28] 아픈 사람이든 아프지 않은 사람이든 간에 병적 존재라는 낙인이 찍힌 사람들은 그 낙인을 합법화하는 논리나 그 병의 치료에 필요하다는 보조 테크놀로지에 붙들리기 쉬웠으며, 이는 때로는 정부 권력과 결합하여, 때로는 부모, 친구, 지인, 학교, 직장 등등 사회적 관계의 차원에서, 광고나 언론을 통해 계속해서 강요되고 유도되어 쉽게 벗어날 수 없는 속박이었다. 이러한 속박에 처한 사람들에게는 의학이 자신의 삶을 지배하고 통제하는 권력을 갖고 있다는 것이 너무도 생생하게 경험되었다. 이들에게 '병리화는 없다'는 주류 의학계의 주장은 자신들이 겪은 역사를 모조리 부인하는 말로 들릴 것이다. 마지막으로, 의료화가 병리화와 무관하다는 주장의 근거로 병리화는 도덕적 가치판단을 병과 결합시키는 반면 의료화는 도덕적 가치판단과 무관하다고 주장하는 이들도 있을 것이다. 하지만 이런 식의 구분은 다시금 의학을 중립적인 과학인 양 표방하는 논리를 답습할 수 있다. 오히려 한국의 경우만 보아도 규범적인 남성 권력과 같은 더 큰 권력 지배를 가리기 위해 의료화된 지식이 병리화와 결합하여 동원되는 일이 잦다. 알코올중독이 성폭력 범죄자 남성의 경감 요인으로 악용된 판례는 매우 흔하다. 강남역 여성 살인사건처럼 남성이 몇 시간을 여성이 오기만 기다려 여성만 골라 살인을 저지른 경우에도 이 범죄는 여성 혐오 살인으로 규정되기는커녕 살인범 남성의 정신질환 병력을 핑계로 무차별 살인으로 규정되어 여성 혐오적 특성은 은폐되고 무고한 정신질환자들에게만 잠재적 범죄자라는 낙인이 몰렸다. 의학이 도덕적 가치판단과 무관하다는 전제가 의학이 사회의 권력 구조를 강화하고 유지하는 데 일조한다는 사실을 가린다는 점을 페미니스트 의료사회학자 및 과학자들은 꾸준히 지적해왔다.[29]

더 중요한 것은 병리화의 작동 방식이다. 강제불임시술을 받았던 정신장애인과 한센인,[30] 교정치료라는 이름의 고문을 받았던 자폐인과 정신장애인과 퀴어의 역사[31]에서 알 수 있듯, 병리화의 대상이 된다는 것은 그저 단순히 아파서 병을 치료하는 문제가 아니다. 병리화는 정상성normalcy을 생산하고 강화하는 기제다. 생물학적 다양성을 정상/병리의 차등적인 위계질서 안에 촘촘하게 줄 세워 배치하면서 '정상적인 몸'을 구성하는 외부constitutive outside(주디스 버틀러Judith Butler의 개념[32]을 빌리자면)로서 병리적인 몸을 생산하는 것이다. 특정 몸이 정상적인 몸의 위상을 차지하기 위해서는 그에 반대되는 비정상으로서 병리화된 몸이 필요하다는 점에서 정상성과 장애는 동전의 양면이다. 버틀러가 이분법적 젠더 규범 체계가 인간을 "좀 더 인간적인 것, 좀 덜 인간적인 것, 비인간적인 것, 그리고 인간으로 생각되어질 수 없는 것"[33]을 차별적으로 생산한다고 분석했듯, 병리화의 규범 또한 인간을 차별적으로 생산해낸다.

여기서 주목해야 할 점은, '내가 쟤보다는 낫지' 이런 식의 줄 세우기를 통해 병리화가 그 자체로 피지배계층에 대한 통치방식으로 작동한다는 점이다. 다시 말해 한편으로 병리화는 장애인뿐 아니라 다양한 권력범주의 위계에서 하위로 밀려나는 이들에게 가해지는 낙인으로 소수자들이 겪는 공통된 억압을 표상하지만, 다른 한편 그 소수자들끼리 '나만' 병리화에서 벗어나자고 서로 반목하고 갈등하게 만드는 방식으로 정상성 체계를 강화하고 유지하는 기능을 한다. 역사적으로 장애와 거리 두기는 인종·여성·퀴어·이민자·재소자 등 다양한 위치에서 나온 사회운동들이 취해온 전략이었다.[34] 페미니스트들은 가부장제에서 여성이 결함 있는 존재로 형상화된다는 점을 비판하고 여성이 겪은 억압과 타자화를 설명하는 과정에서 장애를 은유로 동원함으로써 장애 몸에 대한 병리화를 묵인 내지 재생산하곤 했다.[35] 비장애인 중심의 퀴어 공동체들도 병리화의 꼬리표를 떼어내기 위해 자신들도 건강하고 정상적인 시민임을 어필하면서 병리화의 짐을 장애에 떠넘겨왔다.

　지배 담론에서 혐오의 대상이 되는 타자의 이름으로 호명되었을 때 '나는 정상이다'를 주장하는 태도는 나를 제외한 다른 타자를 '비정상'이라는 낙인 속에 내버려 두거나 처넣는다는 점에서 정상/비정상의 위계를 계속해서 생산하고 재생산한다. 소수자 집단끼리 서로에게 낙인을 떠넘기는 식으로 병리화를 벗어나려고 할 때, 병리화라는 틀 자체는 건드려지지 않고 계속 재생산됨으로써 결과적으로는 아무도 병리화의 덫에서 빠져나올 수 없게 된다. 또한 병리화되는 집단 간의 이러한 거리두기는 양쪽에 속한 사람들을 더욱 고립시킨다는 점에서 심각하게 문제가 있다. 이 난국에서 빠져나오려면 관점을 달리해야 한다. '나는 정상이다'라는 고집스러운 주장은 전래동화 중에 썩은 동아줄 이야기를 떠올리게 한다. 동아줄을 먼저 잡은 사람은 자기만 살겠다고 뒤에 매달린 사람들을 발로 다 밀어 구덩이에 도로 처넣었지만 사실 그 사람이 잡은 동아줄은 썩은 동아줄이었다. 병리화는 다양한 소수자끼리 서로 연대하지 못하고 불화와 갈등을 빚게 함으로써 소수자들을 효과적으로 분할 통치하는 관리 방식이지만, 병리화의 낙인이 타자들에게 공통된 억압임을 깨달을 때 역설적으로 병리화는 연대의 가능성과 방법을 모색할 출발점이 될 수 있다. 그 방법은 바로 썩은 동아줄을 잘라내는 것이다.

2) 퀴어와 장애의 연대 : 정상성을 해체하기

썩은 동아줄을 잘라내기 위해, 즉 기존에 만들어진 틀을 깨부수고 다 같이 살 길을 모색하기 위해 장애와 퀴어 연구자 및 활동가들은 각자 정상성을 해체하는 노력을 기울여왔다. 정상성에 주목한다는 것은 지금까지 당연시되고 어쩔 수 없다고 간주되었던 것들이 사실상 강제적인 규범으로 구성된 것임을 드러낸다는 의미이다. 정상성에 문제를 제기한다는 것은 그냥 우리도 '정상인'에 끼워달라는 요구가 아니다. 페미니즘이 기울어진 운동장 자체를 문제시하듯, 퀴어 장애 정치는 인간, 인간의 몸, 인간의 정신, 사회관계 모두를 정의하고 해석하고 재현하는 그 모든 방식에 특정 몸·정신·인간만 '정상'으로 인식/인정하고 그 외의 것들은 열등하고 일탈적이고 병리적인 것으로 배제하는 위계가 체계적으로 구축되어 있음을 비판하는 데서 시작한다.

정상성을 깨기 어려운 이유는 특정 존재나 관습이나 규범이 자연의 섭리인 양 당연하게 받아 들여져 왔기 때문이다. 그동안 진보진영에서 주요한 정치적 실천전략으로 채택해왔던 정체성의 정치학은 가시성의 정치를 기반으로 한다. 즉 억압받아왔던 이들이 더 많은 가시성을 획득하면 더 큰 힘을 획득할 수 있으리라고 생각해왔다. 하지만 가시성과 힘의 상관관계는 그리 단순하지 않다. '의사'라고 적으면 많은 사람이 남자 의사를 떠올리고 여자가 의사인 경우엔 '여의사'라고 굳이 여성 표기를 붙이는 것처럼, 이 사회가 '어쩌다 동성애자가 되었냐?'는 캐물어도 '어쩌다 이성애자가 되었냐?'는 질문은 던지지 않는 것처럼, 규범적 주체 위치는 너무도 당연한 듯 기준으로 받아 들여져 오히려 눈에 띄지 않는 것이다. 그래서 특히 최근 들어 한국의 페미니스트들이 '여' 대신 '남'을 직업명과 범죄자 표기에 추가하는 운동을 하듯, 장애학 및 장애운동도 '평범함', '정상', '표준'의 제호 아래 숨어 이득을 보는 규범적 주체를 끌어내는 전략을 사용한다. 예를 들면 장애인의 반대말을 '정상인'이 아니라 '비장애인'으로 부름으로써, 장애가 없는 사람과 있는 사람은 정상/비정상의 위계 관계가 아니라 단지 인간 다양성에 속하는 차이 중 하나일 뿐이라고 인식 틀을 전환하는 식이다. 그러나 사실 비장애인과 장애인의 관계는 단지 차이의 문제만이 아니라 권력의 문제다. 이 점을 지적하기 위해 페미니즘 장애학자 로즈메리 갈런드-톰슨Rosemarie Garland-Thomson은 'the normate'라는 신조어를 제안한다.[36] normate는 normal + -ate의 조합으로, -ate는 '어떤 직무, 임무, 신분, 지위, 직능을 가진 사람'을 나타내는 명사를 만드는 접미사다. 따라서 normate는 '정상인이라는 지위를 차지하는 자'로 해석될 수 있다(물론 이 긴 설명은 개념 번역어로 적합하지 않기에 한글판[37]에서는 작은따옴표를 사용하여 '정상인'으로 표기했다). 갈런드-톰슨은 이 사회가 '정상인'이라고 부르며 당연시하는 존재 형식이 그 자체로 자명하고 자연스러운 게 아니라 사회적으로 '정상'의 지위에 오르도록 구성된 주체 위치라는 것을 부각시키기 위해 이 개념을 만들었다. the normate는 타고나길 정상으로 타고난 것이 아니라, "신체적 외형과 그것이 쥐고 있는 문화 자본을 통해 권위 있는 위치를 수월히 차지할 수 있고 자신들에게 부여된 권력을 휘두를 수 있는 사람들을 구성하는 정체성"[38]으로 정의된다. 특정 존재들이 '정상인'의 위치에 오르기 위해서는 다른 부류의 존재들이 인간 주체가 될 수 없는 몸으로 규정되고 배척되어야 한다. 이 '정상인'의 위치를 정당화하고 유지하기 위한 구성적 외부로서 갈런드-톰슨이 '보통이 아닌 몸extraordinary bodies'이라 부른 몸들도 함께 생산되는 것이다. 갈런드-톰슨은 기준의 위치를 차지하여 너무도 당연시되는 나머지 눈에 띄지도 않고 굳이 표식을 붙일 필요도 없었던 기득권층에게 the normate라는 표식을 부여함으로써 누가 타자의 이름과 위치와 가치를 규정하고 판을 지배하는지를 드러내고자 했다.

로버트 맥루어Robert McRuer가 제시한 강제적 비장애-신체성 compulsory able-bodiedness 개념 또한 정상성을 해체하는 작업의 일환이다.[39] 맥루어는 장애인과 비장애인을 생산하는 체계를 이렇게 명명한다. 강제적 비장애-신체성은 인간의 특정 몸 형태 및 기능을 자연스럽고 당연한 사물의 질서의 위상에 올려놓고 이 규범적 이상에 맞춰 몸들을 인식하고 명명하고 해석하고 식별하고 차별화하고 훈육하는 강제적 인식 체계라 할 수 있다. 건강하고 장애 없는 몸이야말로 정상성의 신화를 깨뜨리기 너무 힘든 영역이다. 일단 정상/비정상을 나누는 구분이 있다는 것 자체가 강제가 있다는 증거지만, 비장애-신체는 이성애보다도 훨씬 더 당연시되어왔기에 그 강제성을 규명하기가 훨씬 어렵다. 만성질환 및 장애가 있는 사람들은 "너도 사실은 장애가 없었으면(또는 안 아팠으면) 하고 바라잖아?" "이 빨간약을 먹으면 장애가 한 번에 사라진다고 하면 너는 먹을 거야?" 이런 무례한 질문들을 아는 사람에게서든 모르는 사람에게서든 끝없이 받는다. 이 질문들은 모든 사람이 건강한 비장애 몸을 선호하고 그것을 목표로 하리라고 전제한다. 권력이 지속적인 반복과 인용을 통해서만 권력으로 존재할 수 있다고 논증했던 주디스 버틀러의 논의를 가져와서[40] 맥루어는 장애인들에게 이런 질문이 집요하리만큼 반복적으로 도처에서 쏟아진다는 것 자체가 그 질문이 기준 삼는 비장애 몸이 결코 자연스러운 몸이 아니라 그러한 집요한 반복을 통해 그 규범적 위치를 보장받는 구성되고 강제된 허구라는 것을 드러낸다고 분석한다.[41]

나아가 정상성을 구축하는 강제적 체계들은 서로 긴밀히 공조한다. 이성애를 당연시하고 모든 사람에게 강제하는 이성애 중심주의와 강제적 비장애-신체성은 불가분의 관계로서 서로를 뒷받침하고 의존하며 작동한다.[42] 맥루어는 언급하지 않았지만, 이 강제성의 커넥션에 두 가지를 더 추가할 수 있다. 첫 번째 체계는 젠더 이원론이다. 퀴어 · 페미니즘 · 장애 · 환경운동가이자 저술가인 일라이 클레어Eli Clare가 지적했듯, 젠더에 대한 우리의 인식은 비장애 몸을 토대로 한다. '진짜' 남자나 '진짜' 여자로 여겨지려면 움직이고 걷고 서고 말하고 발성하는 특정한 코드를 수행해야 하지만 이러한 수행은 많은 장애인에게는 어렵거나 심지어 불가능하다. 그래서 그러한 코드들을 수행할 수 없는 장애인들은 섹스도 젠더도 없는 무성적 존재로 간주된다.[43] 이는 장애인을 이중으로 병리화한다. 두 번째 강제적 체계는 건강 중심주의다. 앞서 말했듯 건강은 단순히 몸이나 정신의 상태를 설명하는 중립적인 용어가 아니다. 건강은 건강/건강하지 않음을 좋음/나쁨, 심지어 선/악으로 재단하는 도덕적 가치 체계로서, 거의 성역이나 다름없는 위상을 차지하고 있기에[44] 그 강제성을 알아차리기가 더 어렵다. 건강관리 담론은 병리화 담론과 맞물려 '정상성'을 생산한다는 점에서 강제적이고 규범적이다. 사실 '아픈 사람'이라는 범주에 들어가지 않는 사람이라도 완벽하게 건강한 건 아니다. 건강은 어느 정도는 항상 상대적인 특성을 띤다. 그러나 현대 자본주의 사회에서 건강은 철저히 자본주의적 노동생산성을 기준으로 구성된다. 건강관리 담론은 신자유주의적 자본주의의 이상에 맞춰 규범적 정상성에 자신을 맞추라고 사람들에게 끝없이 강요한다. 성공 아니면 실패라는 평가에 평생 시달리면서 모두가 생명력을 쏟아 부어 초과노동을 해야 하는 현실에서는 건강의 '성공'이란 평생 노력한들 그 누구도 도달할 수 없는 이상일 뿐이다. 그러나 이상에 도달하는 게 불가능하다는 걸 은폐하기 위해서는 몸을 관리하라는(특정 규범에 맞게, 자본주의에 쓸모 있는 존재-부속품이 되게) 정언명령을 따르는 데 실패한 사람들을 본보기로 처벌하고 낙인찍을 필요가 있다. 이런 사람들에게 병리화의 낙인이 찍힌다. '건강한 사람'은 '아픈 사람'이라는 구성적 외부가 있어야만 '정상인the normate'의 지위를 차지하고 유지할 수 있는 것이다. 더욱이 퀴어에 병리화의 낙인을 찍는 사회에서 건강하지 않은 퀴어는 이중으로 비난받는 위치에 있다. 앞서 이야기했듯 만성질환이 있는 사람들은 병을 당사자 탓으로 돌리는 온갖 비난 담론에 평생 시달리는데, 아픈 사람이 퀴어라면 '네가 퀴어라서 병에 걸렸다'는 비난도 추가되는 것이다(이때 병은 천벌이나 인과응보의 의미로 해석된다).

강제적 비장애-신체성이 강제적 이성애, 젠더이원론, 건강중심주의와의 상호 공조 속에서 구축된다는 것을 극명하게 보여주는 사례는 다큐멘터리 영화 〈레지스테렉토미〉이다.[45] 이 다큐멘터리는 트랜스 남성인 감독 체이스 조인트와 젠더퀴어인 M. K. 브라이슨이 소위 '부인과' 질환에 걸리면서 병원에서 겪은 일을 번갈아 이야기하는 형식이다. 브라이슨의 사례에 초점을 맞추자면, 브라이슨은 자신의 성 정체성을 남/여 이분법에 맞춰 결정하기를 원치 않는 사람인데 유방암에 걸려 유방 절제 수술을 받게 된다. 이때 절제 수술 직후 유방 재건 수술을 바로 할 것인지 문제를 두고 의사와 갈등을 빚는다. 브라이슨은 재건 수술을 거부하지만 의사들은 절제 수술과 재건 수술을 동시에 해야 한다고 끈질기게 강요하고, 브라이슨이 그럼 차라리 남성형 가슴으로 재건해달라고 하자 의사들은 '당신은 제정신이 아니라 올바른 결정을 내릴 수 없으니 우리가 알아서 여성형 가슴으로 재건하겠다'고 응수한다. 결국 브라이슨은 자기 의지를 끝까지 관철해내어 재건 수술을 받지 않았지만, 이 경험은 이 사회가 과연 '복원'하고자 하는 '건강'하고 '정상'인 몸을 무엇으로 전제하고 있는가 하는 질문을 던져준다. 결국 복원되어야 하는 것은 이미 특정한 (규범적인) 방식으로 젠더화되고 섹스화된 몸이고, 이를 따르지 않는 퀴어한 가치관은 그 자체로 '제정신이 아닌' 정신착란으로 병리화된다는 것을 알 수 있다.

여기서 또 하나 주목할 점은, 트랜스젠더퀴어의 경험에서 퀴어함 queerness과 정신장애, 퀴어함과 신체장애의 관계가 완전히 별개로 구분되지는 않는다는 점이다. 암세포가 있는 유방을 절제한 뒤 보형물을 삽입하지 않는다면 그 몸은 신체장애가 있는 몸으로 간주될 뿐더러 그러한 '선택'을 한 사람이 정신질환이 있는 사람으로 의심받는다면, 여기서 '정상'적인 비장애-신체를 정하는 기준은 젠더 이원론을 교란하지 않아야 한다는 것임이 드러난다. 사실 유방 절제 수술 후 바로 보형물 삽입 수술을 해도 부작용이 없게 된 것은 의학의 역사에서 비교적 최근의 일이다. 미국에서도 1990년대 초반까지 유방 절제 후 그대로 봉합하고 특수 브래지어를 환자 몸 위에 착용하도록 안내했다. 이 시기에는 밋밋하게 봉합된 가슴이 '신체장애'가 있는 몸으로 읽혔을지는 몰라도[46] 가슴이 밋밋한 당사자가 '정신장애'를 의심받는 일은 없었을 것이다. 그런데 보형물 삽입이 '유방 재건 수술'이라는 이름으로 자리 잡자마자 규범적으로 젠더화된 몸의 정상성을 수술을 통해 인위적으로라도 만들어내지 않으면 정신적으로 문제가 있다고 병리화되기 시작했다면, 신체장애와 정신장애와 퀴어성이 젠더 이원론(과 이성애 중심주의)[47]을 기반으로 하는 인식 틀 안에서 서로 얽혀 있음을 알 수 있다. 이 문제를 더욱 적나라하게 보여주는 사례가 있다. 퀴어 이론가 게일 살라몬Gayle Salamon의 트랜스여성 친구가 겪었던 일인데, 그 친구는 수술 전 호르몬 치료가 효과가 좋은 나머지 유방이 잘 발달해서 '여성'으로 완벽한 패싱이 가능했다. 그런데 그녀의 수술을 책임진 외과 의사가 이 가슴을 제거해야 한다고 주장했다. 의사의 주장으론 그 친구가 아직 성기 제거 수술을 하지 않았고 성별 정정 절차가 완료되지 않았으니 아직은 남자고, 따라서 남자인 현재 상태/신분에서 자라난 유방은 그저 남성에게서 유선 조직이 비정상적으로 발달하는 희귀질환인 '여성형 유방gynecomastia'일 뿐 '진짜 여성의 가슴'은 아니라는 것이었다. 따라서 호르몬 치료를 통해 친구의 몸에서 발달한 유방은 '병리적인 부산물'이니 그것을 일단 수술로 제거한 다음 실리콘을 주입하여 성형해야만 진짜 여성의 가슴으로 인정받을 수 있다는 것이었다.[48] 이 어이없는 논리에서는 같은 모양새로 튀어나온 유방이라 하더라도 이 유방이 달린 사람이 출생 시 '남자'로 분류되었다면 '치료'해야 할 병리적 증상이 되고, 그 유방이 달린 사람이 '여자'로 분류되었다면 자연스러운 진짜가 된다. 이러한 사례들은 성별 이원론 체계(자연스러운 생물학적 성별이라는 것이 존재하고 그것이 젠더와 일치해야 한다고 믿는)에 어긋나는 퀴어함이 어떤 식으로 신체장애와 정신장애로 동시에 병리화되는지를 보여준다.

03 장애인의 섹슈얼리티와 에이섹슈얼리티

장애와 퀴어는 다양한 사안에서 매우 복잡하게 교차하면서 생각해볼 문제들을 많이 만들어내지만, 이 글의 나머지 부분에서는 그중 특히 섹슈얼리티와 에이섹슈얼리티의 문제에 초점을 맞춘다.

1) 장애인과 섹슈얼리티

이 사회가 장애인의 섹슈얼리티를 이해하고 재현하는 방식은 다음의 몇 가지 잘못된 전제를 바탕으로 한다. 첫째, 장애인은 무성애자일 것이다.[49] 둘째, 만약 장애인이 유성애자라면 당연히 이성애자일 것이다. 셋째, 장애인의 섹슈얼리티는 이성애자 남성의 관점에서만 잘 이해될 수 있다. 이 절에서는 이 전제들의 오류를 짚어 가면서 장애인의 섹슈얼리티가 놓여 있는 복잡한 담론 지형을 살펴보겠다.

(1) 장애인은 무성애자다?

이성애 중심적인 주류 문화는 물론 퀴어 문화 안에서도 장애인들은 무성적 존재로서 비가시화된다. 일례로 장애 활동가 코니 판자리노 Connie Panzarino는 활동보조인의 도움을 받아 레즈비언 바에 간 경험을 회상하는데, 클럽에 있던 사람들은 코니가 레즈비언이리라곤 상상조차 하지 못했다. 사람들은 코니를 무시하면서 활동보조인이 레즈비언인데 장애인을 맡아줄 사람이 없어 클럽까지 데려온 것이라 오해했다.[50] 이 말은 장애인 중에 무성애자는 없다거나 장애인이 무성애자로 오해받으면 억울하다는 뜻이 결코 아니다. 핵심은, 주류 사회에서 장애인들은 성적인 존재로 쉽게 상상되지 못할 뿐 아니라 성적인 존재여서는 안 된다는 일종의 금지 명령이 깔려있다는 것이다. 전형적으로 장애인은 아이 같고 성을 잘 모르는 순박하고 깨끗한 이미지로 재현되며, 이 고정된 이미지가 장애인에게 강제된다. 앞서 언급했듯 한국뿐만 아니라 전 세계적으로 장애인들이 강제 불임 시술을 당해온 기나긴 역사가 있고, 현재에도 시설 거주 장애인들은 한편으로는 성폭력에 지속적으로 노출되어 있으면서도 다른 한편으로는 자발적인 성적 교류도 자위도 금지 당한다. 여기에 담겨있는 메시지는 노골적이다. 장애인은 성폭력 당하는 '대상'은 될 수 있을지언정 성적인 '주체'는 될 수 없다는 것이다.

장애인의 성에 대한 이 고정관념이 다른 고정관념들과 얽혀 만들어진 끔찍한 사례 중 하나가 애슐리 X 사건이다. '베개 천사the pillow angel'라는 별칭으로 유명한 애슐리는 미국에 사는 발달장애인 소녀로, 부모는 아이의 행복을 위한다는 미명으로 2004년 6세의 나이인 애슐리에게 다량의 에스트로겐 요법, 성장판 제거, 자궁절제, 유두 및 유선 제거 수술 등을 강제했다. 이 수술로 인해 애슐리는 평생 성장할 수 없고 2차 성징도 발현될 수 없으며 아이의 몸으로 계속 남아있어야 한다. 이러한 사실은 부모가 자신들의 결정을 변호하는 내용을 블로그에 연재하면서 2007년 언론의 주목을 받게 되었으며 엄청난 찬반논쟁을 일으켰다.[51] 이 사건엔 이 사회가 어떤 몸을 정상으로 여기는지, 어떤 몸의 욕망만 가치 있다고 여기는지, 여성은 어때야 하는지에 관한 규범들이 뒤범벅되어 있다. 또한 이 사건은 정상성의 추구가 어떻게 장애인들에게 폭력이 될 수 있는지, 강제적 비장애-신체성이 젠더이원론 및 강제적 이성애와 결합하여 어떻게 장애인의 신체를 훼손하는 폭력을 정당화할 수 있는지를 보여주는 끔찍한 사례이다. 사건이 일어났을 때 페미니스트 비평가들은 만약 애슐리가 소년이었어도 부모와 의사가 이런 결정을 내리고 저명한 윤리학자들이 이 결정을 지지하는 사태가 벌어졌겠냐고 비판했다.[52] 여자아이는 얌전하고 나대지 않고 귀여운 게 최고라는 편견(부모는 애슐리에게 분홍 옷을 입혀 베개에 기대 놓으면 그 자세 그대로 인형처럼 놓여 있다고 해서 자기 딸을 '베개천사'라고 불렀다), 성폭력의 위험을 피해자 탓으로 돌리는 편견(부모는 딸이 2차 성징을 보이면 강간의 위험이 있으니 딸을 미래의 고통에서 구하기 위해 수술했다고 주장했다), 여성의 성욕을 잠재적으로 위험한 것으로 보고 여성의 성욕 표출을 문란하고 사회질서에 위배되는 것으로 보는 편견, 아동과 여성과 장애인을 독립적인 인간 존재가 아니라 부모나 보호자에게 귀속되는 물건으로 보는 편견, 장애인은 무성적인 존재이고 무성적인 존재여야 하니 싹을 잘라버려야 한다는 편견, 이 모든 편견이 총체적으로 결합하여 이런 결과를 낳은 것이다.

한편 장애인의 섹슈얼리티에 대한 주류 담론은 매우 모순적이다. 영화 〈맨발의 기봉이〉나 〈말아톤〉에서처럼 일반적으로 장애인은 성적으로 무지하거나 무성적인 존재로 재현되지만 동시에 과잉섹슈얼리티의 이미지로 재현되기도 한다. 그런데 이 무성애화와 과잉성애화는 사실 동전의 양면이다. 페미니즘 장애학자 김은정은 외부에서 장애인들에게 강제로 부과되는 에이섹슈얼리티와, 당사자가 몸으로 느끼고 경험하고 정체성으로 받아들이는 에이섹슈얼리티를 구분한다. 전자는 장애인을 무성적인 존재로 가정할 뿐만 아니라 장애인을 계속해서 무성적인 존재로 산출하고 유지하려는 강제적 규범으로, 김은정은 이를 '탈성애화奪性愛化, desexualization'[53]라 명명한다.

> 탈성애화는 장애 몸으로부터 섹슈얼리티를 분리하는 프로세스로, 장애인들은 아마도 사회에서 욕망할만하지 않은 존재이고 장애는 성적 무능으로 이어진다고 믿어진다는 이유로 장애 몸과 섹슈얼리티를 서로 양립할 수 없고 부적절한 것으로 만들어버린다. 덧붙여, 탈성애화는 장애가 재생산될지도 모르고 옳을지도 모른다는 공포를 통해 섹슈얼리티와 장애인 사이의 간극을 창출하는 진행 중인 프로세스를 가리키는 말이다.[54]

탈성애화는 과잉성애와 무성애를 모순적으로 얽음으로써 정상성의 자격요건을 벗어난 특정 인구집단을 단속하는 프로세스다. 외부에서 부과되는 무성애와 과잉성애가 동전의 양면인 이유는, 소위 '정상'에 해당하지 않는 인구 집단에게 성적으로 용인되는 범위 자체가 너무 작게 설정되기 때문이다. 길거리에서 손잡거나 뽀뽀하는 가벼운 애정표현을 했을 때 어떤 이들이 '문란'하거나 '흉하다'고 낙인찍히는지를 비교해보라. 장애인, 미성년자, 노인, 여성, 젠더퀴어, 인종·민족적 타자들, 빈곤층 등 사회적으로 주변화된 집단에 속한 이들은 기본적으로 무성애자로 규정되고, 따라서 조금이라도 성적인 욕망 내지 행동을 보일 경우 그것은 과잉으로 해석된다.[55] 동성애자들은 무성애자보다는 과잉성욕자로 규정되곤 하지만, 이 경우에도 동성애자가 과잉성욕자로 규정되는 이유는 사회가 '정상성애'로 규정한 이성애 규범적인 자격조건이나 삶의 양식을 벗어났기 때문이다. 성적인 주체로 상상될 수도 없고 성적인 주체가 되어서도 안 된다고 여겨지는 이들이 성적 욕망을 아주 조금이라도 드러냈을 때 사회는 이들의 섹슈얼리티를 반사회적이고 '나라를 망하게 하는' 짓거리로 인식하는 것이다. 또한 같은 장애인이라 할지라도 장애의 성격이나 정도, 그 장애인의 다른 정체성이 더 타자화된 것일수록 섹슈얼리티에 대한 제재는 더 강해진다. 예를 들어 여성 장애인보다 남성 장애인의 섹슈얼리티가 이 가부장적 사회에서 더 용인되고 권장되는 경향이 있지만, 그 남성 장애인이 퀴어일 경우에도 사회가 '남성의 성욕은 풀어줘야 한다'는 식으로 접근하지는 않는다. 또한 지체장애인보다 지적장애인의 섹슈얼리티가 더 통제 불가능하고 위험한 것으로 취급되어 단속되는 경향이 있다. 같은 여성이라도 지체장애인 여성은 무성애적 이미지로 그려지는 반면 지적 장애인 여성은 과잉 섹슈얼리티의 이미지로 재현된다.[56] 한편 지적장애인 여성은 성폭력의 피해자가 되기 쉽지만 지적장애인 남성은 성폭력이나 폭력의 가해자가 되기 쉽다는 점은 같은 장애인으로 뭉뚱그릴 수 없는 중요한 차이이긴 하다. 그러나 성폭력 사건 중 비장애인 남성이 가해자인 경우는 헤아릴 수 없이 많음에도 가해자가 장애인 남성일 때 '장애인'이라는 타자성에만 초점이 맞춰져 지적장애인이 그 자체로 태어날 때부터 싹수가 노란 성폭력범 이미지로 재현되는 것 또한 문제가 많다. 장애인의 섹슈얼리티가 과하고 위험하고 범죄적이라는 인식은 장애인 개개인에 대한 학대를 정당화하는 데 쉽게 동원될 수 있다. 지적장애인과 섹슈얼리티에 관한 선집에 실린 인터뷰에서, "인터뷰한 부모는 시설에 사는 한 소년에 대한 이야기를 들려주었다. 그 소년은 다른 이가 지켜보는 앞에서 자위했다. '앉아있을 때 넓적다리를 모아 비비면서 자위했어요. 그러자 시설 직원이 그 아이의 가랑이 사이에 사포를 붙여놨어요.'"[57]

정리하자면, 오랫동안 섹슈얼리티는 인간의 가장 기본적인 본능이자 모든 인간이 갖추고 있는 거부할 수 없는 본능으로 간주되어 왔지만 모든 섹슈얼리티가 그런 인정을 받지는 못했다. 누구의 섹슈얼리티는 자연스럽고 당연하고 인간다운 것으로 여겨지는 반면 누구의 섹슈얼리티는 불편하거나 역겹고 있어서는 안 되고 상상조차 할 수 없는 것이 되는가를 따져볼 때, 섹슈얼리티는 그 자체로 인간의 자연스러운 본성이 아니라 누가 "이상적이고 규범적인 시민"[58]인지를, 나아가 누가 '진짜 인간'인지를 규정하고 제한하는 규범적인 강제로 작동한다는 것이 드러난다. 모든 인간 존재는 성적인 본능을 갖는다는 전제가 당연시되는 사회에서 탈성애화는 장애인이 성적 존재로 있을 가능성도 자격도 부인함으로써 장애인의 인간성을 박탈하는 '탈인간화'의 형식인 것이다.

장애인과 섹슈얼리티의 관계를 탐구함에 있어 탈성애화란 틀은 몇 가지 중요한 의의를 갖는다. 첫째, 외부에서 부과되는 에이섹슈얼리티와 당사자가 자신의 이름으로 탐색하고 받아들이는 에이섹슈얼리티를 구분할 수 있다. 뒤에서 논하겠지만 이는 무성애자 당사자 단체와 장애 공동체 간의 갈등을 구조적인 층위에서 풀어나갈 방법을 제공해준다. 둘째, 장애인이 무성적 존재로 취급되는 것과 과잉성애화된 존재로 취급되는 것 둘 다를 설명하고 문제시할 수 있다. 셋째, 탈성애화를 프로세스로 본다면 성애화sexualization 또한 프로세스임을 드러낼 수 있다. 성애화 또한 특권을 가진 비장애인 위치에 적용되는 다양한 사회문화적 장치를 통해 섹스와 섹슈얼리티를 구축하고 가능케 하는 하나의 프로세스이자 역사적인 형성물로 이해할 수 있는 것이다.[59]

(2) 만약 장애인이 유성애자라면 당연히 이성애자일 것이다?

다음으로 두 번째 전제를 비판적으로 살펴보자면, 장애인은 무성적인 존재일 것이고 그래야 한다는 첫 번째 전제(이자 금지 명령)에 맞서 장애 공동체는 장애인이 성적인 존재임을 주장해왔지만 그 주장은 두 가지 반대되는 방향으로 나아갔다. 한편으로 주류 장애 정치는 장애인이 여러모로 성적으로 '정상'임을 주장하면서 합법적이고 규범적인 성적 주체성의 획득을 지향한다. 가장 손쉬운 방법은 이성애 규범적 문화에 순응하는 것이다. 물론 장애인은 시스젠더 이성애자라 할지라도 규범적으로 강제되는 이성애와 복잡한 관계를 맺고 있다. 위에서 논한 탈성애화 프로세스로 인해 장애인은 현실적으로 이성애 규범적 섹슈얼리티에 쉽게 접근하지 못한다. 안락사와 임신중단의 권리를 비장애인들에게는 허용하지 않으면서도 태어난 장애인과 아직 태어나지 않은 장애인에게는 강제하는 이 지독한 사회에서, 사람을 만나고 연애하고 가정을 꾸리고 임신하고 출산하고 양육하는 과정 하나하나가 장애인들에게는 힘겹게 싸워 쟁취해야 하는 목표가 되는 것이다. 그러나 이런 어려움에도 불구하고 장애인의 섹슈얼리티가 그나마 인정될 때에는 역경을 딛고 장애인 간, 혹은 장애인과 비장애인 간 이성애 결혼이 성사되는 모습으로 재현되고 축복받는다는 점을 비판적으로 고찰할 필요가 있다. 다시 말해 장애인들의 어떤 관계가 '바람직한' 관계로 재현되는가? 이 질문을 던질 때, 비장애 중심 사회와 장애 공동체 양쪽에서 인정받는 섹슈얼리티의 형식은 오로지 이성애 규범적인 가족 제도 안에 들어오는 섹슈얼리티라는 점이 드러난다. '바람직함'에 해당하는 영단어가 'desirable'이라는 점에도 주목할 필요가 있다. 일반적으로 우리가 무언가를 '바람직하다'고 말할 때 이는 그저 그것을 욕망한다는 뜻이 아니다. 무엇이 욕망할 만한 것으로 인정되고 무엇이 욕망할 만하지 않은 것, 나아가 욕망해서는 안 되는 것인지를 가르는 가치 체계가 욕망과 도덕에 관한 사회적 통념을 직조한다는 점을 나타내는 것이다.

그런데 우리가 이성애를 바람직한, 욕망할 만한, 나아가 반드시 욕망해야 되는 강제적 명령이자 규범으로 이해하고자 할 때, 규범은 항상 규범'들'이고 권력도 항상 권력'들'이라는 점을 함께 생각해야 한다. 다시 말해 이성애 규범성을 충족시키는 조건들은 굉장히 다양하며 젠더, 인종, 민족, 종교, 계급, 장애, 연령 등의 다른 권력 범주의 복잡한 교차와 연결을 통해 '정상적이고 바람직한 이성애'의 세부사항이 구축된다.[60] 교차로 인해 변수가 많아질수록 규범적인 권력을 그대로 반복해 따르기는 점점 더 어려워진다. 말하자면 장애인들은 이성애 규범성에 미달하는 동시에 그래서 이성애 규범성을 좇는 순간조차 이성애 규범성에서 일탈하고 그 규범성을 교란하는 효과를 낳을 수도 있다. 장애 체현이 그 자체로 퀴어하게 되는 순간들이 있는 것이다. 예를 들어 시스젠더 이성애자로 정체화하는 장애인들 중에는 전통적인 의미의 성기 간 삽입섹스를 할 수 없는 몸 상태인 경우도 있다. 이성애적 삽입성교가 규범으로 취해지는 사회에서는 상당수의 성적 실천이 섹스로 여겨지지 않거나 억압받기에, 장애인들의 다양한 성적 실천과 쾌락 또한 병리적이거나 불법적인 것으로 취급받는다.[61] 뒤집어 생각하자면 이런 사람들이 장애 특성 때문에 수행하게 되는 섹스 방식은 규범적인 이성애를 의도치 않게 위협하고 전복시킬 수 있다. 장애 몸에 맞춰 발굴한 섹스 실천은 기존의 성감대의 배치를 벗어나 몸을 더 섹시하고 육감적으로 활용할 수 있는 대안을 제시한다. 뿐만 아니라 장애인의 섹스 실천을 둘러싼 사회의 반응은 성적 실천의 합법성과 정상성을 구성하는 데 비 장애중심주의가 중요한 역할을 하고 있음을 드러낸다. 장애인의 섹슈얼리티를 연구하는 학자들은 이처럼 장애인의 실존과 성적 실천이 합법성과 비합법성 사이에 그어진 경계선 자체에 문제를 제기하고 경계선을 교란하는 방식을 탐구해왔다.[62]

더욱이 이성애 규범적 섹슈얼리티는 세대를 잇는 재생산을 핵심 가치로 놓는다. 퀴어 이론가 주디스/잭 핼버스탬Judith/Jack Halberstam은 사회를 직조하는 규범적인 시간성의 서사가 있으며 그것이 이성애적 각본에 맞춰 구성되었음을 폭로한다. 출생 시 여성으로 성별을 지정받은 아이는 어렸을 땐 선머슴처럼 굴더라도 자랄수록 여성성을 체득해야 하고, 반드시 남자를 좋아해야 하고, 이성애 섹스를 하고, 결혼을 하고, 가족 제도에 들어온 다음에는 임신-출산-양육을 차례로 완수한 뒤 마지막으로 자손에게 유형·무형의 유산을 상속하는 재생산 코스를 따라가야 한다는 강제가 암시적으로든 명시적으로든 인간들의 삶을 지배하는 것이다.[63] 유사한 맥락에서 퀴어 이론가 리 에델만 Lee Edelman은 '재생산 미래주의'라는 개념을 제시한다. 이성애 규범적 사회에서 사회적인 것과 정치적인 것을 사유하고 규정하고 정치 담론의 틀을 짜는 내적 논리를 형성하는 기준은 '아이'라는 이미지이고, '아이'를 기준으로 구축된 인식 틀은 퀴어를 상상조차 할 수 없는 것으로, 즉 사회정치 영역의 철저한 외부로 상정함으로써 이성애 규범성에 절대적인 특권을 부여한다는 것이다.[64] 에델만과 핼버스탬은 이성애 규범적인 재생산 시간성에 대항하는 다른 시간성이 퀴어들에게 존재할 수 있고 존재해야 함을 역설하면서 이러한 시간성에 맞서는 모든 이들을 퀴어라고 명명한다. 장애학자들은 이런 견지에서는 장애인도 퀴어에 속한다고 주장한다.[65] 앞서 말했듯 비장애 중심적 사회는 장애인의 재생산을 탄압한다. 재생산 미래주의에서 원하는 '아이'는 건강한 비장애인 아동이고 젠더이원론과 이성애체계에도 부합하는 아이다. 때문에 장애인들은 퀴어인 사람들과 마찬가지로 사회가 재생산 미래주의의 수호를 위해 적극적으로 배제해야 할 비체로서 사회정치 영역의 바깥으로 쫓겨나게 된다. 그 다음엔 쫓겨난 존재로서 이성애 규범적 시간성을 따를 수 없다는 점이 다시금 사회가 이 추방을 정당화하는 근거로 쓰인다. 하지만 동시에 역설적으로 바로 그러한 이유 때문에 장애인은 이성애 규범적이지 않은 대안적인 시간성을 살아가고 대안적인 성적 실천을 만들어갈 가능성이 있다.

한편 퀴어이자 장애인인 사람들에게 성적인 삶의 탐색과 추구는 이중의 억압 때문에 더욱 힘들어진다. 퀴어 혐오가 만연한 사회에서는 장애인이 퀴어 공동체에 접근하는 건 매우 어려운 일이다. 가족의 돌봄과 활동보조의 지원이 필요한 중증장애인이 자신의 퀴어 섹슈얼리티를 탐색하고자 할 때, 주변 이들에게 커밍아웃이 받아들여지지 않을 경우 감금과 학대에 노출될 위험은 비장애인 퀴어보다 훨씬 더 클 것이다. 또한 앞서 코니 판자리노의 사례에서처럼 장애인들이 퀴어로 받아들여지지도 않고 사귈만한 존재로 상상되지도 않기에, 확실한 퀴어-장애 공동체에 몸담고 있고 그 안에서 연애 상대를 찾을 수 있는 경우가 아니라면 더욱 어려울 것이다. 게다가 비장애인 퀴어들이 비이성애적 관계를 실천할 때 '네가 아직 여자를 못 만나봐서', '네가 남자 맛을 못 봐서'란 반응이 징그럽게 따라붙듯, 장애인들의 퀴어 섹슈얼리티 또한 장애 때문에 이성애적 성관계를 못 하니까 할 수 없이 택한 최후의 수단인 양 폄하되는 경우가 많다.[66] 그러나 맥루어는 미국에서는 '크립 문화crip culture'라 부르는 장애인들의 성적 하위문화가 매우 섹시하며 퀴어 성적 하위문화의 인기 있는 영역 중 하나라고 이야기한다.[67] 또한 한국에도 다큐로 소개된 바 있는 퀴어 장애 퍼포먼스 그룹 신스 인발리드Sins Invalid는 비장애 몸과는 같은 척도로 잴 수 없는 장애 몸의 아름다움과 섹시함을 보여주면서 장애와 섹슈얼리티의 대안적인 결합 공간을 창출한다.[68] 장애인이 퀴어 섹슈얼리티를 자유롭게 탐색하고 실천하기 위해서는 사회에 만연한 퀴어 혐오와 장애 혐오를 동시에 부수는 사회적 변화가 수반되어야 하고, 그러기 위해선 퀴어와 장애 정치의 연대가 필요하다.

(3) 장애인의 섹슈얼리티는 이성애자 남성의 관점에서만 잘 이해될 수 있다?

사회의 다른 많은 영역과 마찬가지로 장애 영역 역시 시스젠더 이성애자 남성이 기득권을 차지해왔다. 그래서 한국에서 장애인의 섹슈얼리티 논의는 이 규범적 남성의 성기 삽입 섹스를 중심으로 남성의 성욕을 해소하는 데 초점이 쏠린 경향이 있다.[69] 더욱이 성폭력 문제가 터졌을 때 장애인 남성과 장애인 여성은 다른 취급을 받아왔다. 앞서 말했듯 장애인은 성적인 주체는 될 수 없다는 전제가 비장애인 중심적 사회에서 장애인의 섹슈얼리티를 바라보는 일반 통념이긴 하다. 그러나 열세 살 지적장애인 미성년자 여성이 성폭력 가해자들로부터 얻어먹은 떡볶이가 화대로 인정되어 자발적인 성매매를 한 것으로 판결된 사례,[70] 20대 남성 지체장애인이 초등학생 여성을 임신시키고 부려먹은 '10대 현대판 민며느리 사건'이 처음 신고 당시 미성년자의제강간 혐의를 인정받지 못하고 기소유예 처분을 받았던 사례[71] 등을 보면, 장애인의 성폭력 피해와 성적 주체성이 언제 인정되는가의 문제는 매번 맥락 없이 모순적으로 보여도 시스젠더 이성애자 남성이 기득권을 쥔 가부장적 사회에 이득이 되는 방향을 따른다는 일관성을 갖추고 있다고 볼 수 있다.

이러한 상황에서 장애 여성은 여성으로서의 억압과 장애인으로서의 억압을(퀴어일 경우 퀴어로서의 억압도) 여러 겹으로 부담하면서 성 폭력에 특히 취약한 위치에 놓인다. 그러나 장애 여성이 겪는 부당한 현실을 강조하기 위해 장애 여성을 항상 불쌍하고 수동적인 피해자로 만 재현한다면, 장애 여성은 섹슈얼리티에 대해 고민하고 이야기해볼 가능성조차 빼앗기게 되고 장애인의 섹슈얼리티에 대한 담론은 남성 규범성이 계속 독점하게 될 것이다. 억압과 차별 경험과 피해자 경험을 배제하지 않으면서 섹슈얼리티에 대한 어떤 다른 이야기를 할 수 있을 까? 성적으로 차별받고 억압받는 현실을 밝히는 과업과 당사자의 입장 에서 여성 장애인의 섹슈얼리티를 탐색하는 과업은 둘 다 중요한데다 반드시 어느 한쪽만을 골라야 하는 것은 아니다. 사실 어느 한쪽만 고 를 수도 없다. 강제적 무성애에 이중삼중으로 속박되어 성적인 자격을 처음부터 박탈당한 존재들에게 주체와 대상, 성적 주체성과 성적 대상 화의 문제는 훨씬 더 복잡하고 풀기 어렵게 얽혀 있기 때문이다.

페미니즘 장애학 연구자·활동가이자 절단장애인 퀴어 여성인 앨 리슨 케이퍼Alison Kafer는 장애 여성이 성과 관련될 때는 오로지 피해 자로서뿐이고 장애여성을 욕망하는 남성은 죄다 변태성욕자나 성범죄 자라는 통념이 '장애 여성은 성적으로 욕망할 만하지 않다'는 전제를 깔고 있다고 지적한다. 케이퍼는 절단장애인 여성을 추종하는 비장애 인 남성들에게 이메일로 구애를 받고 이 사실을 가족과 친구에게 이야 기했다가 모두 바로 '으엑 끔찍하다'는 반응을 보였을 때의 고민을 이 야기한다.

내 가족과 친구들이 비난받아 마땅하다고 여겼던 건 뭐였을까? 추종자들이 은밀하게 행동한다는 점이었을까 아니면 장애 있는 몸을 욕망한다는 점이었을까? 내 주변 사람 중 상당수가 추종자들의 끌림이 어떤 식으로 나타나는지에 대해 듣기도 전에 그런 끌림이 존재한다는 말만 듣고 즉각 추종주의devoteeism를 비난했기 때문에, 내 주변 사람들이 골치 아프게 여긴 것은 장애 있는 몸이 본디 매력적인 양 그려졌다는 사실 자체는 아니었을까 하는 걱정이 들었다. 만약 그렇다면, 나는 어떻게 되는 거야? 내 가족과 친구들은 무의식중에 내 몸을 너무 괴물 같다고 생각해서 그런 몸에 끌리는 사람이 있다면 그 인간은 바로 의심해봐야 한다고 생각한 걸까? 가족과 친구들의 그 조롱 섞인 태도가 내게도 배어 있었을까? 내가 나를 욕망하는 사람이라면 누구든 역겹게 여기고 의심해서 쫓아버렸다면 그런 태도에서 드러나는 내 자아 이미지란 뭘까? 다른 한편, 만약 내가 성적으로 인정받기를 너무도 간절히 원한 나머지 스티브의 이메일에서 언급된 종류의 행동을 받아줬다면, 그런 태도에서 내 자아 이미지는 뭐가 될까? 내겐 이 두 가지 선택지 밖에 없었나? 내가 구할 수 있는 욕망은 추종자들의 욕망뿐이었나?[72]

일라이 클레어는 이성애 규범적 주류 문화에서든 퀴어 문화에서든 장애 여성이 욕망할만하지 않은 존재로 취급되는 것을 "모면과 상실이 복잡하게 뒤엉켜 있는 느낌"으로 설명한다. 한편으로 남성 중심적 성 문화에서 여성은 남/여 권력 위계를 몸에 각인당하는 방식으로 매번 성적으로 대상화된다. 다른 한편 비장애 중심적 문화에서 장애인은 젠더도 섹슈얼리티도 없는 존재로서 성적 대상화의 범주 바깥으로 추방된다. 덕분에 장애 여성은 "많은 비장애 여성이 직장과 길거리에서 매일 직면하는 성적 대상화와 성희롱을 모면"할 수 있지만, "우리가 원하든 원치 않든 우리에게 쏟아지는 그 어떤 종류의 시선에도 성적인 응시가 없는 가운데 우리는 성적 존재로서의 자신을 상실한다"고 클레어는 말한다.[73] 성적 대상화가 섹슈얼리티와 복잡하게 뒤얽혀 있는 문화에서 성적 대상화를 모면하는 것은 성적인 존재가 될 자격을 상실하는 문제와 복잡하게 얽혀 있는 것이다.

케이퍼의 글은 이 문제를 좀 더 깊이 파고든다. 케이퍼는 절단장애인여성을 성적으로 욕망하는 추종자 남성 커뮤니티를 구축하는 담론이 '장애인은 원래 가치 없고 혐오스러운 존재니 너희를 사랑해줄 유일한 사람은 우리(추종자)뿐'이라는 (한국 여자들에게는 익숙한) 가격 후려치기 전략을 사용하면서 욕망과 혐오를 버무려 여성을 통제하는 방식을 비판적으로 분석한다. 이런 담론에 원하든 원치 않든 연루되면서 장애여성의 성적 대상화와 섹슈얼리티는 지배 권력에의 저항과 공모가 모순적으로 뒤엉키는 양상을 보인다. 한편으로 절단장애여성의 이미지를 온라인에서 검색하면 나오는 사이트 대부분이 추종자 커뮤니티기에, 이 공간은 절단장애여성들이 자신과 비슷한 몸을 접하고 자신보다 먼저 절단장애인이 된 여성들에게 정보와 지지를 얻을 온라인 공동체의 역할을 한다. 특히나 절단장애여성들이 이 공간에서의 만남을 통해 장애가 있는 자신의 몸을 감추고 부끄러워해야 할 것이 아니라 욕망할 몸으로, 섹슈얼한 몸으로 바라볼 수 있게 되고 자존감이 커지는 등 긍정적인 측면도 있다. 그러나 다른 한편 추종자 담론은 추종자 남성만이 장애 여성들을 구원할 유일한 왕자님이라고 주장하면서, 장애 여성들이 이 추종자와의 관계 밖에서는 그 어떤 사랑도 인정도 못 받을 거라는 장애 혐오 논리를 강화하고 주입시킨다. 또한 추종자 남성들은 스토킹, 개인 신상을 캐내어 추종자들끼리 공유하기, 성희롱 등 위협적이고 착취적인 방식으로 자신들의 욕망을 정당화하는 경우가 많으며, 장애 여성이 자신의 구애를 거절하면 그 여성이 스스로의 장애를 혐오하기 때문에 사랑을 못 받아들이는 거라고 곡해한다. 절단 장애인 여성들은 길에서 지나치는 사람들, 마트에서 장볼 때 근처에 있던 남자, 자신의 의족을 수리해주는 보철기공사, 절단장애인 지원단체 구성원 등등 삶에서 마주치는 남자들이 추종자로서 자신을 스토킹할 가능성(매우 높은 가능성)에 시달린다. 심지어 같은 절단장애인 여성끼리 정보를 주고받자며 오는 이메일마저 추종자 남성이 보냈을 확률이 높다(추종자 남성 한 명은 절단장애인 여성에게 접근하는 이런 팁을 무려 학위논문에서 소개한다).[74] 케이퍼가 "내 절단 부위가 내 몸에 속한 게 아니라 사이버공간에 있는 추종자들에게 더 많이 귀속된 것처럼 느껴졌다"[75]고 하소연할 정도로 시달리는 상황에서 절단장애인 여성들은 추종자 담론이 강요하는 욕망 말고는 다른 선택지가 없는 양 자신의 섹슈얼리티를 긍정하고 탐색할 길을 차단당하게 된다.

케이퍼는 자신의 몸과 욕망과 쾌락이 이미 기존의 권력구도에서 자유로울 수 없는 이 상황에 대한 사유를 좀 더 밀고 나간다. 공항에서 자신에게 호감을 드러내며 접근하는 남성이 추종자는 아닐까 의심하며 거절한 뒤 케이퍼는 절단장애인에게 관심 보이는 건 추종자밖에 없다는 편견에 자신도 물든 게 아니었을까 고민한다. 물론 모르는 남자가 접근한다면 장애인이든 아니든 여성이라면 우선 경계할 수밖에 없는 현실을 강조하면서도, 케이퍼가 고민하는 것은 두 가지이다. 첫째,

자신에게 접근하는 모든 사람을 다 추종자라 의심한다면 삶에서 어떤 가능성을 닫아버리는 게 될까? 둘째, 만약 그 사람이 추종자라 하더라도, 나라는 사람이 좋아서가 아니라 나의 장애 특성에 끌렸다면, 그게 왜 잘못된 것인가? 사람들이 보통 첫눈에 반했다고 할 때 그 반한 기준은 압도적으로 외양일 텐데, 아름다운 얼굴이나 미소에 반하는 건 정상이고 장애 부위에 반하는 건 변태적인가?

그 남자가 내 미소가 자아내는 곡선보다 내 절단부위의 모양새에 더 많이 끌린 게 잘못된 건가? 특정 욕망과 특정 끌림이 다른 욕망과 끌림보다 본질적으로 더 좋은 건가? 내가 입은 스커트가 내 절단부위의 끝을 스치고 지나가는 모습[방식]에서, 혹은 내가 휠체어 바퀴 손잡이를 밀 때 내 절단부위들이 자세를 바꾸는 모습[방식]에서 섹시함을 찾는 게 뭔가 잘못된 건가? 누군가의 손이 내 절단부위 끝을 쓰다듬는 상상을 하거나, 내 가슴보다는 절단부위를 만져주길 바란다면 이 욕망은 병리적인 게 되나? […] 내가 그러한 욕망을 조심하는 건 추종자 수사법의 비장애 중심적 관점 때문인가,[?] 아니면 내 몸을 수치스럽게 느끼는 마음이 내 안에 깊이 자리 잡았기 때문인가? 아니면 장애를 욕망한다는 건 오로지 병리적일 수밖에 없다는 전제 때문인가?[76]

나아가 케이퍼는 (대부분의 추종자 커뮤니티가 이성애자 남성 중심이긴 하지만) 자신이 일관되게 이성애자 남성 추종자에만 초점을 맞춰 연구를 진행해온 내적 동기가, 자신을 사랑하는 퀴어 파트너와 자신이 몸담은 퀴어 공동체를 이 추종주의라는 낙인에서 빼내기 위해서는 아닌지, 그런 이성애자 남성들과 관계 맺는 절단장애인 여성과 자신은 다르다고 선을 긋고 싶어서는 아닌지, "이성애자 추종자들에 초점을 맞춤으로써 나는 내 절단장애를 욕망의 장소로 받아들이길 꺼려하는 마음이 내게도 있다는 사실을 못 본척할 수 있었던 건" 아닌지 고민한다.[77]

사실 추종자들의 주장과 달리 이 사회가 장애인의 몸을 혐오스럽게 여기는 것은 장애 몸이 그 자체로 본디 혐오스럽기 때문이 아니라 장애를 만들어내는 사회적 차별과 억압과 가치 위계 등이 장애가 있는 몸을 욕망할만하지 않은 몸으로 만들어내기 때문이다. 따라서 케이퍼는 장애를 욕망하는 문제를 사유하려면 먼저 장애에 대한 인식 틀부터 바꿔야 한다고 말한다. 즉 장애를 개인의 불운한 팔자나 생물학적 순리로 볼 게 아니라 장애를 사회·정치·경제적 문제로 놓는 (장애의 사회적 모델의) 인식 틀에서 이 문제를 사유해야 한다는 것이다.[78] 또한 케이퍼는 '멀쩡한 사람'이라면 장애인을 욕망할 리 없고 장애인을 욕망한다면 그건 항상 병리적인 욕망일 뿐이라는 비 장애중심주의적 통념에서 벗어날 수 있도록 다른 대안을 탐구해야 한다고 제안한다. "나는 섹슈얼리티를, 손상에도 불구하고가 아니라, 그리고 손상 때문에 페티시즘적인 것이 아니라, 손상과의 관계 속에서 풍성하고 원기 왕성한 섹슈얼리티로 상상하길 원한다."[79] 손상이 비장애인의 욕망이나 혐오의 대상으로 일방적으로 대상화되지 않고, 장애인의 인격과 가치 전체가 그 손상부위로 환원되지 않으면서, 손상을 가진 사람이 이 손상을 통해 자신의 파트너에게 에로틱한 기쁨을 전해줄 수 있는 주체가 될 수 있을 방법을, 나아가 손상이 '결함'이 아니라 모든 이들에게 욕망을 불러일으킬 수 있는 '그저 다양한 차이 중 하나'가 될 방법을 모색해야 하는 것이다.

규범적 남성 권력의 압박 하에 섹슈얼리티를 끊임없이 재단당하고 성폭력의 위협에 수시로 노출되는 환경에서 퀴어, 여성, 장애가 교차하는 섹슈얼리티를 탐구하려는 시도는 너무나도 어렵다. 때로는 섹슈얼리티에 관한 이야기를 꺼내는 것만으로도 장애 여성이 겪는 피해 이야기와 충돌하는 양 대립 구도로 해석되기도 한다. 그러나 케이퍼의 말처럼 여성과 퀴어 장애인들에게는 더 많은 대안적 선택지가 있어야 한다. 억압의 경험과 욕망을 동시에 이야기할 수 있어야 하고, 그 길에 가득 깔린 수치심과 욕망과 혐오와 위협이 뒤얽힌 불확실성과 양가감정을 함께 나눠야 한다.[80] 우리에게는 당사자들의 더 많은 목소리와 더 많은 서사가 필요하다.

2) 장애인과 에이섹슈얼 정체성

김은정은 강제로 부과되는 에이섹슈얼리티와 달리 당사자가 자신의 몸으로 느끼고 경험하고 자기 정체성으로 받아들이는 에이섹슈얼리티를 다음과 같이 느슨하게 정의한다. "나는 '에이섹슈얼리티'라는 용어를 성적 관심, 생물학적이고 사회적으로 묘사된 기능, 대인 관계에서의 성적 참여가 상대적으로 부재하거나 부족함을 넓게 지칭하는 말로 사용한다."[81] 다른 성 정체성 및 지향과 마찬가지로 에이섹슈얼리티 또한 "특정한 역사적·사회적·문화적 맥락뿐만 아니라 의학적으로 정의된 규범적인 성적 경계들 내에서 성적으로 간주되는 것의 경계 설정에 의존"한다.[82] 지금까지 섹슈얼리티의 절대적 현존을 전제로 구축된 '성적인 것'에 관한 담론은 에이섹슈얼리티를 병리적이지 않은 방식으로 담아내지 못하기 때문에 자신을 무성애자로 이해하는 사람들은 자신을 설명할 수 있는 언어의 부족을 경험하면서 자신의 정체성을 어렵게 탐색해 나아간다. 따라서 무성애에 대한 정의는 매우 느슨하고 유동적일 수밖에 없다. 현재 한국에서는 당사자 단체들이 정체성으로서 '무성애'를 정의하고 설명하는 안내서를 내놓고 있고 위키백과와 페미위키 등의 인터넷 사전에서도 무성애의 정의가 등재되어 있는데, 이 정의들은 미국 당사자 단체 AVEN, The Asexual Visibility and Education Network[83]의 정의를 상당부분 따르고 있다.[84] 그러나 미국은 물론 한국의 무성애자 단체에서도 무성애는 퀴어 정체성의 일부로 정의될 뿐 장애 정체성과의 연관성은 부인되거나 생각조차 할 수 없는 것으로 치부되는 경향이 있다.

그러다 보니 무성애자인 장애인들은 삼중고를 겪는다. 첫째, 앞서 설명했듯 주류사회는 무성적인 것을 장애인의 스테레오타입으로 당연시한다. 하지만 동시에, 섹슈얼리티를 인간의 기본적인 본능으로 강제하는 사회에서 성적인 관심이 없다는 것은 그 자체로 장애의 증상 내지 표식으로 간주되어 끊임없이 문제시된다. 일례로 자폐스펙트럼에 속한 사람들에게 행해지는 행동치료에는 이성애적 연애 각본을 학습시키는 것이 포함된다. 무성애 자체가 자폐 증상의 일부로 병리화되어, 자폐의 성공적인 치료는 성공적으로 이성애자가 되는 것으로 증명될 수 있고 그래야 한다는 압력이 가해지는 것이다.[85] 아이러니하게도 장애인들은 '정상'이 아니라는 이유로 성적 존재로서의 가능성과 자격을 부인 당하지만, 그다음엔 그들이 성적 존재로 인정받지 못한다는 그 사실이 그들을 계속해서 결함이자 결핍이라는 부정적 의미로서의 장애에 귀속시키는 증거로 작동한다. 이는 타자화된 존재들에게는 공통된 경험으로서, 타자는 결코 주체의 위치를 허락받을 수 없지만 계속해서 주체의 위치에 올라가기를 욕망하도록 강제되는 것이다. 이처럼 타자의 위치와 욕망을 제한하여 탈주를 막음으로써 주체/타자의 위계는 공고히 재생산된다. 둘째, 장애인을 무성적인 존재로 규정하는 지배 담론에 맞서기 위해 장애 공동체 및 장애운동은 장애인도 성적인 존재임을 부각시키는 방향으로 나아갔다. 그러다보니 장애 공동체 내에서 무성애자인 장애인은 장애인에 대한 스테레오타입에 순응하고 장애인 차별을 내면화한다는 비난 속에 배척받는다.[86] 셋째, 미국은 물론 한국의 무성애자 단체 또한 비장애인이 주류이고, 따라서 자신들이 '정상'임을 강조하기 위해 무성애자인 장애인과 거리를 두는 경향이 있다. 예를 들어 2016년 한 강연[87]에서 무성애자 당사자 단체에서 나온 강연자들은 '무성애는 병이나 장애가 아니라 정상이다'에 초점을 맞췄다. 이런 언설은 '정상'과 대비되는 은유로 병을 동원하면서 만성질환 및 장애가 있는 사람들의 존재 자체를 비정상으로 낙인찍는 데 공모할 뿐만 아니라, 무성애자인 장애인의 존재를 지워버린다. 무성애자 장애인은 무성애자가 '정상'이 아니라는 증거로 동원될 수 있기에 '정상'을 표방하는 무성애자 공동체에서 필히 쫓아내야 하는 존재가 되어버리는 것이다. 결국 무성애자인 장애인은 장애인 공동체에서도 무성애자 공동체에서도 존재를 인정받지 못한다.

이러한 점을 종합해볼 때 흥미로운 논문이 있다. 무성애적 정체성을 탐색하는 장애 서사는 자폐스펙트럼에 속한 사람들의 개인 서사에서 자주 찾아볼 수 있다.[88] 그런데 자폐인의 개인 서사를 분석한 레이첼 그로너Rachael Groner의 논문은 자폐인은 무성적일 것이라는 가정에 맞서 자폐인도 성적인 존재임을 주장하고자 한다. 그로너는 "자폐적 섹슈얼리티가 이성애 규범성으로는 판독하기 어렵다"는 점을 들어 "자폐스펙트럼장애를 가진 사람들은 관습적이지 않은 관계와 성적 표현을 선택할지도 모르지만, 그들은 결코 무성애자가 아니다"라고 단언한다.[89] 그러나 아이러니하게도, 그로너가 분석하는 자폐인 서사를 읽다 보면 그렇게 단언할 수 없다는 게 드러난다.

예를 들어 『고릴라 왕국에서 온 아이』의 저자 던 프린스 휴즈Dawn Prince-Hughes[90]는 유년기부터 "여자든 남자든 그 누구에게도 명백히 성적인 느낌을 가져본 적이 없지만"[91] 남자에게 무관심하다는 이유로 이성애자 남자들로부터 '호모' 취급받고 교정 강간을 반복적으로 당했기에 레즈비언 공동체로 피신했다. 그녀는 여성들하고만 연애관계를 맺었지만 자신의 정체성이 레즈비언이라 생각하지는 않았고, 퀴어 공동체의 다른 구성원들과의 사이에서 일어나는 일을 자신이 이해하지 못하고 있음을 깨닫는다. 이 소외감을 해소하기 위해 프린스-휴즈는 섹슈얼리티를 일종의 조사 프로젝트로 간주하고 성관계를 지배하는 각본들을 철저히 학습하기 시작한다. 이를 통해 그녀는 여성들과 쉽게 사랑을 시작할 수 있게 되었고 파트너에게 대단한 성적 만족을 주는 인기인이 되지만, '여성은 섹스보다 사랑과 장기적인 관계를 더 추구한다'는 규범적인 성역할 연애 각본을 너무 철저하게 익힌 나머지 첫 섹스 다음날 바로 동거를 제안하여 상대방을 기겁하게 만드는 상황을 반복하면서 거듭 연애에 실패한다. 그로너는 프린스-휴즈의 서사가 "이성애 규범성에 균열을" 내고 "규범들의 부조리함을 폭로"하며 "규범들을 무효로 만들겠다고 위협한다"고 평가하지만,[92] 내가 보기엔 프린스-휴즈가 균열을 내고 부조리함을 폭로하고 무효화하는 것은 섹슈얼리티가 인간의 본능이고 모든 사람은 성적인 존재여야 한다는 가장 근본적인 전제이다. 프린스-휴즈가 36세가 되어서야 자폐스펙트럼장애로 진단받고 자신의 무성애적 성향을 받아들이게 된 것은 무성애자이자 장애인인 사람들이 이 유성애 중심적 세상에서 정체성을 탐색하는 과정이 얼마나 어렵고 험난한지를 보여준다.

주목할 점은, 무성애자이자 장애인인 사람들이 그렇게 시행착오를 겪어가며 스스로 서사를 만들어내도 에이섹슈얼리티를 부정하는 섹슈얼리티의 편협한 담론 틀에 구속되어버리곤 한다는 점이다. 템플 그랜딘Temple Grandin의 자서전 『어느 자폐인 이야기』[93]에 대한 그로너의 해석은 이 구속을 더욱 노골적으로 드러낸다. 그랜딘이 긴장을 풀기 위해 스스로 고안한 압박 보정 틀을 그로너는 BD/SM에서 성적 유희의 수단으로 사용하는 구속도구에 비교하면서 어떻게든 그랜딘을 "성적인 쾌락과 매우 많이 유사하게" 읽으려 노력한다.[94] 더욱이 그랜딘이 압박기계의 기능을 설명할 때 사용하는 단어는 "감각적인sensory" 이지만, 그로너는 의도적으로 이를 "관능적인sensual"이라는 형용사로 재해석하면서 그랜딘이 "성애와 관능성sexuality and sensuality"을 이성애 규범적이지 않은 방식으로 창조하고 있다고 우긴다. 심지어 "그랜딘이 섹슈얼리티를 부정하긴 한다"고 시인하면서도 말이다.[95] 이는 앞서 논했듯 병리화의 낙인을 피하기 위해 무성애에 병리화의 짐을 모두 떠넘김으로써 장애인을 '정상'으로 정립하려는 시도로서, 결국 장애인의 섹슈얼리티와 에이섹슈얼리티에 대한 더욱 풍성하고 깊이 있는 논의를 가로막는 결과를 초래한다.

더 중요한 점은, 모든 성 정체성이 그렇듯 에이섹슈얼 정체성도 한 번 결정되면 절대 변경할 수 없는 본질이 아니라는 점이다. 프린스-휴즈는 유성애자로 실천해오다 무성애자로 정체성을 바꿨고, 김은정이 분석하는 자폐 서사 중 『시각장애인에게 색이 갖는 의미 Like Colour to the Blind』[96]의 저자 도나 윌리엄스Donna Wiliams는 무성애자로 정체화했다가 점차 그 정체성이 자신에게 딱 들어맞지 않음을 깨닫게 된다. "그녀 삶에서 나중에 에이섹슈얼리티와 비동일시하게 된 것은 자폐인과 비-자폐인 양자에게 섹슈얼리티와 에이섹슈얼리티가 얼마나 유동적이고 상대적인지를 보여준다."[97] 정체성이 바뀔 수 있다는 것은 그 사람의 진정성 없음을 증명하는 것이 아니라, 유성애/무성애를 비롯해 남/여, 이성애/동성애 등 우리의 성적 영역을 직조하는 수많은 이분법에 딱 들어맞지 않는 몸과 삶이 존재한다는 뜻이다. 그리고 어느 한쪽 범주에 딱 들어맞지 않는 사람들의 삶과 실존을 설명하기에 입수 가능한 언어가 턱없이 부족하고, 주어진 문법은 이러한 삶과 실존에 적절하지 않다는 뜻이다. 현재의 경직된 이분법적인 정체성 정의가 자신에게 꼭 맞지 않는 사람들은 부족한 언어에 자신을 끼워 맞추거나 다른 언어와 문법을 발굴해가면서 자신의 정체성을 만들어가는 과정 중에 놓여 있다. 이는 정체성이 근본적으로 불변이라고 전제하는 진정성 서사를 교란하고 인간의 가능성을 더 광범위하게 열어놓는다.

04　나가며

이 글에서 나는 장애와 퀴어의 관계가 무관심하거나 소모적인 갈등 관계로 자주 향하게 된 원인을 간략하게나마 밝히고, 장애와 퀴어가 별개의 범주가 아니라 항상 치열하고 복잡하게 교차하고 있음을 보이고자 했다. 그리고 이를 통해 장애와 퀴어가 만들어갈 수 있는 훨씬 더 생산적이고 풍부한 관계를 조망하고자 했다. 이 관계는 의견 차이 없이 마냥 평화롭고 안정된 관계가 아니라, 항상 치열하고도 생산적인 긴장 속에서 두 범주를 각각 따로 떼어놓고서는 결코 알아볼 수도 해결할 수도 없는 삶의 어려운 문제들을 함께 풀어가고자 노력하는 연대일 것이다. 이 글에서는 장애와 퀴어가 얽힌 주제 중 특히 섹슈얼리티와 에이섹슈얼리티에 초점을 맞췄지만, 섹슈얼리티 이슈가 퀴어 이슈의 전부가 아니듯 퀴어와 장애의 교차는 훨씬 더 많은 곳에서 일어나고 있다. 한국에서는 아직까지 퀴어학 쪽에서도 장애학 쪽에서도 퀴어와 장애의 교차를 진지하게 고민하는 움직임이 부족하지만 운동의 영역에서는 값진 연대들이 만들어지고 있는 중이다. 이 사회에서 '정상'을 규정하는 요소들은 다방면에서 매우 다양하고 촘촘하게 규정되고 규제되고 있기에 정상성에 맞서는 싸움은 어느 하나의 위치에서 완벽히 대응할 수 없다. 그리고 장애와 퀴어는 각각 독립적으로 따로 존재하면서 간헐적인 연대로만 이어지는 정체성 위치도 아니다. 감히 임시적으로라도 '우리'라고 불러도 된다면, 우리는 이 복잡한 교차를 어떻게 인식하고 살아가고 체험하고 재현하고 이론화할 것인가에 대해 지속적으로 고민하고 개입해야 한다.

1. 이 글은 비사이드 포럼의 전신인 솔여심 포럼(2016년 12월 10일, 17일 양일에 걸쳐 개최)의 두 번째 날인 17일에 〈장애 × 퀴어〉란 제목으로 강연한 내용을 바탕으로 2018년 8월 연세대 인문학연구원에서 발간한 『인문과학』 제113집에 실은 논문을 다듬은 것이다. 전혜은, 「장애와 퀴어의 교차성을 사유하기」, 연세대 인문학연구원 편, 『인문과학』 113집, 2018, 267-318쪽.

2. Carrie Sandahl, "Queering the Crip or Cripping the Queer?: Intersections of Queer and Crip Identities in Solo Autobiographical Performance", GLQ: A Journal of Lesbian and Gay Studies, vol.9, no.1-2, 2003, pp. 25-56. 크립(crip)은 cripple에서 파생된 용어로, 우리말의 뉘앙스를 살리자면 장애인을 비하하는 표현인 '불구'나 '병신'에 가깝다. 그러나 퀴어라는 용어가 원래 규범적인 젠더 내지 섹슈얼리티에 들어맞지 않는 사람들을 향한 욕이었다가 성적 소수자들에 의해 자긍심의 용어로 재전유된 것처럼, 장애운동 및 학계에서는 크립이 그러한 역사를 통해 재개념화된 용어이다. 이 용어가 신체장애에 국한된 용어가 아니냐는 비판도 있었지만 크립 개념을 사용하는 학자들은 이 개념을 신체장애를 넘어서는 정치적인 개념으로 설명한다. 기존 게이 레즈비언 이론 및 정치를 혁신하기 위해 퀴어 이론이 나왔던 것처럼, 퀴어 장애학자 로버트 맥루어는 기존 장애학 및 정치를 혁신하기 위해 정상성과 규범성에 폭넓게 맞서는 대안적인 장애 이론 및 정치학으로서 크립이론을 주장한다. Robert McRuer, Crip Theory: Cultural Signs of Queerness and Disability, New York and London: New York University Press, 2006. 한편 2018년 초 한국의 장애여성 인권 운동단체 '장애여성공감'은 단체 20주년을 맞아 〈시대와 불화하는 불구의 정치〉라는 슬로건을 내건 바 있다. 이때의 '불구'는 crip의 의미와 개념적 역사를 공유할 것이다. 장애여성공감, 「[시대와 불화하는 불구의 정치④] 장애여성공감 20주년 선언문 : '시대와 불화하는 불구의 정치' 선언」, 『오마이뉴스』, 2018.02.01. http://m.ohmynews.com/NWS_Web/Mobile/at_pg.aspx?CNTN_CD=A00 02400624 (최종검색일 : 2018. 9. 3).

3. Sandahl(2003), ibid., p. 37.

4. Rosemarie Garland-Thomson and Martha Stoddard Homles, "Introduction", Journal of Medical Humanities, Vol.26, No.2-3, 2005, pp. 73-77.

5. 예를 들어 다음을 보라. Rosemarie Garland-Thomson, ed. Freakery: Cultural Spectacles of the Extraordinary Body, New York: New York University Press, 1996. 갈런드-톰슨의 다른 단행본 Extraordinary Bodies: Figuring Physical Disability in American Culture and Literature (New York: Columbia University Press, 1997) 3장에서도 프릭 쇼에 관한 논의가 나온다. 이 책은 한글판이 출간되어 있다. 로즈메리 갈런드 톰슨, 『보통이 아닌 몸: 미국 문화에서 장애는 어떻게 재현되는가』, 손홍일 옮김, 그린비, 2015.

6. 동성애 인권운동가들이 DSM에서의 정신장애 항목에서 동성애를 삭제하려는 운동을 1970년부터 본격적으로 펼친 결과, 1973년 12월 미국 정신의학 협회는 DSM-II 7쇄에서 동성애를 정신장애 항목에서 삭제한다. 한편 세계보건기구의 국제질병분류에서 동성애가 정신장애의 일종으로 분류되기 시작한 것은 1948년 제6차 개정판(ICD-6)부터였다. ICD-7까지는 '병리학적 인격(Pathological Personality)' 범주에 속해 있다가 ICD-8부터는 '성적 일탈 및 장애(Sexual Deviations and Disorders)' 범주에 코드 302번으로 분류되어 ICD-9까지 이어진다. ICD-10에서는 코드 302가 사라졌으나 '성 발달 및 지향과 결부된 심리·행동 장애(The psychological and behavioral disorders associated with sexual development and orientation)' 범주(F66)가 동성애를 병으로 진단하는 데 사용될 위험이 있다는 비판이 계속 제기되었다. 2009년에 미국 정신의학 협회가 제기한 다음의 권고안을 보라. American Psychiatric Association, 「APA Proposes Deletion of Sexual Orientation Diagnoses in ICD-10」, http://www.apa.org/pi/lgbt/resources/icd-10.aspx (최종검색일 : 2018. 6. 18).

7. ICD-11 온라인 버전은 2018년 6월 18일에 공개되었다. https://icd.who.int/browse11/l-m/en 성소수자차별반대 무지개행동이 내놓은 논평을 참조하라. 「트랜스젠더 정체성을 비병리화한 세계보건기구의 결정을 환영하며: 역사적 결정에 발맞춘 한국정부의 변화를 요구한다」, https://www.facebook.com/lgbtactkr/posts/1568771413252709 (최종검색일 : 2018. 6. 18).

8. 예를 들어 주디스/잭 핼버스탬은 이성애 규범적인 재생산 시간성에 순응하지 않는 불법적 존재양식을 퀴어 주체로 정립하는 과정에서 약물중독이나 HIV/AIDS처럼 '장애'로 분류될 수 있는 특성을 가진 사람들을 퀴어 주체의 예로 포함시키지만(Halberstam[2005], p. 10), 이에 대해 퀴어 장애학자인 로버트 맥루어와 안나 몰로우는 그런 존재들이 목록에 이름을 늘리기 위해서만 동원될 뿐 장애 이슈와 함께 다뤄지지 않는다는 점을 비판한다(McRuer and Mollow[2012], p. 25-27). 몰로우는 또한 리 에델만이 No Future(2004)에서 죽음욕동을 기술하기 위해 사용한 용어가 장애와 관련된 것들이고, 에델만이 재생산 미래주의를 대표하는 '아이(the Child)'의 예로 드는 인물은 디킨스(Charles Dickens)의 『크리스마스 캐럴(A Christmas Carol in Prose, Being a Ghost-Story of Christmas)』에 등장하는 '절름발이 소년' 꼬마 팀(Tiny Tim)이며, 이 '아이'와 대비되는 퀴어적인 존재로 예시하는 인물은 스크루지와 후크 선장이라는 점을 지적하면서 에델만의 퀴어 논의가 장애와 맞물려 있고 은유로서의 장애에 의존하고 있음을 밝힌다(Mollow, 2012). (다만 몰로우는 에델만이 장애 이슈에 무지하다는 점을 지적하는 데서 나아가 No Future를 저자의 의도와 무관하게 장애학 텍스트로서 생산적으로 전유할 방법을 모색한다.) Judith Halberstam, In a Queer Time and Place: Transgender Bodies, Subcultural Lives, New York: New York University Press, 2005; Anna Mollow and Robert McRuer, "Introduction", Sex and Disability, eds. Robert McRuer and Anna Mollow, Durham: Duke University Press, 2012, pp. 1-33; Lee Edelman, No future: Queer Theory and the Death Drive, Durham: Duke University Press, 2004; Anna Mollow, "Is Sex Disability?: Queer Theory and the Disability Drive", Sex and Disability, eds. Robert McRuer and Anna Mollow, Durham: Duke University Press, 2012, pp. 285-312.

9. 정체성의 정치가 어떤 문제가 있는지에 대한 비판은 이 선집에 같이 실은 전혜은, 「'아픈 사람' 정체성」을 보라.

10. Robert McRuer and Abby L. Wilkerson, "Introduction", GLQ: The Journal of Lesbian and Gay Studies, vol.9, no.1-2, 2003, pp. 1-23.

11. 질병은 가장 나쁘고 피하고 싶은 것을 비유하는 데 사용되기 때문에 장애 공동체 안에서도 건강한 장애인들은 질병의 낙인을 피하고자 만성질환이 있거나 의료적 지원이 계속해서 필요한 장애인들과 거리를 두는 경향이 있다. 관련 논의는 다음을 보라. 수잔 웬델, 「건강하지 않은 장애인」, 전혜은 옮김, 여성문화이론연구소 편, 『여/성이론』 27호, 2012, 158-185쪽. 이 선집에 같이 실은 전혜은, 「'아픈 사람' 정체성」도 참조하라.

12. Peter Conrad, The Medicalization of Society: On the Transformation of Human Conditions into Treatable Disorders, Baltimore: Johns Hopkins University Press, 2007, pp. 5-6.

13. Conrad(2007), ibid., p. 4.

14. Irving Kenneth Zola, "In the Name of Health and Illness: On Some Socio-Political Consequences of Medical Influence", Social Science & Medicine, Vol.9, No.2, 1975, pp. 83-87.

15. Michael Oliver, The Politics of Disablement, London: Macmillan, 1990, p. 48.

16. Zola(1977), op. cit., p. 31; Robert Crawford, "Healthism and the Medicalization of Everyday Life", International Journal of Health Services, Vol.10, No.33, 1980, pp. 365-388, p. 369에서 재인용.

17. Susan Wendell, "Toward a Feminist Theory of Disability", The Disability Studies Reader, Third Edition, ed. Lennard J. Davis, New York: Routledge, 2010(original 1989), pp. 336-352.

18. 이에 대한 비판과 전인적인 의료적 접근을 요청한 글로는 다음을 보라. 에릭 J. 카셀, 「고통받는 환자와 인간에게서 멀어진 의사를 위하여」, 강신익 옮김, 들녘, 2002. (Eric J. Cassell, The Nature of Suffering and the Goals of Medicine, New York: Oxford University Press, 1996) 질병을 무엇보다 사회적 차원에서 접근해야 할 필요성을 논증한 글은 다음을 보라. 김승섭, 「아픔이 길이 되려면: 정의로운 건강을 찾아

질병의 사회적 책임을 묻다』, 동아시아, 2017.

19. 다음을 참고하라. 수잔 웬델(2012), 앞의 글, 그리고 수잔 웬델, 『거부당한 몸: 장애와 질병에 대한 여성주의 철학』, 강진영 외 옮김, 그린비, 2013; Jonathan M. Metzl, "'Why Against Health?' : Introduction", Against Health: How Health Became the New Morality, eds. Jonathan M. Metzl and Anna Kirkland, New York and London: New York University Press, 2010, pp. 1-12.

20. 수잔 웬델(2013), 앞의 책, 4장 참조.

21. Tobin Siebers, "In the Name of Pain", Against Health: How Health Became the New Morality, eds. Jonathan M. Metzl and Anna Kirkland, New York: New York University Press, 2010, pp. 183-194. 그런데 이 글에서 시버스는 고통을 없애준다는 미명 아래 장애인 살해가 정당화되는 현실을 비판하는 데 힘을 쏟은 나머지 '장애인은 고통과 무관하다'고 주장해서 '장애인'의 범주와 장애 정치의 의제에서 아픈 사람들을 쫓아내버리는 잘못을 저지르긴 한다. 이런 우를 범하지 않으면서 어떻게 고통을 받아들이고 함께 사유할 것인가 하는 주제를 웬델은 「건강하지 않은 장애인」 후반부에서 감동적으로 풀어낸다. 웬델(2012), 앞의 글 참조.

22. Abby L. Wilkerson, "Disability, Sex Radicalism, and Political Agency", *Feminist Disability Studies*, ed. Kim Q. Hall, Indiana University Press. 2011(original 2002), p. 210.

23. Dick Sobsey, *Violence and Abuse in the Lives of People with Disabilities*, Baltimore: Paul H. Brookes, 1994, p. 363; Wilkerson(2011), *ibid.*, p. 211에서 재인용.

24. '너를 사랑해서', '장애를 치료해준다'는 명목으로 가족이 장애인에게 자행하는 폭력에 관해서는 다음을 보라. Kim Eunjung, *Curative Violence: Rehabilitating Disability, Gender, and Sexuality in Modern Korea*, Durham: Duke University Press, 2016.

25. Conrad(2007), *op. cit.*, p. 6.

26. 멜러니 선스트럼, 『통증 연대기: 은유, 역사, 미스터리, 치유 그리고 과학』, 노승영 옮김, 에이도스, 2011, 198-99쪽.

27. 많은 젠더퀴어들이 트랜스 혐오적인 이런 환경에서 극심한 스트레스를 견디느라 우울증 같은 정신질환을 얻기 쉽다는 점, 그리고 트랜스를 병리화하는 진단 기준에 저항하여 수술하지 않는 삶을 선택하는 사람들도 '젠신병자'(트랜스젠더와 정신병자를 결합한 혐오발언)로 조롱받고 있는 상황을 생각하면 이는 아이러니다. 시스젠더 이성애자가 아닌 사람을 모조리 병리화하는 이 사회의 지배적인 인식 틀에서는 수술 여부와 무관하게 젠더퀴어는 정신질환과 밀접하고도 복잡한 관계를 맺게 되는 것이다. 그렇기에 병리화의 이유로 수술을 그리고 수술을 감행하는 이들을 모조리 비난하거나 거부하기보다는 성별 재지정 과정 전체를 트랜스 중심적으로 재편성하는 대대적인 틀 전환이 필요하다. 트랜스 자율성에 관한 관련 논의는 주디스 버틀러, 『젠더 허물기』, 조현준 옮김, 문학과지성사, 2015(Judith Butler, Undoing Gender, New York: Routledge, 2004) 4장을 참조하라. 또한 법, 행정, 의료 담론, 재현, 정체성 경계 등 다층적으로 성전환에 접근한 국내 연구자 및 활동가들의 작업으로는 다음을 보라. 퀴어 이론문화연구모임 WIG, 『젠더의 채널을 돌려라』, 사람생각, 2008.

28. Julie Livingston, "Comment: On the Borderland of Medical and Disability History", *Bulletin of the History of Medicine*, Vol.87, No.4, 2013, pp. 560-564.

29. 예를 들어 다음을 참조. 오조영란 외, 『남성의 과학을 넘어서: 페미니즘의 시각으로 본 과학 · 기술 · 의료』, 창작과비평사, 2002[1999]; 샌드라 하딩, 『페미니즘과 과학』, 이박혜경 · 이재경 옮김, 이화여자대학교출판문화원, 2002; 샌드라 하딩, 『누구의 과학이며 누구의 지식인가: 여성들의 삶에서 생각하기』, 조주현 옮김, 나남, 2009.

30. 우생학적 관점에서 장애인들에게 자행된 단종법의 역사를 개괄한 내용은 정근식, 「장애의 새로운 인식을 위하여: 문화비판으로서의 장애의 사회사」, 『당대비평』 14호, 2001, 252-278쪽을 참고하라. 한센인들에게 가해지던 불임시술과 격리는 해방 후엔 한센인들의 '양심'에 호소하여 건강한 사회를 위해 자발적으로 격리에 응하라는 미시적인 관리 통제 전략으로 이어졌다. 한순미, 「한센인의 삶과 역사, 그 증언 (불)가능성」, 전남대학교 5.18 연구소 편, 『민주주의와 인권』, 14권 3호, 2014, 125-157쪽. 한센인들이 겪은 인권침해에 대한 증언은 다음을 참고하라. 국사편찬위원회 [편], 『한센병, 고통의 기억과 질병 정책』, 국사편찬위원회, 2005.

31. 미국에서 1960년대에 개발된 응용행동분석(applied behavior analysis)은 자폐인과 퀴어에게 적용되었다. 이 분석을 처음 도입한 UCLA의 〈여성스러운 소년 프로젝트〉(Feminine Boy Project)는 여성스러운 '나쁜' 행동습관을 남자다운 '좋은' 행동습관으로 바꾼다는 명목으로 "물리적 속박, 찰싹 때리기, 찌르기, 퍽 치기, 머리채 잡기, 전기충격, 유독한 악취나 맛에 노출시키기" 등의 "혐오 요법"을 실행했다. Rachael Groner, "Sex as 'Spock': Autism, Sexuality, and Autobiographical Narrative", Sex and Disability, eds. Robert McRuer and Anna Mollow, Durham: Duke University Press, 2012, pp. 263-281. 한국에서 일어난 트랜스젠더 전환치료 사건과 전환치료근절운동네트워크에 관한 논의는 다음을 보라. 정욜, 「전환치료: 인간의 존엄을 다시 묻는다」, 장애여성공감 편, 『공감』 16호, 2016, 39-43쪽.

32. Judith Butler, *Bodies That Matter: On the Discursive Limits of "Sex"*, New York: Routledge, 1993. '구성적 외부'에 대한 설명은 전혜은, 『섹스화된 몸: 엘리자베스 그로츠와 주디스 버틀러의 육체적 페미니즘』(새물결, 2010)의 3부 비체 논의를 참조. 좀 더 쉬운 설명은 전혜은, 『퀴어 이론 산책하기』(여이연, 근간) 2장 참조.

33. Butler(1993), *ibid.*, p. 8.

34. Douglas Baynton, "Disability and the Justification of Inequality in American History", *The New Disability History: American Perspectives*, eds. Paul K. Longmore and Lauri Umansky, New York: New York University Press, 2001, pp. 33-57.

35. 예를 들어 제인 플랙스는 여성이 성차별주의 이데올로기 및 관행에 의해 "절단되고 훼손되었다"(Flax[1990], p. 136)고 주장했으며, 아이리스 마리온 영은 "성차별주의 사회에서 여성은 신체적으로 핸디캡을 갖는다"(Young[1990], p. 153)고 주장했다. 이러한 주장들에 깔린 전제는 장애란 본질적으로 열등하고 결함 있고 부정적인 것이며, 따라서 여성을 장애에 결부시키는 것은 여성들에게 부당하다는 생각이다. 퀴어 페미니즘 장애학자 킴 홀은 이런 주장들이 결과적으론 여성을 가치 있는 존재로 되살리기 위해 장애인을 희생시키는 셈이라고 지적한다(Hall[2011], p. 4). Jane Flax, *Thinking Fragments: Psychoanalysis, Feminism, and Postmodernism in the Contemporary West*, University of California Press, 1990; Iris Marion Young, *Throwing Like a Girl: A Phenomenology of Feminine Body Comportment Motility and Spatiality*, Bloomington: Indiana University Press, 1990; Kim Q. Hall, "Reimaging Disability and Gender through Feminist Disability Studies", *Feminist Disability Studies*, ed. Kim Q. Hall, Bloomington: Indiana University Press, 2011, pp. 1-10.

36. Garland-Thomson(1997), *op. cit.*

37. 갈런드-톰슨(2015), 앞의 책.

38. Garland-Thomson(1997), *op. cit.*, p. 8; 한글판 20쪽, 번역 일부 수정.

39. McRuer(2006), *op. cit.* 특히 서론 "Introduction: Compulsory Able-Bodiedness and Queer/Disabled Existence"를 보라.

40. Butler(1993), *op. cit.* 좀 더 쉬운 설명은 전혜은, 『퀴어 이론 산책하기』(여이연, 근간) 2장 참조.

41. McRuer(2006), *op. cit.*, pp. 8-9.

42. *ibid.*, p. 2.

43. Eli Clare, *Exile and Pride: Disability, Queerness and Liberation*, Cambridge, MA: South End Press, 2009(original 1999), p. 130.

44. Metzl(2010), *op. cit.*

45. Chase Joynt, (Director) Resisterectomy. [Film] Canada: 2012. (〈레지스테렉토미〉, 감독·연출·편집: 체이스 조인트 / 캐나다 2012 / 8분) http://youtu.be/nPLdJMm0TPA (최종검색일 2018. 9. 3). 이 다큐멘터리 영화는 2015년 제14회 한국퀴어영화제에서 상영되었다. 영화에 출연한 M. K. 브라이슨은 캐나다의 브리티시컬럼비아대학교의 교육학 교수이자 젠더·인종·섹슈얼리티·사회정의 연구소 소장으로, 유방암 수술 이후 전국 규모 연구 프로젝트 Cancer's Margins Research를 이끌었다. 이 프로젝트의 성과 일부가 논문으로 출간되었으며, 출간 논문의 한글 번역본 역시 출간되어 있다. 에반 T. 테일러 & 메리 K. 브라이슨, 「암의 가장자리: 트랜스* 및 젠더 비순응자의 지식 접근과 암 건강 경험, 의사결정」, 전혜은 옮김, 여성문화이론연구소 편, 『여/성이론』 36호, 2017, 60~95쪽.

46. 물론 유방암 수술을 겪은 당사자들의 기록을 보면 자신을 '장애인'으로 인식하기보다는 '암 환자'라는 정체성이 중심을 차지하는 경향이 있다. 예를 들어 다음을 참조. Audre Lorde, The Cancer Journals, Special Edition, San Francisco: Aunt Lute Books, 1997(original 1980); Eve Kosofsky Sedgwick, A Dialogue on Love, Boston: Beacon Press, 1999; 한국여성민우회 편, 『아플 수 있잖아』, 한국여성민우회, 2014.

47. 보형물이 든 특수 브래지어를 착용하는 법을 안내하는 의료 복지 프로그램이 유방암 환자들을 모두 이성애자 여성이라고 간주하고 '가슴이 없어도 남자에게 사랑받을 방법' 등을 팁이랍시고 교육했다는 내용은 로드의 글에서도 세즈윅의 글에서도 등장한다. Lorde(1997[1980]); Sedgwick(1999), ibid.

48. Gayle Salamon, *Assuming a Body: Transgender and Rhetorics of Materiality*, New York: Columbia University Press, 2010, p. 188.

49. 이 글에서 나는 '에이섹슈얼리티'와 '무성애'라는 용어를 섞어 쓰고 있다. 하지만 사실 나는 에이섹슈얼리티에 관한 풍성하고 다채로운 의미와 복잡한 지형을 다 담아내기에는 '무성애'라는 번역어가 부족하다고 생각한다. 이 글 전체에서 보이겠지만 에이섹슈얼리티를 어떻게 정의하는가 자체에 다양한 권력 관계와 위치성과 사회문화적 맥락이 복잡하게 얽혀 있기 때문이다. 일단 이 글에서는 한국의 에이섹슈얼리티 담론에서 '무성애자'라는 용어가 당사자 용어로 이미 유통되고 있음을 존중하고 반영하는 차원에서 '무성애자'라는 번역어를 따랐다. 하지만 동시에 장애인을 무성적 존재로 재현하는 장애 차별을 설명할 때에도 '무성애'라는 용어를 사용한다. 따라서 독자들이 이 글을 읽으면서 헷갈리실까봐 걱정되긴 한다. 아마도 '무성애자'라는 번역어를 처음 제안했던 사람들이 에이섹슈얼리티와 장애인의 관계가 비장애인의 관계와는 다르다는 점을 미처 생각하지 못했던 것 같다. 본문에서 설명하겠지만 이 사회는 비장애인에겐 당연히 성욕이 있고 연애를 하고 결혼을 할 거라고(엄밀히 말해 이성애적인 연애와 결혼) 기대하는 반면 장애인은 당연히 성적인 것과 무관하고 성욕이 없으리라 기대한다. 따라서 에이섹슈얼 정체성을 가진 비장애인과 그 정체성을 가진 장애인이 겪는 어려움은 질적으로 다를 것이다. 그렇다면 장애인의 경우에 외부에서 강요되는 에이섹슈얼리티와 정체성으로 받아들이는 에이섹슈얼리티를 구분할 필요가 있는 만큼, 에이섹슈얼리티의 번역 또한 조심스레 구분할 필요가 있다. 내 생각에 '없음'을 무(無)'를 붙이는 '무성애'라는 번역은 오히려 전자에 어울린다. 전자는 장애인을 젠더도 섹슈얼리티도 없는 존재로 취급하는 담론이기 때문이다. 반면 장애인을 비롯한 사람들 개개인이 당사자 정체성으로 받아들이고 거기에 자긍심을 갖는 에이섹슈얼리티는 단순히 섹슈얼리티가 '없는(無)' 상태라고만 볼 수 없다. 오히려 에이섹슈얼 정체성을 가진 사람들이 내보이는 차이는 모든 사람은 사랑하고 섹스해야만 '정상'이라고 여기는 기존의 인식 틀이 결코 당연한 게 아닐뿐더러 그 틀로는 인간 삶의 다양성과 복잡성을 제대로 담아낼 수 없음을 증명한다. (위키피디아 asexuality 항목을 참조하라. https://en.wikipedia.org/wiki/Asexuality) 예를 들어 자가성애(自家性愛, autoerotic sexual 혹은 autosexual) 또한 가히 '스펙트럼'이라 부를 만큼 다양한 에이섹슈얼 정체성 범주에 포함되는데, 이는 에이섹슈얼리티가

성적 끌림과 성욕만이 아니라 성적 대상과도 관련되어 있는 문제며, 따라서 단순히 '성애'(이것이 과연 무엇인지에 대해서도 더 많은 탐구가 필요하지만)의 유/무로 설명할 수 없다는 사실을 담고 있다. 결국 섹슈얼리티를 규정하고 재현하고 해석하는 기존의 문법을 거부하는 이 상이한 삶의 양식들을 담아내기 엔 '무성애'라는 번역어는 부족한 감이 있다.

그래서 나는 2010년 무렵부터 당사자가 정체성으로 경험하고 받아들이는 에이섹슈얼리티를 뜻할 때는 '무성애' 대신 '아닐 비(非)'를 사용하여 '기존의 섹슈얼리티와 다르다'는 걸 강조하는 '비성애'란 번역어 를 쓰자고 제안해왔다. 당사자 정체성으로서의 에이섹슈얼리티가 섹슈얼리티의 기존 문법을 거부한다 는 점에서도, 또한 섹슈얼리티가 아무리 광범위하게 다양성을 포괄한다 한들 에이섹슈얼리티의 실존을 온전히 설명할 수 없다는 점에서도 '비성애'라는 번역어가 적절하다고 본다. 그러나 이 제안 또한 잠정 적인 것이고, 어떤 번역어가 더 많은 의미를 알맞게 담아내느냐보다 당사자들이 어떤 번역어를 자신들 을 부르는 이름으로 받아들이는가가 더 중요한 문제이기도 하다. 모든 당사자 용어는 시대와 문화와 공 동체의 역사를 통해 만들어지고 다듬어지는 것이기 때문이다.

그저 이 긴 각주에서 하고 싶은 말은, 에이섹슈얼리티가 학문적 영역에서 탐구된 지 아직 이십년도 안 된 만큼, 또 한국에서 '무성애'라는 번역어가 등장한 지 10년밖에 안 된 만큼, 에이섹슈얼을 정의하고 언 어화하는 담론의 발전에 맞춰 에이섹슈얼 관련 번역어에 대한 논의 또한 계속 발전시켜 나가야 한다는 것이다. 번역어에 대한 깊이 있는 논의를 진행하기 위해서는 한국에서 무성애라는 번역어가 만들어져 당사자 용어로 유통된 과정과 맥락을 추적하고 한국의 에이섹슈얼리티 담론 지형을 비판적으로 탐색하 는 작업이 필요하다.

50. Connie Panzarino, *The Me in the Mirror*, Seattle: Seal Press, 1994, p. 212; Clare(2009[1999]), *op. cit.*, p. 130에서 재인용.

51. 애슐리 X 사건의 최초 언론 보도는 2007년 1월 『로스앤젤레스 타임스』에 실린 기사(Sam Howe Verhovek, "Parents Defend Decision to Keep Disabled Girl Small", Los Angeles Times, 3 Jan. 2007)이다. 애 슐리 부모가 운영하는 블로그는 http://www.pillowangel.org/ 부모는 애슐리가 받은 의료적 조치를 "'베 개 천사'의 행복을 위한 '애슐리 치료'"(the 'Ashley Treatment' for the wellbeing of 'Pillow Angels')라 부른 다. '애슐리 치료'의 세부사항은 다음을 보라. http://pillowangel.org/AT-Summary.pdf (최종검색일: 2018. 6. 1) '애슐리 치료'에 대한 페미니즘 장애학자들의 비판은 대표적으로 Hall(2011), op. cit.을 보라. 그리 고 애슐리 치료가 장애인의 고통을 덜어주겠다는 명목으로 장애인의 인권과 몸을 훼손하는 장애 혐오 의 한 방식임을 논증한 글은 Siebers(2010), op. cit.를 보라.

52. Josie Byzek, "Tremors of Intent: More Thoughts on the Ashley Treatment", *New Mobility*, 2007 (http:// www.newmobility.com/); Hall(2011), *op. cit.*, p. 5에서 재인용.

53. Eunjung Kim, "Sexuality in Disability Narratives", *Sexualities*, Vol.14, No.4, 2011, pp. 479-493.

54. *ibid.*, pp. 482-483.

55. *ibid.*, p. 486.

56. Kim(2011), *op. cit.*, p. 482.

57. Lydia Fegan and Anne Rauch, *Sexuality and people with intellectual disability*, Baltimore, MD: P.H. Brookes Pub. Co., 1993, p. 9; Wilkerson(2011), *op. cit.*, pp. 193-194에서 재인용.

58. Eunjung Kim, "Asexualities and Disabilities in Constructing Sexual Normalcy", *Asexualities: Feminist and Queer Perspectives*, eds. Karli June Cerankowski and Megan Milks, New York: Routledge, 2014, pp. 249-282.

59. Kim(2011), *op. cit.*, p. 483.

60. 그래서 사실 이성애자들도 이성애 규범적인 주체 위치에 반드시 올라갈 수 없고 늘 규범적 이상을

좇는 점근선적 운동을 하게 된다. 관련 논의는 루인, 「젠더를 둘러싼 경합들」, 여성문화이론연구소 편, 『여/성이론』 15호, 2006, 289-304쪽.

61. Barbara Faye Waxman, "It's Time to Politicize Our Sexual Oppression", *The Ragged Edge: The Disability Experience from the Pages of the First Fifteen Years of the Disability Rag*, ed. Barrett Shaw, Louisville: The Avocado Press, 1994. pp. 86-91; Abby L. Wilkerson(2011), *op. cit.*; Robert McRuer, "Disabling Sex: Notes for a Crip Theory of Sexuality", *GLQ: A Journal of Lesbian and Gay Studies*, Vol.17, No.1, 2010, pp. 107-117.

62. McRuer(2010), *op. cit.*; Wilkerson(2011), *op. cit.*

63. Halberstam(2005), *op. cit.*, pp. 1-5.

64. Lee Edelman(2004), op. cit., p. 9. 여기서 재생산 미래주의의 기준이 되는 '아이'를 에델만이 대문자로 표기(the Child)하면서 살아있는 아이들과 구분한다는 점에 주의할 필요가 있다. 에델만은 아동 혐오를 정당화하려는 것이 아니라, 이 사회가 (실제 살아있는 아이들을 안전하게 보호하고 지원하느냐 여부와 무관하게) 제시하고 강제하는 규범적 미래가 모조리 아이를 중심으로 상상되고 조직됨으로써 아이와 함께 하는 삶을 선택하지 않거나 허락받지 못한 퀴어들은 '사회의 밝은 미래'에서 처음부터 추방되어 있다는 점을 지적하는 것이다.

65. Anna Mollow(2012), *op. cit.*; Tobin Siebers, "A Sexual Culture for Disabled People", *Sex and Disability*, eds. Robert McRuer and Anna Mollow, Durham: Duke University Press, 2012. pp. 37-53.

66. Alison Kafer, "Compulsory Bodies: Reflections on Heterosexuality and Able-bodiedness", *Journal of Women's History*, Vol.15, No.3, 2003, pp. 77-89.

67. Robert McRuer, 2006; 2010, *op. cit.*

68. Patricia Berne. (Director) *Sins Invalid: An Unshamed Claim to Beauty in the Face of Invisibility*. [Film] USA: 2014. (퍼트리샤 번 감독, 〈신스 인발리드〉 / 미국 2014 / 32분) 이 다큐멘터리 영화는 2016년 제15회 한국퀴어영화제에서 상영되었다. 관련 정보는 다음을 참조. https://en.wikipedia.org/wiki/Sins_Invalid (최종검색일 : 2018. 6. 1).

69. 장애여성공감은 이런 흐름에 꾸준히 문제제기해왔고, 2010년에는 장애인 여성 및 퀴어의 시각에서 장애인 성 문제에 접근하기 위해 〈유럽 장애인 성서비스 연구를 위한 장애여성 활동가 해외 연수 프로그램〉을 진행하고 그 연수기를 『비마이너』 뉴스로그에 연재한 바 있다.
장애여성공감, 「노르웨이 (숲), 우리 몸에 맞을까?」, 『비마이너』, 2010.06.29, http://beminor.com/detail. php?number=598&thread=04r05;
장애여성공감, 「북유럽의 안개 속에서 길을 찾아가다」, 『비마이너』, 2010.06.14, http://beminor.com/detail.php?number=572;
장애여성공감, 「독일 장애인 여성을 둘러싼 환경에 다가가다」, 『비마이너』, 2010.06.29, http://beminor.com/detail.php?number=594&thread=04r05;
장애여성공감, 「섹슈얼베글라이퉁(Sexualbegleitung)에 대한 탐구」, 『비마이너』, 2010.06.29, http://beminor.com/detail.php?number=595&thread=04r05;
장애여성공감, 「장애인의 성적 권리를 위해 함께 하는 사람들은?」, 『비마이너』, 2010.06.29, http://beminor.com/detail.php?number=596&thread=04r05;
장애여성공감, 「베를린에서 마지막 일정을 정리하며」, 『비마이너』, 2010.06.29, http://beminor.com/detail. php?number=597&thread=04r05 (최종검색일: 2018. 9. 4).
생각해볼 거리가 정말 많은 연재이므로 독자 분들이 읽어보시면 좋겠다. 한편 장애여성공감은 이 연수의 결과를 자료집으로 정리해 2011년 2월 해외연수보고회를 열었는데, 나는 방청객으로 참가했지만 그 자리에서 일부 장애 남성 참가자들의 관심사는 유럽에 다녀온 활동가들이 직접 성서비스를 받았는지,

남성장애인을 대상으로 하는 성서비스 이야기는 더 없는지에 쏠려 있어서 씁쓸함을 느끼게 했다.

70. 「떡볶이가 성매매 화대라니… 지적장애 내 딸 어쩌나」, CBS 김현정의 뉴스쇼, 2016.05.13. http://news.naver.com/main/read.nhn?mode=LSD&mid=sec&sid1=102&oid=079&aid=0002829617 (최종검색일: 2018. 6. 1).

71. 전주지검 군산지청이 기소유예 처분을 내린 건 2015년이었다. 「중앙일보」, 「[속보] '10대 현대판 민며느리' 남편 '아동강간죄' 구속기소 왜」, 2017.10.15. http://v.media.daum.net/v/20171015161537202?f=m (최종검색일: 2018. 6. 1).

72. Alison Kafer, "Desire and Disgust: My Ambivalent Adventures in Devoteeism", Sex and Disability, eds. Robert McRuer and Anna Mollow, Durham: Duke University Press, 2012, pp. 332-333. 앨리슨 케이퍼, 「욕망과 혐오: 추종주의 안에서 내가 겪은 양가적 모험」, 전혜은 옮김, 「여/성이론」 39호, 여성문화이론연구소, 2018, 51쪽.

73. Eli Clare(2009[1999]), op. cit., p. 131.

74. Kafer(2012), op. cit., pp. 336-342.

75. ibid., p. 334.

76. ibid., p. 345.

77. ibid., pp. 345-346.

78. ibid., p. 350. 장애의 사회적 모델에 대한 설명은 이 선집에 같이 실은 전혜은, 「'아픈 사람' 정체성」 각주 15를 보라.

79. ibid., p. 346.

80. ibid., p. 350.

81. Kim(2011), op. cit., p. 481.

82. ibid.

83. 2001년에 설립된 AVEN은 현재 전 세계에서 가장 큰 규모의 온라인 무성애자 단체이다. 자세한 정보는 다음을 참고. www.asexuality.org (최종검색일: 2018. 6. 1).

84. 한국에는 〈에이로그〉, 〈무:대〉 (구 에이로그, http://blog.naver.com/acetage), 〈에이스그래피〉 (구 승냥이 카페, http://cafe.naver.com/asexual.cafe) 등의 당사자 단체가 있다. 다음을 참조. 위키백과 무성애 항목: https://ko.wikipedia.org/wiki/%EB%AC%B4%EC%84%B1%EC%95%A0 페미위키 무성애 항목: https://femiwiki.com/w/%EB%AC%B4%EC%84%B1%EC%95%A0#cite_note-2, 〈무:대〉에서 제공한 무성애에 대한 가장 최근의 정의(2017년 7월)는 다음을 참조. http://acetage.com/221127870189 (최종검색일: 2018. 6. 1).

85. Kim(2011), op. cit., p. 486.

86. ibid., p. 482.

87. 무:대, 「젠더 규범성과 무성애자」, 2016년 제1회 솔여심 포럼 〈소수자 속의 소수자〉 4강, 2016.12.10. 미간행.

88. 다른 유형의 장애가 있는 사람들 중에 무성애자가 없는 것은 결코 아니다. 다만 자폐 당사자 서사에 에이섹슈얼리티에 관한 논의가 자주 나오는 이유는 앞서 말했듯 역사적으로 '자폐증'을 치료한답시고

강제되던 재활 프로그램에 강제적 이성애자 만들기가 들어가 있었기에 다른 장애보다도 자폐스펙트럼과 에이섹슈얼리티의 관계가 좀 더 빨리 가시화될 수 있었던 것이라 추측된다.

89. Groner(2012), *op. cit.*, pp. 264-265.

90. 그로너가 분석한 자폐 서사 중 하나로, 한글판이 출간되어 있다. 던 프린스-휴즈, 『고릴라 왕국에서 온 아이』, 윤상운 옮김, 북폴리오, 2006(Dawn Prince-Hughes, Songs of the Gorilla Nation: My Journey Through Autism, New York: Harmony Books, 2004).

91. Prince-Hughes(2004), *ibid.*, p. 54; Groner(2012), *op. cit.*, p. 270에서 재인용.

92. *ibid.*, p. 272.

93. 템플 그랜딘, 『어느 자폐인 이야기』, 박경희 옮김, 김영사, 2011(Temple Grandin and Margaret Scariano, Emergence: Labeled Autistic, Novato: Arena Press, 1986.)

94. Groner(2012), *op. cit.*, p. 275.

95. *ibid.*

96. Donna Williams, *Like Colour to the Blind: Soul Searching and Soul Finding*, London: Jessica Kingsley Publishers, 1999.

97. Kim(2011), *op. cit.*, p. 490.

2. 젠더로 경합하고 불화하는 정치학

루인

2. 젠더로 경합하고 불화하는 정치학

: 트랜스젠더퀴어, 페미니즘, 그리고 퀴어 연구의 이론사를 개괄하기

1991년 미국 트랜스젠더 활동가 홀리 보스웰Holly Boswell은 당시 트랜스젠더 커뮤니티에서 발간하던 잡지 『트랜스젠더 태피스트리 *Transgender Tapestry*』에 「트랜스젠더라는 대안*Transgender Alternative*」이라는 글을 발표했다.[1] 트랜스젠더라는 용어 사용을 대안으로 지칭하는 제목에서 짐작할 수 있듯 이 글은, 태어날 때 지정받은 젠더가 아닌 다른 젠더로 살고자 노력하는 이들, 때로 호르몬 투여와 수술 등 의료적 조치를 통해 몸의 형태를 바꾸거나, 의료적 수단으로 몸의 형태를 바꾸지는 않지만 다양한 젠더 실천 방식을 채택하여 다른 젠더로 살고 있는 이들을 통칭하기 위해 통상의 트랜스섹슈얼이라는 용어 대신 트랜스젠더라는 용어 사용의 가능성을 타진한다. 트랜스섹슈얼이라는 용어를 대체할 다른 용어를 찾는다함은 기존에 존재하지 않았다고 여긴 이들을 새롭게 지칭할 범주 명명이 필요해졌기 때문이 아니다. 기존 범주 명명의 한계가 누적되어 새로운 용어의 필요성이 대두되었기 때문이다.

트랜스섹슈얼이라는 용어는 1920년대 중반 독일 성과학자 마그누스 히르쉬펠트Magnus Hirschfeld가 주조했다고 알려져 있으며[2] 미국의 경우 1940년대 성과학자 데이비드 콜드웰David Cauldwell이 적극 사용하며 알려졌다고 한다.[3] 하지만 이 용어가 대중에게 널리 쓰이기 시작한 결정적 계기는 성전환 수술을 통해 전직 군인에서 금발 여성으로 변한 mtf/트랜스여성 크리스틴 조겐슨Christine Jorgensen이 신문 1면을 장식하며 미국을 넘어 전세계적으로 떠들썩한 화제가 되면서다.[4] 조겐슨은 연예인으로 활동하는 동시에 트랜스젠더의 대변인처럼 중요한 이슈에 발언을 하기도 했는데, 그 유명세는 상당했다. 예를 들어 미국에서 조겐슨에게 편지를 보내기 위해선 "미국, 크리스틴 조겐슨에게 To Christine Jorgensen, U.S.A."라고만 쓰면 되었다. 하지만 단순히 조겐슨의 유명세만으로 트랜스섹슈얼이라는 용어가 대중화된 것은 아니다. 조겐슨의 등장, 혹은 남성성의 정점으로 인식되는 군인에서(조겐슨은 제2차 세계대전에 징병되었다) 여성성의 정점으로 인식되는 금발의 미녀로 바뀐 과정은 여성과 남성의 경계, 여성성과 남성성이라는 성격의 구성, 생물학적 본질이라고 여기는 몸의 변형 가능성, 남성과 여성은 타고난다는 믿음 등을 둘러싸고 격렬한 논쟁을 일으켰다. 이 논쟁이 트랜스섹슈얼을 사람들에게 각인시켰고 모든 사람이 항상 기억하는 용어는 아니라고 해도 과거와 달리 많은 사람이 인식하는 용어가 되는 데 일조했다. 트랜스섹슈얼의 가시화 혹은 조겐슨의 유명세는 1960년대 들어 미국의 여러 대학 병원에서 트랜스젠더 관련 클리닉을 설립할 수 있도록 하는 사회적 분위기를 조성하기도 했다.

클리닉 설립과 1980년 미국정신의학회American Psychiatric Association

에서 발행하는 『정신질환 진단 및 통계 편람 3판』(DSM-3)(1980)에 성전환증이 등재된 것은 미국 트랜스젠더의 역사에서 복잡한 평가를 요구하는 사건이다. 한편으로 의료적 조치를 요구하는 트랜스섹슈얼이라면 이제 미국에서 의료적 조치를 받을 수 있게 되었다. 미국에 클리닉이 생기고 의료 진단 범주로 등재하기 전까지, 미국에서 성전환수술은 단순히 무지의 영역이 아니라 불법 행위였다. 미국 내에서 의료적 조치를 취하고자 한다면 적절하고 안전한 절차를 통해서가 아니라 비밀리에 진행해야 했기에 위험을 감수해야 했고 그렇지 않은 경우 다른 나라로 가서 의료적 조치를 취했다(조겐슨은 덴마크에서 수술 등 의료적 조치를 진행했다). 그렇기에 미국 대학병원을 거점으로 한 클리닉의 등장은 그 절차가 매우 까다로워 클리닉마다 1년에 몇 명 수준이었지만, 미국 내에서 의료적 조치를 취할 수 있는 가능성이 열렸음을 의미한다.

다른 한편, 이것은 트랜스섹슈얼이 의료 기술적 과정을 통해 승인되고 의료 기관의 판단을 거쳐야만 몸의 변형 등 자신이 원하는 몸의 형태로 살 수 있게 됨을 의미한다. 트랜스섹슈얼이 자기 자신을 '태어날 때 지정받지 않은 다른 어떤 젠더로 인식하고 자신이 인식하는 젠더로 살아간다'고 해도 의료적 승인이 없다면 그 정체성은 사회적으로, 법적으로 인정받을 수 없게 된다. 의료적 진단이 가능해졌다는 점은 진단의 영역에 해당하는 사항의 결정권이 의료계로 넘어갔다는 뜻이며 개인에게는 더 이상 그와 관련해서 결정하거나 주장할 최종 권한이 없음을 뜻한다. 정체성이 자기 인식이자 자기 선언이라고 해도, 트랜스는 일정 정도 의료 기관, 의료 기술, 의료 종사자의 통제에 포섭되기 시작했고 동시에 의학과 투쟁하고 갈등하는 역사를 만들기 시작했다.

앞서 언급한, 미국정신의학회가 발행하는 『정신질환 진단 및 통계 편람 3판』에 성전환증이 등재된 일은 젠더 정체성을 결정하는 과정에서 젠더의 '신빙성authenticity'을 판단하는 권력이 의학에 있음을 확정한 사건이기도 하다. 트랜스섹슈얼은 이제 정신과 진단 목록에 포함된 많은 정신질환 중 하나가 되었고, 트랜스가 자신의 젠더 정체성을 주장하는 과정에서 정신과 진단서는 거의 유일하게 권위를 지닌 문서/증거가 되었다. 동성애가 1973년 정신질환 진단 및 통계 편람(DSM 2판 7쇄)에서 빠진 것과 달리 트랜스가 1980년 통계 편람에 포함되었을 때, 이것은 동성애 운동과 트랜스 운동의 분화를 의미하고 의료적 관심 혹은 사회적 통제가 성적 지향보다 젠더 정체성에 더 많이 향하고 있음을 가늠하게 한다.[5]

트랜스섹슈얼이라는 용어가 트랜스 커뮤니티를 비롯한 다양한 곳에서 쓰였음에도 의학 진단 용어로 쓰이기 시작하면서 트랜스 커뮤니티는 새로운 용어의 필요성을 고민하기 시작했다. 이 글 서두에서 언급한 보스웰의 글은 새로운 용어를 고민하는 흐름에서 등장했는데, 보스웰이 제안한 용어는 트랜스젠더였다. 하지만 트랜스젠더라는 용어는 보스웰의 글보다는 그 다음 해인 1992년 출판된 레슬리 파인버그Leslie Feinberg의 소책자 『트랜스젠더 해방: 다가 올 시대의 운동 Transgender Liberation: A Movement Whose Time Has Come』을 통해 확산되었다. 이 책에서 파인버그는 트랜스젠더를 태어날 때 지정받은 젠더와는 다른 젠더로 살기 위해 의료적 조치를 원하는 사람으로 정의하지 않았다. 대신 사회가 규정한 지배적 젠더 규범에 부합하지 않거나 저항하는 드랙퀸, 드랙킹, 부치 레즈비언, 여성스러운 게이, 젠더 비순응자, 젠더 규범에 순응하지 않는 이성애자 등을 모두 포괄하고자 했다. 아울러 젠더 규범에 저항하는 운동인 트랜스 해방 운동을 좌파의 해방운동, 자본주의에 저항하는 운동과 연결시켰으며, 이를 통해 트랜스운동을 특정 정체성에 기반한 운동이 아니라 폭넓은 저항과 해방 운동으로 규정했다. 파인버그의 이 작업은 1990년대 미국 사회에서 트랜스젠더 운동이 등장하고 폭발적으로 성장하는 데 중요한 역할을 했고 트랜스젠더라는 용어가 LGBT/퀴어 커뮤니티에서 광범위하게 쓰이는 계기를 마련했다.[6]

트랜스젠더라는 범주 용어를 새로운 개념으로 채택하는 과정에서 주목해야 하는 지점 중 하나는 특정 정체성을 지칭하는 방식이 아니라 행동 양식, 실천 양상을 지칭하는 방식으로 그 용어를 정의했다는 점이다. 이것은 그 시대의 페미니즘과 퀴어 이론에서 진행한 논의, 즉 정체성 범주를 설명하는 과정에 있어 존재being가 아니라 행위doing로 논의를 전환하기 시작한 측면과 정확하게 공명한다. 이 공명은 1992년 처음 등장한 것이 아니다. 트랜스젠더퀴어 이론 및 운동은 제2물결 페미니즘이 등장한 이후 페미니즘과 여성 범주 및 젠더 개념 구성에 있어 끊임없이 긴장 관계를 형성했다. 또한 1990년대 퀴어 이론이 등장했을 때도 퀴어 개념을 두고 긴장 관계를 형성했다. 트랜스젠더퀴어 이론은 페미니즘 및 퀴어 이론과 지속적 긴장 관계를 형성하고 있을 뿐만 아니라 때로 불화하는 방식으로 논의를 전개하고 있다. 이 글은 바로 이 불화를 키워드로 트랜스젠더퀴어 이론과 페미니즘, 퀴어 이론 사이의 관계가 역사적으로 구성되는 방식을 살펴보고, 이를 토대로 젠더를 둘러싼 현재의 담론 지형을 살펴보고자 한다. 이를 위해 나는 첫 번째 절에서 페미니즘과 트랜스 사이에서 발생한 여성 범주 논쟁을 살펴보고 이것이 페미니즘과 트랜스젠더퀴어 이론의 구성에 끼친 영향을 살펴볼 것이다. 두 번째 절에서는 1990년대 퀴어 이론의 주제와 퀴어 범주 논의에 트랜스가 배치되는 방식을 살펴보는 작업을 통해 퀴어 이론과 트랜스 이론 사이의 긴장 관계를 탐문할 것이다. 이 작업은 트랜스젠더퀴어 이론이 현재의 젠더 개념을 이해함에 있어 어떻게 다른 인식론을 제공하고 기존 인식론적 토대를 근본적으로 흔드는 작업이 되는지를 살피는 것이기도 하다.

01   여성 범주 혹은 섹스-젠더 구분 공식을 둘러싼 논쟁 : 페미니즘과 트랜스젠더퀴어 연구

미국의 역사학자며 트랜스젠더 이론가인 수잔 스트라이커Susan Stryker는 「트랜스젠더 연구: 퀴어 이론의 사악한 쌍생아Transgender Studies: Queer Theory's Evil Twin」라는 논문에서, 최소 1950년대부터 트랜스 운동이 시작되었고 이후 활발한 사회 저항 운동 및 시민권 운동의 일부로 트랜스 운동이 진행되었음에도 1990년대 들어 트랜스 이론이 구성될 수 있었던 배경을 네 가지로 나눠 설명한다. 그 중 중요하게 꼽히는 배경 중 하나는 1990년대 출판된 주디스 버틀러의 책 『젠더 트러블Gender Trouble: Feminism and the Subversion of Identity』이다.[7] 버틀러는 그 책에서 태어날 때 '여성'으로 지정받았다고 해서 그 사람의 젠더 범주를 필연적으로 '여성'으로 가정할 이유는 없으며 만약 태어날 때 지정받은 젠더와 그 개인의 젠더 범주 사이의 강제적 일치를 가정한다면 이는 섹스가 아니라 젠더가 타고나는 것이라고 비판한다.[8] 버틀러는 그의 논의를 진행하는 과정에서 트랜스섹슈얼/트랜스젠더의 젠더 재구성 및 몸 변경 경험, 드랙킹과 드랙퀸의 무대 공연 실천을 예로 들기도 하며 젠더를 수행성으로, 트러블로 재개념화했다.

버틀러가 젠더를 트러블로, 불안정하고 우발적 범주로 재개념화하는 작업은 1990년대 이후 젠더 논의에 있어 중요한 이론적 토대를 제공했고 젠더를 중요한 의제로 만들었다.[9] 한편으로 버틀러가 젠더를 트러블로, 수행성으로 재개념화한 작업은 트랜스젠더퀴어 이론가뿐만 아니라 개개인에게 중요한 영향을 끼쳤는데 버틀러의 젠더 트러블 개념은 그 자체로 트랜스젠더퀴어의 일상 경험으로 독해되는 경향이 있기 때문이다. 1990년대 트랜스섹슈얼 운동을 진행하고 공공 장소에서 젠더 표현 의제를 제기한 리키 윌킨스Riki Wilchins는 버틀러의 젠더 개념은 어려운 이론이 아니라 자신(혹은 다른 많은 트랜스젠더)의 일상 경험을 설명하는 논의라고 그의 책에서 직접 밝히기도 했다.[10] 윌킨스뿐만 아니라 많은 트랜스 중 어떤 이들은 버틀러의 이론적 논의를 정교하게 이해하며 젠더 트러블과 수행성 개념을 사용했고, 다른 이들은 이론적 논의를 정교하게 이해하지는 못 했다고 해도 버틀러 논의의 핵심만은 직관적으로 곧장 파악했다.

다른 한편 버틀러의 젠더 트러블 개념은, 버틀러 자신이 스스로를 페미니스트라고 밝히고 있고 페미니즘의 논의 지형에 자신의 논의를 배치하고 있음에도[11] 그의 논의는 페미니즘의 논의가 '아니라' 퀴어 이론으로 더 많이 독해되는 경향이 있다. 이것은 젠더 개념을 어떻게 해석할 것인가를 둘러싼 논쟁이기도 하다. 젠더 연구는 곧 여성 연구인가? 여성을 다루거나 연구 대상이 여성이거나 문제의 대상이 여성인 연구는 젠더 연구인가? 성인지적 관점gender perspective은 곧 여성적 관점 혹은 여성의 시선으로 세상을 이해하는 방식인가? 혹은 젠더는 여성과 남성을 합한 용어인가? 여성과 남성을 동일한 비중으로 다루거나 물리적 중립을 지키는 방식으로 여성과 남성을 다루면 양성이 평등해지는 젠더 연구인가? 젠더를 인식론으로 삼는다는 것은 여성의 경험을 토대 삼아 세상의 많은 현상을 분석한다는 것인가? 이런 일련의 질문은 1990년대 초반부터 중요한 논쟁거리였고 지금도 여전히 중요한 질문이자 논쟁거리로 다뤄지고 있다. 그런데 여기서 나는 또 다른 질문을 추가하고자 한다. 트랜스젠더퀴어를 연구의 대상으로 삼거나, 트랜스젠더퀴어 인식론을 모색하는 연구는 젠더 연구가 아닌가? 트랜스젠더의 젠더와 페미니즘의 젠더는 다른 현상을 지칭하는 용어인가? 트랜스젠더퀴어와 관련한 글은 젠더 연구가 아니라(!) 트랜스젠더 연구며, 트랜스젠더의 젠더와 페미니즘의 젠더는 전혀 다른 것이라는 인식은 과거에도 지금도 여전히 팽배하다. 2015년 한국 사회에서 페미니즘이 대중화되고 그 과정에서 트랜스를 향한 혐오가 폭발적으로 가시화되면서, 젠더는 트랜스젠더퀴어를 부르는 은어일 뿐이고 그렇기에 젠더는 폐기시켜야 할 대상이라는 발언도 빈번하게 등장하고 있다. 이런 상황에서 버틀러의 젠더 트러블은 여성의 '진짜' 삶을 무시할 뿐만 아니라 '여성'의 삶을 설명할 수 없게 하는 개념이라는 비판을 받기도 한다.[12]

그런데 버틀러의 젠더 논의에 대해 페미니즘의 논의라기보다는 퀴어 논의에 더 가깝다, 혹은 페미니즘 논의가 아니라 퀴어 연구다라는 식으로 평가하는 것은 두 가지 중요한 문제를 야기한다. 첫째, 제2물결 페미니즘이 등장하고 여성 주체 개념 혹은 젠더 개념을 발달시키는 과정에서 트랜스젠더퀴어가 지속적으로 경계 분쟁을 일으켰고 이 분쟁은 여성 범주를 구성함에 있어 중요한 역할을 했음에도 이 역사가 누락된다. 둘째, 버틀러 이전부터 이미 젠더를 트러블로 이해하거나 젠더를 여성 아니면 남성의 합으로만 다룰 수 없음을 지적한 페미니즘 이론의 역사적 계보를 망각하는 효과가 발생한다. 마치 버틀러 이전의 페미니즘 논의는 젠더를 여성의 관점, 여성과 남성의 관계로만 다루고 있었고 따라서 가부장제에서 여성이 겪는 차별에 집중할 수 있었는데 버틀러가 '여성 문제'를 등한시 하도록 망쳤다는 식이다. 바로 이 두 가지 문제점을 꼼꼼하게 살피는 작업은 페미니즘과 트랜스젠더퀴어 정치학 사이의 긴장과 불화를 살피는 작업이기도 하다.

1960년대 즈음 제2물결 페미니즘이 등장한 이후 mtf/트랜스여성의 존재는 페미니즘에서 지속적으로 논쟁거리가 되었다. 이와 관련해서는 두 가지 대표적 사건을 언급할 수 있다. 하나는 레즈비언-페미니즘 단체에서 활동했던 레즈비언 트랜스섹슈얼 가수인 베스 엘리엇Beth Elliott이 페미니즘 공동체에서 추방된 사건이며, 다른 하나는 여성만을 위한 운동에 참가해서 활동하던 트랜스섹슈얼 샌디 스톤Sandy Stone이 그가 속해 있던 공동체에서 떠났던 사건이다.[13]

베스 엘리엇은 1960년대 빌리티스의 딸들Daughters of Bilitis이라는 레즈비언 단체의 샌프란시스코 지부에서 부대표로 활동하고 있었고 이 공동체 구성원과 문제 없이 어울리며 살아가고 있었다. 하지만

1972년 레즈비언 분리주의 공동체 구성원 중 일부는 엘리엇이 '진짜' 여성이 아니라는 이유를 들어 부대표로 일하고 있던 단체에서 떠날 것을 강력히 요구했다. 엘리엇은 결국 빌리티스의 딸들 샌프란시스코 지부에서 떠나야 했다. 단체 구성원 일부는 이 사건에 항의하며 엘리엇과 함께 단체를 떠났다. 분리주의 페미니즘이 엘리엇을 향해 표출한 적대는 1973년 서부 레즈비언 페미니즘 학술대회에서 절정에 달했다. 엘리엇은 학술대회에서 공연을 하기로 했다. 그런데 『자매애는 강하다 Sisterhood Is Powerful』의 편저자며 학술대회에서 기조연설을 하기로 한 페미니스트 작가 로빈 모건Robin Morgan은 기조연설 자리에서 엘리엇을 "남성man"으로 지칭하며 "나는 그 남자male를 그녀she로 부를 수 없다"고 말했다.[14] 아울러 엘리엇의 공연을 거부했을 뿐만 아니라 그 자리에서 즉각 행사장을 떠나라고 요구하며 "나는 그가 강간범의 정신을 가진 기회주의자, 침입자, 그리고 파괴자라고 고발한다"고 말했다.[15] 엘리엇이 모건의 요구에 응하지 않았기에 모건은 엘리엇이 공연을 하고 또 학술대회가 끝날 때까지 참가할 것인가를 둘러싼 의제로 투표를 하자고 요구했다. 투표 요구는 받아들여졌고 그 결과 참가자의 3분의 2 이상이 엘리엇이 컨퍼런스에 남기를 원했다. 하지만 반-트랜스 진영은 투표 결과를 받아들이지 않았고 결국 엘리엇은 공연을 한 후 컨퍼런스에서 떠나야 했다.[16]

샌디 스톤은 1970년대 여성의 음악 산업을 위해 설립된 올리비아 레코드Olivia Records에서 녹음 엔지니어로 일을 했다. 스톤은 당대 저명한 록스타의 녹음 엔지니어로 일한 경력이 있었으며 올리비아 레코드의 취지에 공감하고 여성 음악 산업 발달에 헌신하고자 올리비아에 참가했다. 그리고 올리비아 구성원과 스톤은 별문제 없이 잘 지내고 있었다. 하지만 반-트랜스 진영은 mtf/트랜스여성인 스톤이 올리비아 레코드에서 일을 하는 한 올리비아 레코드를 보이콧하겠다고 주장했고 관련 캠페인을 진행했다. 올리비아 레코드의 구성원은 스톤과 함께 하길 원했지만 스톤은 올리비아 레코드에 해를 끼치지 않기 위해 떠나기로 결정했다.[17] 그런데 스톤을 둘러싼 논쟁은 여기서 그치지 않는다. 당시 분리주의 페미니즘, 여성신학 등을 주장한 매리 댈리Mary Daly나 재니스 레이먼드Janice Raymond는 샌디 스톤을 직접 공격하며, 이후의 페미니즘에서 빈번하게 발견할 수 있고 2000년대 들어 한국에서도 횡행하는 페미니스트의 트랜스 혐오 논리에 토대를 제공하는 글을 쓴다. 그 중 가장 대표적인 글은 레이먼드의 책 『성전환 제국The Transsexual Empire』(1979)을 꼽을 수 있다.[18] 이 책에서 레이먼드는 mtf/트랜스여성이 여성 공간의 침략자이자 여성을 인공물로 만들고 기만하며, 통상의 강간은 무력으로 발생하지만 기만을 통해 발생할 수도 있다는 논리로 트랜스가 여성을 강간한다고 주장했다.[19] 레이먼드는 트랜스를 그 자체로 강간범, 폭력 가해자로 만드는 논리를 펼치며 스톤을 계속해서 남성he으로 지칭했다.

트랜스젠더 혹은 mtf/트랜스여성이 인공물이라는 인식은 트랜스젠더가 성전환 수술을 통해 몸의 형태를 바꾸고 젠더화된 외형을 갖춘다는 이해에서 출발한다. 이러한 이해는 인공물인 트랜스젠더퀴어와 자연스러운 진짜 여성이라는 이항 대립 구도를 구축한다. 그리하여 트랜스젠더퀴어의 젠더 실천은 부자연스럽고 무엇을 해도 과잉이거나 부족해서 의심스러운 반면 비트랜스의 젠더 실천은 성역할 규범을 위반하거나 전복할 수는 있어도 과잉으로 독해되지는 않으며, 성역할 규범에 부합할 때도 그 삶은 가부장제 사회의 억압 구조를 말해주는 것으로 설명되지, 성역할에 부합한다는 점이 가부장제의 최전선에서 여성 억압을 재생산하는 존재라고 설명되지는 않는다. 엘리엇과 스톤이 겪은 추방 사건은 페미니즘의 주체 구성에서 트랜스젠더퀴어가 매우 중요한 의제였음을 역설한다. 제2물결 페미니즘은 여성을 생물학적 본질로 규정하는 본질주의 해석에 도전하며 등장했다. "여성은 원래 가사 노동을 잘 하고 아동 양육에 적합하며, 남성은 원래 가사 노동을 못 하고 성욕을 못 참는다"와 같은 언설은 여성과 남성을 본질화하고 이는 가부장제가 여성을 억압하고 통제하기 위한 전형적 논리였다. 페미니즘은 바로 이런 본질주의를 문제 삼으며 등장했다. 그렇기에 여성은 사회문화적으로 구성되고 가부장제가 주장하는 그런 여성의 본질적 속성, 본질적 역할은 없다고 주장했다. 하지만 '여성'이라는 범주 자체를 질문하는 데에선 논쟁적이었다. 여성이라는 범주 자체는 당연한 본질이라고 생각했으며 단지 사회적 성역할을 바꾸는 것에 초점을 맞추는 방향이었다. 트랜스는 인공물이라는 언설은 바로 이처럼 여성 범주를 질문하지 않는 흐름에 토대를 둔다.

반-트랜스 입장을 취한 일군의 페미니스트 진영(적극적으로 반-트랜스 입장을 취하지 않아도 암묵적으로 동조하는 이들을 포함한다)은 트랜스를 끊임없이 추방하고 트랜스여성은 여성일 수 없다고 주장했다. 이를 위해 생물학적 본질주의를 다시 동원하며 경험을 본질적 공통 토대로 만들고 이 토대를 근거로 여성을 규정하고자 했다. 분리주의 페미니즘은 가부장제 사회에서 남성은 권력자이자 가해자며, 여성이 가부장제 사회에서 받은 피해와 상처에서 벗어나는 방법은 남성 없는 세상, 남성 없는 공동체를 만들고 그곳에서 지내는 것이라고 주장한다. 그렇기에 본질주의 페미니즘(때로 영성 페미니즘, 에코 페미니즘 형태로 등장함)은 여성만의 공간을 구성하고 여성의 진정한 자아, 가부장제에 상처받지 않은 본질을 되찾고 회복하는 데 집중했다. 가부장제에 오염되지 않은 진정한 여성의 본질을 가정한 결과였다. 여성만의 공간, 여성의 진정한 본질 회복이라는 아이디어에서 mtf/트랜스여성은 즉각 논쟁거리가 되었다. 누가 여성인가? 누가 여성일 수 있는가? 누가 분리주의 공간에 참여할 수 있는 여성인가? 만약 여성은 자신을 여성으로 정체화하고 여성과 동일시 하는 여성woman-identified woman이라고 정의한다면 이때 여성으로 정체화하고 여성과 동일시하는 mtf/트랜스여성은 분리주의 공간에 참가할 자격을 갖는가? 만약 자신을 여성으로 정체화하는 것만으로는 여성 공간에 참여할 자격이 부여되지 않는다면, 태어날 때 의사가 여성이라고 지정/인정한 사람만이 분리주의 공간에 참여할 수 있는가? 현재의 신분증이 보장하는 성별 표기가 아니라 출생신고서가 보장하는 성별 표기가 유일하게 권위 있는 참가 자격증인가? 그렇다면 여성 분리주의 공간에 참가할 자격은 사실상 의사가 결정하는가? ftm/트랜스남성은 분리주의 공간에 참여할 수 있는 존재인가? 참가할 수 있다면 남성임에도 '여성으로 태어났기' 때문인가, 남성이라서인가? 이런 일련의 질문을 야기하는 여성 분리주의 정치학은 섹스를 생물학적으로 타고나는 성, 젠더를 사회문화적으로 구성되는 성으로 구분하는 설명 방식과 긴밀한 관련이 있다.

제2물결 페미니즘이 등장하고 이론의 기틀을 잡기 시작할 당시 섹스와 젠더를 구분하는 논의는 페미니즘에서 매우 중요한 역할을 했다. 이것은 여성이 여성으로 태어난다고 해도 여성이라는 성역할은 당연한 것이 아니라 사회문화적으로 구성되는 것이라는 주장의 중요한 이론적 토대가 되었다. 즉 여성이라는 섹스로 태어난다고 해도 여성 성역할이라는 젠더는 사회문화적 특징을 반영하지 그것이 여성의 타고나는 특징은 아니라는 주장이었다. 이 주장은 성역할을 근거로 여성을 억압하는 많은 논리를 비판할 근거가 되었다. 예를 들어 앤 오클리Ann Oakley 같은 페미니스트는 1970년대 섹스의 불변성을 인정하듯 젠더의 가변성도 인정해야 하며, 섹스는 내용물을 담는 그릇이며 젠더는 그릇에 담기는 내용물이라고 주장하기도 했다.[20] 섹스와 젠더를 이렇게 해석하는 것은 여성이 겪는 여러 억압 중 특정 형태의 억압은 설명할 수 있기에 유의미하다 할 수 있다. 하지만 이것은 트랜스젠더퀴어의 섹스 변형 가능성을 부인하는 해석이기도 하다. 섹스는 변하지 않는다는 해석은 신체는 변할 수 없지만, 그 신체에 부여되는 의미/성질은 다양할 수 있다는 뜻이다. 그렇기에 mtf/트랜스여성이라면 신체는 변하지 않기에 여성일 수 없으며 기껏해야 여성스러운 남성이 될 수 있을 뿐이다. 섹스와 젠더를 구분할 때 등장하는 흔한 설명인 섹스-젠더 구분 공식은 그것이 해방 정치와 비판 이론의 중요한 분석 도구로 등장했다고 해도 여성을 생물학적 결정론에 복속시키는 데 매우 중요한 역할을 했다. 바로 이것이 버틀러가 섹스-젠더 구분 공식에 따른 이원젠더 체제에서는 섹스뿐만 아니라 젠더도 본질주의에 지나지 않는다고 비판한 이유다.[21]

페미니즘에서 트랜스의 추방과 배제는 트랜스 없는 페미니즘을 구축하는 작업이 아니라 트랜스를 통해 페미니즘 젠더 정치의 경계를 구성하는 과정이다. 물론 누가 여성인가, 어떤 여성인가라는 정치적 논쟁은 페미니즘에서 늘 존재했고 이 논쟁은 페미니즘이 정치적 지형을 확장하고 재구성하는 과정에서 큰 기여를 했다. 하지만 인종이나 장애와 같은 범주는 '결국 여성'이라고 할 때의 여성이라는 범주 자체를 문제 삼지 않는 경향이 있다. 서구 사회에서 비백인(피부색 혹은 인종)은 '인간'으로 '인정'받고 '대우'받는 데 오랜 시간의 투쟁이 필요했지만, 현재 흑인 여성을 비롯한 비백인 여성 역시 '여성으로 태어났다'는 말이 논란거리가 되지는 않는다. 페미니스트 작가 치마만다 응고지 아디치에Chimamanda Ngozi Adichie가 한 인터뷰에서 mtf/트랜스여성과 비트랜스여성은 결코 동일한 경험을 하지 않았기에 mtf/트랜스여성은 '여성'일 수 없다고 말했는데[22] 인종이나 장애가 '여성으로 태어났음'을 부정하는 범주로 기능하지는 않기 때문이다. 만약 인종이 여성 범주를 의심하는 권력 장치로 작동한다면, 한국 여성은 한국이라는 상상적 국경 내부에서는 '여성'이라는 범주를 주장할 수 있겠지만 전지구적 차원에서는 그 어떤 '한국 여성'도 결코 '여성'일 수 없다. 인종이나 장애가 여성 범주를 다시 사유하도록 하지만 여성 범주 자체를 완전히 흔들지는 않는다면, mtf/트랜스여성은 여성 범주 자체를 불안정하게 만들고, 확신하고 단언할 수 없는 범주로 재구축한다. 이 사회에서 작동하는 많은 권력 작동 장치 중 거의 유일하게 젠더/젠더 정체성이 '여성으로 태어났다'는 문구를 부정하는 데 쓰인다.

젠더는 사회문화적으로 구성되었다고 말하면서도 섹스에 근거하여 결국 변하지 않는 여성이라는 개념으로 되돌아가고 마는 방식에 강력히 문제제기하는 이론들이 트랜스에만 의지해서 젠더 개념을 수정하는 것은 아니다. 그러한 문제제기가 버틀러가 젠더를 트러블로 재개념화한 작업 이전부터 페미니즘 이론가들의 논의가 축적된 성과이기도 했음을 이제 살펴보고자 한다.

섹스와 젠더의 관계 자체를 재규정하려한 시도는 제인 플랙스Jane Flax의 1987년 작업에서 찾을 수 있다.[23] 플랙스는 페미니즘의 근본 목적이 젠더 관계를 분석하는 것이라고 주장하며 논의를 시작한다.[24] 그런데 이 과정에서 플랙스는 우리가 젠더를 어떻게 생각하고 있느냐를 질문해야 할 뿐만 아니라 생각하길 회피하거나 생각하지 않는 방법도 같이 질문해야 한다고 지적한다.[25] 즉 젠더를 어떻게 생각하고 겪는지를 분석하는 작업에서는 젠더를 어떻게 오직 둘 뿐인 것으로 생각하는가, 어떻게 젠더가 없는 것처럼 생각하는가, 젠더에 대해 생각하기를 회피하거나 생각 자체를 하지 않는가를 분석하는 일 역시 매우 중요하다. 이런 맥락에서 플랙스는 당시의 페미니즘에서 적극적으로 제기하지 않았던 질문 "젠더란 무엇인가?", "젠더는 해부학적 성차와 어떤 관계를 맺는가?", "젠더는 오직 둘 뿐인가?"와 같은 질문을 해야 한다고 주장한다.[26] 이런 논의를 전개하는 과정에서 플랙스는 다음의 성찰을 제공한다.

'젠더 관계'는 사회 관계의 복잡한 집합을 포착하고, 역사적으로 다양한 사회적 과정의 변화하는 집합을 지칭하는 범주다. 젠더는, 분석 범주로서건 사회적 과정으로서건, 관계적이다. 즉, 젠더 관계는 상호 관계적 부분에 의해, 그리고 그것을 통해 형성되는 복잡하고 불안정한 과정이다.

이 부분은 상호 의존적이다. 즉, 각 부분은 다른 것이 없다면 의미가 없거나 실존하지 않는다.[27]

젠더가 상호 관계적이라는 측면에만 주목하면 이 언설은 결국 '남성'과 '여성' 사이의 상호 관계라고 수렴될 수 있다. 하지만 젠더가 상호 관계적이라는 측면을 생각하는 동시에 젠더에 대해 생각하지 않는 측면도 같이 생각한다면 여성과 남성이라는 젠더 범주는 또한 그것으로 수렴될 수 없는 다른 많은 젠더를 통해 구성된다는 점, 그리고 그런 비규범적 젠더와의 관계를 통해 '여성'과 '남성'이라는 범주가 구성된다는 점을 생각해야 한다. 물론 플랙스는 트랜스젠더퀴어를 직접 언급하거나 논하지는 않고 있다. 당시 트랜스 정치학에서 주류 용어인 트랜스섹슈얼 역시 언급하지 않는다. 하지만 플랙스의 주장은 최소한 젠더를 여성 아니면 남성으로만 사유하는 방식에 문제제기를 하고 젠더를 통해 사유하지 않는 측면을 생각하도록 요청했다는 점에서 트랜스 논의와 어떤 접점을 형성한다. 남성과 여성의 위계 질서 및 여성성에 모든 부정적 속성을 귀속시키는 가부장제의 작동 양상은 한편으로 여성성을 확장시키고 여성성을 퀴어하게 만드는 역설을 낳지만 동시에 여성/여성성에 모든 비규범적 속성, 부정적 속성을 귀속시키면서 트랜스를 삭제하고 사유할 필요가 없는 것으로 만든다. 전자는 퀴어함 혹은 비규범적 실천이 비규범적 속성을 정당화하는 방향이 아니라 언제나 규범 자체를 문제 삼고 규범을 불안정하게 만드는 방식으로 논의가 흐를 수 있도록 한다. 후자는 남성성-여성성(혹은 남성성-비남성성)이 결국 이원젠더 체계를 강화하고 트랜스 등 여성 아니면 남성으로 명명할 수 없는 많은 실천을 사유와 인식의 가능성에서 삭제하는 문제를 야기한다. 즉 트랜스나 퀴어가 별개의 정치학으로 존재할 필요가 있을 때도 그 필요가 무시된다. 그런데 전자와 후자는 서로 무관하게 발생하는 사건이 아니며 언제나 동시에 발생하는 현상이다. 트랜스는 젠더를 논함에 있어 언제나 사유와 인식의 외부로 추방되고 이 추방을 통해 여성과 남성을 자연스러운 젠더 범주로 구축한다. 여성과 남성을 자연화하기 위해서는 언제나 트랜스/퀴어가 이 사회를 구성하는 토대라는 점을 분명하게 이해해야 한다.

한편으로 플랙스는 섹스-젠더 구분 공식 역시 다시 사유하고자 한다. 만약 섹스가 해부학적 차이이자 생물학적으로 변하지 않는 사실이라면 이때 생물학은 "전-사회pre-social" 혹은 "비-사회non-social" 현상이 된다.[28] 이럴 경우 '성차란 과학적 사실이다' 혹은 '성차는 생물학적으로 타고나는 것'이라는 주장은 결국 성차를 여성과 남성의 해부학적 운명으로 만든다. 무엇보다 섹스를 생물학적으로 타고나는 것이라고 말하고 생물학적 여성이라는 언설을 반복하고 강조하는 행위는 많은 페미니스트 과학자가 과학적 객관성에 의문을 제기하고 과학적 사실, 객관적 사실이 부분적 진실, 당파적 사실이라고 지적했다는 점을 전적으로 부정할 위험이 있다. 생물학과 같은 과학의 부분성, 당파성을 질문하는 과정을 통해 왜 근대 사회는 남성 아니면 여성이라는 이분법에 기초한 범주를 필요로 했는가를 질문할 수 있음에도, 생물학적 여성과 같은 섹스 본질주의 논의에서 이 질문은 가당찮은 헛소리가 될 뿐이다. 섹스-젠더 구분 공식을 반복할 때, 젠더 배치를 바꾸려는 시도는 가능하지 않으며 인간 활동에서 젠더 경계가 작동하는 방식을 설명하려는 시도는 실패할 수밖에 없다.

젠더 개념을 여성 아니면 남성으로 환원하지 않으려는 페미니스트의 시도는 플랙스만이 아니었다. 프랑스 페미니스트 크리스틴 델피Christine Delphy는 1991년 발표한 논문에서 젠더를 이야기할 때 "섹스의 언어로 젠더를 생각"[29]하고 있는 것은 아닌지를 질문하며 우리가 정말 섹스와 젠더를 구분해서 사용하고 있는가를 질문한다. 이보다 훨씬 앞서 조안 스콧Joan W. Scott은 젠더 분석을 여성에 대한 분석이 아니라 역사를 분석하기 위한 하나의 분석틀, 인식론으로 사유할 것을 주장했다.[30] 페미니스트 생물학자 앤 포스터-스털링Anne Fausto-Sterling은 아예 인간은 오직 둘 중 하나로만 태어나는 것이 생물학적 사실이라는 가정 자체에 문제제기하면서 생물학적 사실에 따르면 인간은 두 가지 섹스로 태어나지 않음을 지적한다.[31] 즉 인간은 남성 아니면 여성이라는 오직 둘 뿐인 섹스로 태어난다는 해석, 인간이 남성 아니면 여성으로 태어난다는 게 사실이니 의문시할 필요가 없다는 식의 인식은 그 자체로 인간은 남성 아니면 여성이어야 한다는 젠더 인식에 따른 것이다. 생물학적 사실이라고 주장하는 생물학적 본질주의에 대한 지속적 문제제기는 서로 다른 시공간에 존재했던 여러 페미니스트가 각자의 방식으로 계속해서 제기했던 질문이기도 하다. 다른 말로 섹스-젠더 개념을 다시 사유해야 한다는 논의는 버틀러가 처음 제기한 것이 아니라 페미니즘 내부에 팽배한 논의였다. 즉, 버틀러 한 명을 페미니스트가 아니라 퀴어 이론가로 추방하면 페미니즘 내부에서 발생한 여성 범주를 둘러싼 복잡한 문제는 사라지고 여성의 몸을 본질화할 수 있다는 인식은 크나큰 착각이자 페미니즘 역사를 의도적으로 왜곡하는 일일 뿐이다. 물론 최근 들어 델피가 젠더는 가부장제나 성차별주의를 은폐하기에 폐기되어야 할 용어라는 주장에 동조하고, 포스터-스털링이 트랜스 혐오 발화에 동의하는 발언을 하여 많은 이들을 실망시키고 있지만 그렇다고 해서 1980년대부터 1990년대 초반 사이 섹스와 젠더의 관계를 재구성하고자 한 역사 자체를 부정할 수는 없다. 페미니즘은 한두 명의 유명한 이론가의 역사가 아니기 때문이다.

여기서 분명하게 짚어야 할 지점이 있다. 1990년대 트랜스젠더퀴어 이론이 등장하는 과정에서 페미니즘의 젠더 개념 논쟁이 중요한 역할을 했다는 점과 함께 페미니즘에서 젠더 개념을 구성하고 여성 범주를 사유할 때 트랜스젠더퀴어가 상상적 경계, 구성적 외부로 작동했다는 점이다. 앞서 나는 스트라이커가 트랜스 연구를 퀴어 이론의 쌍생아로 표현한 논문을 언급했다. 그런데 쌍생아는 부모 혹은 어떤 조상을 필요로 한다. 그리고 그 부모 혹은 조상은 페미니즘이다. 페미니즘은 퀴어 이론과 트랜스 이론이 등장하는 과정에서 중요한 이론적 토대를 제공했다. 그런데 트랜스 이론을 페미니즘의 사악한 쌍생아라고 표현한 이유는 바로 젠더 개념 논쟁에 있다. 만약 트랜스를 기본 인식론으로 삼는다면, 젠더를 논함에 있어 타고나는 여성을 가정하지 않고 여성 범주 자체를 우발적이고 우연한 사건/행위라는 점을 분명하게 재인식한다면, 이때 페미니즘의 주체인 여성은 임의로 가정할 수 없는 특성이 된다. 무엇보다 여성의 어떤 공통점을 함부로 구성하기는 더욱 힘들어진다. 그리하여 페미니즘의 주체는 끊임없는 논쟁의 대상이 될 뿐이다. 바로 이것이 트랜스 연구가 사악한 이유다. 트랜스를 사유하기 전에는 문제가 없다고 혹은 트랜스만 추방하면 된다고 여겼던 여성 범주가 가장 논쟁적이고 문제가 많은 범주가 되기 때문이다. 많은 분리주의 페미니스트가 트랜스를 그토록 추방하고자 했던 이유이기도 하다. 그런데 트랜스 연구는 페미니즘의 사악한 쌍생아(자식?)일 뿐만 아니라 퀴어 이론의 사악한 쌍생아(형제자매남매?)이기도 하다. 퀴어 이론의 토대 역시 흔들기 때문이다.

02   젠더는 퀴어한가? : 퀴어 이론과 트랜스 이론 사이

퀴어 이론의 시작을 언제로 잡느냐는 첨예한 논쟁의 대상이다. 퀴어 이론에 해당하는 논의를 전개하는 이론가마다 이론의 계보를 달리하기 때문이다. 어떤 퀴어 이론가는 그 자신의 이론적 계보를 설명하며 1970년대 후반 1980년대 초반 출판된 라틴계 페미니스트의 작업을 그 출발점으로 삼는다.[32] 또한 어떤 이들은 앞서 언급했듯 버틀러와 이브 세즈윅을 출발점으로 삼기도 한다. 다른 어떤 이들은 1984년 처음 출판된 게일 루빈Gayle Rubin의 논문 「섹스를 생각하기Thinking Sex」[33]를 그 출발로 삼는데, 루빈의 논문 말미에 섹스와 섹슈얼리티에 집중하는 논의의 필요성을 제기했기 때문이다. 혹자는 미셸 푸코Michel Foucault를 이론적 계보의 출발점으로 두고 자크 데리다Jacques Derrida와 질 들뢰즈Gilles Deleuze 같은 이론가를 함께 언급하기도 한다. 퀴어라는 용어의 사용 및 퀴어라는 용어를 채택하며 등장한 정치학이 아니라 '퀴어 이론'이라는 용어의 사용이라는 측면에서는 테레사 드 로레티스Teresa de Lauretis가 꼽히곤 하는데, 드 로레티스가 1991년 책임 편집한 학술지의 특집호 제목이 "퀴어 이론"이었기 때문이다. 이론가마다, 설명하는 사람마다 서로 다른 이론적 계보를 갖는 퀴어 이론이지만, 이들 기원 설화의 중요 공통점 중 하나는 퀴어 이론을 '만들'거나 핵심적으로 공헌한 이론가 상당수가 페미니스트이거나 페미니즘 정치학을 연구하는 이들이라는 점이다. 이것은 퀴어 이론의 등장에 있어 페미니즘이 매우 긴밀하게 엮여 있음을 말해준다.

퀴어 이론이 등장하는 과정에서 페미니즘의 이론적 축적은 무시할 수 없는 큰 역할을 하지만 그럼에도 퀴어 이론은 그 자체로 독자적 연구 분야를 형성하고 있다고 인식된다. 무엇보다 퀴어 이론을 하나의 단독 학제로 만들기 위해 노력하던 시기에 몇몇 연구자는 퀴어 연구에서 젠더 연구를 분리시키기도 했다. 이와 관련한 가장 대표적 논의는 헨리 아벨로브Henry Abelove, 미셸 에이나 버레일Michele Aina Barale, 데이비드 할퍼린David Halperin이 함께 편집하고 1993년 처음 출판된 책『레즈비언과 게이 연구 선집Lesbian and Gay Studies Reader』의 서론이다.[34] 이 책 서론에서 세 편저자는 레즈비언 및 게이 연구(혹은 퀴어 연구)의 목적을 선명하게 설명하기 위해 페미니즘이 젠더를 연구하는 학문이라면 레즈비언 및 게이 연구(혹은 퀴어 연구)는 섹스와 섹슈얼리티를 연구하는 학문이라고 주장한다. 이것은 레즈비언 및 게이 연구(혹은 퀴어 연구)를 하나의 연구 분야로, 분과 학문으로 설정하기 위한 방편이었지만 페미니즘 연구와 퀴어 연구의 성격 및 한계를 모두 규정하는 주장이기도 했다. 그렇기에 에일로브 등이 편집한 책의 서론은 출간 이후, 페미니즘은 젠더만 연구하는 학제인가라는 비판, 섹스는 단지 성행위, 성관계만 지칭하는가라는 비판 등 여러 측면에서 다양한 비판을 받았다.[35] 그럼에도 퀴어 연구는 섹슈얼리티를 주로 다룬다는 인식은 만연하고 게일 루빈을 퀴어 이론의 출발점으로 삼는 인식 역시 바로 여기서 출발한다. 퀴어 연구는 섹슈얼리티만 혹은 섹슈얼리티를 중심으로 다룬다는 인식은 지금까지 계속해서 이어지고 있다.[36]

그런데 퀴어 이론과 젠더의 관계는 퀴어 이론이 등장한 이후 지속적으로 논쟁의 대상이었다. 일단 퀴어 이론은 동성애와 같은 정체성을 기반으로 하지 않고, 인간의 삶을 정체성이나 다른 여러 범주로 구획하는 권력 작동 양식 자체를 문제 삼기 위해 등장한 이론이다. 그렇기에 퀴어 이론의 등장 배경을 설명하는 많은 논의는 미셸 푸코와 자크 데리다, 포스트모더니즘, 페미니즘 등을 계속해서 언급한다. 하지만 퀴어 이론이 하나의 이론으로, 연구 분야로 등장한 이후 그 논의가 실제 전개되는 방식은 상당 부분 정체성을 기반으로 하고 있고 특히 동성애 정체성을 중심에 두는 경향이 강하다. 예를 들어 1990년대 초반 진행한 행사의 경우, 행사 제목에는 퀴어 이론이라고 적혀 있는데 행사 부제는 레즈비언과 게이만 적시되는 식이었다.[37] 이것은 퀴어 이론이 단순히 섹슈얼리티를 주요 연구 분야로 삼는다는 주장과도 충돌하는데 왜냐면 섹슈얼리티를 주요 연구 분야로 삼는 것이 아니라 동성애를 주요 연구 분야로 삼는 것에 더 가깝기 때문이다. 정말로 섹슈얼리티를 주요 연구 분야로 삼는다면 섹슈얼리티의 주요 의제인 낙태, 임신과 출산, 성폭력 등도 중요하게 논의해야 하지만 이러한 의제는 퀴어 연구에서 주로 다루지 않으며 소수의 연구자만이 다루고 있을 뿐이다. 그렇기에 퀴어 이론이 등장한 초기부터 퀴어 이론의 한계, 즉 백인 중산층 중심의 논의라는 지적, 섹슈얼리티가 동성애와 거의 등치된다는 비판 등을 담은 많은 글이 등장했다.[38]

퀴어 이론의 연구 대상에서 젠더 논의를 삭제하는 것은 레즈비언과 게이 사이의 차이를 삭제하는 것과 같은 익히 알려진 의제 등으로 많은 비판을 받고 있다. 하지만 내가 여기서 중요하게 다루고자 하는 논쟁은 트랜스젠더퀴어와 퀴어의 관계를 둘러싼 논쟁이다. 퀴어와 트랜스젠더퀴어 사이의 복잡한 관계는 1990년대 초 미국에서 발생한 사건으로 예를 들 수 있다. 1990년대 초 미국의 직접 행동 단체인 퀴어 네이션Queer Nation의 샌프란시스코 지부는 "Trans Power/Bi Power/Queer Nation(트랜스 파워/바이 파워/퀴어 네이션)"이라는 문구가 적힌 스티커를 제작했다. 트랜스젠더 활동가 중 한 명이 길에서 이 스티커를 붙인 사람을 만났는데, 그 스티커에는 "Trans Power"라는 구절이 찢겨 나가고 없었다.[39] 트랜스 활동가는 이 사람에게 스티커가 찢긴 계기를 물었는데, 그는 트랜스는 퀴어가 아니기에 "Trans Power"라는 문구를 찢었다고 답했다. 이 사건을 계기로 트랜스젠더 네이션Transgender Nation이라는 단체가 설립되었지만 트랜스젠더 네이션의 설립은 퀴어 커뮤니티에서 트랜스젠더를 퀴어의 일부로 인식하는 데 거부감이 큰 경향성을 다시 한 번 확인시켜준다.

트랜스를 환영하지 않거나 꺼리는 퀴어 커뮤니티에서 퀴어와 트랜스의 관계를 가장 첨예하게 논의한 트랜스 이론가는 수잔 스트라이커다. 1998년 퀴어 학술지 『GLQ』의 트랜스젠더 연구 특집호를 책임 편집한 스트라이커는 서문에서 당시까지 등장한 트랜스 연구의 다양한 주제를 소개하는 동시에 '트랜스젠더는 퀴어인가'라는 주제를 논했다.[40] 만약 퀴어 연구가 섹슈얼리티를 주요 연구 주제로 삼는 연구라면, 젠더 정치학을 가장 첨예하게 논하는 트랜스 연구는 퀴어 연구의 일부일 수 있을까? 이 주제를 논하기 위해 스트라이커는 그 자신의 생애 경험을 통해 설명하며, 많은 트랜스젠더가 퀴어 공동체의 일원으로 활동했고 그 자신을 퀴어로 설명하는 트랜스 역시 상당했음을 지적한다. 즉 트랜스젠더는 퀴어 커뮤니티의 구성원이었지만 퀴어 이론의 연구 영역이 섹슈얼리티 연구로 재/규정될 때 퀴어 이론은 트랜스 연구를 다룰 필요가 없어지고 트랜스는 퀴어가 아니라는 인식을 생산하게 된다.

하지만 퀴어 이론과 트랜스 이론의 중첩을 중요하게 논하는 이유는 단순히 퀴어 커뮤니티에 트랜스가 있었다는 이유만은 아니다. 한편으로 퀴어 커뮤니티나 연구에서 퀴어함은 어떤 방식으로 재현되는가라는 질문이 있고, 다른 한편으로 퀴어와 트랜스를 구분하는 것 혹은 섹슈얼리티와 젠더를 명징하게 구분하는 것이 가능한가라는 질문이 제기되었기 때문이다.

우선 전자를 살펴보자. 스트라이커가 퀴어 커뮤니티에 트랜스는 언제나 존재했고 적극 활동했다고 지적했을 때 이것은 단순히 지분을 요구하고 존재의 가시성을 확보하고자 하는 주장이 아니다. 이것은 퀴어 정치학에서 퀴어함, 즉 권력에 저항하고 다른 삶의 가능성을 모색하며 기존 권력 작동이 자연 질서로 구축되었다는 점을 드러내는 실천에 어떤 위계가 존재하는가와 관련한 질문이기도 하다. 트랜스는 퀴어가 아니라는 식의 언설에서, 퀴어는 권력에 저항하고 권력 작동 양상 자체를 질문하는 실천인 반면 트랜스는 그렇지 않다는 구분이 만들어진다. 즉 동성애자의 성적 지향이나 성적 실천은 이성애규범성을 질문하고 문제 삼는 행동이지만, 트랜스가 젠더를 재구성하는 실천은 기존의 여성성과 남성성을 반복하고 재생산하는 행동이라는 식이다(이런 식의 논의에서 양성애자는 이성애규범성을 질문하는 실천이 아니라 이성애규범성을 강화하는 실천으로 취급된다). 트랜스를 규범의 재생산 행위로 이해할 때 '인간은 여성 아니면 남성으로만 태어나고 태어날 때 지정받은 젠더를 일평생 유지하고 각 젠더에 부여된 불균형하고 불평등한 위계 관계가 자연스럽다'는 지배 규범적 인식은 질문의 대상이 되기 어렵다. 여성은 남성스러울 수 있고 남성은 여성스러울 수 있지만 여성 혹은 남성이라는 아이디어 자체는 자연 질서로 남는다. 그리하여 퀴어 커뮤니티에 트랜스가 있다는 말은 권력이 자연 질서로 작동하는 방식을 드러내고자 할 때 무엇을 권력 작동으로 인식하고 사유할 것인가에 대한 질문이며 무엇을 기존 질서에 대한 저항으로 이해하는가에 대한 문제제기이기도 하다. 인간은 여성 아니면 남성으로 태어나지 않으며, 태어날 때 여성 아니면 남성으로 지정받았다고 해서 이것이 반드시 따라야 할 절대 진리나 숙명은 아니다. 만약 태어날 때 지정받은 여성 아니면 남성으로 사는 것이 당연하다면 이것은 이성애가 아닌 다른 성적 지향 역시 불가능해짐을 의미한다. 인간을 여성 아니면 남성으로만 지정하는 규범은 단순히 젠더 정체성만 지정하는 것이 아니라 모든 인간은 이성애자여야만 하고 이성애 관계에서 임신과 출산을 통한 인구 재생산이 이루어지는 것이 자연 질서라고 규정한다. 트랜스는 퀴어인가, 퀴어 연구는 트랜스를 어떤 식으로 사유하는가와 관련한 질문은 바로 이러한 문제 의식에서 출발한다.

후자의 질문은 주로 범주를 둘러싼 경계 분쟁 논의로 많이 회자되고 있기도 하다. 트랜스를 둘러싼 경계 분쟁은 크게 여성 범주를 둘러싼 논쟁과 트랜스 및 비트랜스–비이성애자 사이의 범주를 둘러싼 논쟁으로 구분할 수 있다. 이 글에서는 트랜스와 비트랜스–비이성애자 사이의 범주를 둘러싼 논의만 다룰 것이다. 흔히 젠더와 섹슈얼리티는 별개의 정치적 분석 범주이자 연구 분야라는 이해가 있다. 이것이 앞서 아벨로브 등이 페미니즘은 젠더, 레즈비언 및 게이 연구는 섹슈얼리티를 연구한다고 말할 수 있었던 이유이기도 하다. 하지만 레즈비언 및 게이 연구 혹은 퀴어 연구가 섹슈얼리티를 연구하는 학문이라고 말할 때 그럼 트랜스는 어떻게 될까? 흔히 트랜스는 젠더 정체성을 둘러싼 논의를 전개하는 범주며 비이성애자는 성적 지향 혹은 섹슈얼리티를 둘러싼 논의를 전개하는 범주라는 이해가 만연하다. 물론 (특히 한국의) 많은 페미니스트와 성소수자 커뮤니티에 속한 일부에게 트랜스젠더퀴어는 또 다른 성적 지향, 동성애와는 다른 새로운 성적 지향으로 인식되고 그리하여 젠더 의제로 인식되지 않는 경향이 강하다. 하지만 적어도 LGBT 혹은 퀴어 의제를 진지하게 고민하고 트랜스 의제의 중요성을 인식하는 이들 사이에서 트랜스와 비트랜스–비이성애자는 구분되는 실천으로 이해된다. 그런데 트랜스와 동성애자/양성애자는 분명하게 구분되는 범주일까? 이것은 매우 어려운 문제다.

예를 들어 mtf/트랜스여성과 게이 남성, ftm/트랜스남성과 레즈비언 부치는 분명하게 구분할 수 있는 범주일까? 예를 들어 어떤 부치는 레즈비언 분리주의 커뮤니티에서 오랜 시간 활동하다 자신을 남성으로 재정체화하고 ftm/트랜스남성으로 살아가기도 한다. 물론 어떤 부치는 평생 부치로 살아가고 어떤 ftm/트랜스남성은 자신이 기억할 수 있는 가장 어린 시절부터 자신을 남성으로 인식했다고 말한다. 또한 어떤 게이 남성은 오랜 시간 게이로 살다가 mtf/트랜스여성으로 재정체화하기도 한다. 물론 그렇지 않은 경우도 있고 mtf/트랜스여성으로 인식하며 살아가다 게이로 재정체화하기도 한다. 이것은 한국 사회에서 매우 흔한(하지만 대중에게 널리 알려져 있지는 않은) 경험이기도 하다.

다른 한편 게일 루빈이 자세하게 논했듯 부치의 실천은 그것이 온전히 섹슈얼리티 실천에 국한되지 않고 다양한 부치 젠더를 실천하는 방식을 통해 자신의 존재, 자신의 정체성을 재현한다.[41] 여성스러운 게이 역시, 그 실천은 섹슈얼리티 혹은 성적 지향을 표현하는 방식인 동시에 젠더를 표현하는 방식이기도 하다. 그렇다면 젠더와 섹슈얼리티는 얼마나 분명하게 구분되는 분석 범주일까? 이것을 지속적으로 구분하는 태도가 트랜스를 퀴어 커뮤니티에서 추방하고 트랜스를 사유할 필요가 없다고 인식하도록 만드는 것은 아닐까? 그렇기에 트랜스를 퀴어 커뮤니티의 일부라고 주장하는 것은, 트랜스의 경험과 비트랜스-비이성애자의 경험 사이에 상당히 다른 지점이 존재하지만 트랜스와 비트랜스를 분명하게 구분할 수 없는 어떤 중첩지점이 존재하고, 이를 통해 젠더와 섹슈얼리티를 분명하게 구분할 수는 없다고 주장하겠다는 것이다. 섹슈얼리티 실천과 젠더 실천 사이의 경계가 중첩되어 있으며 정체성 범주를 경험하는 방식은 매우 모호하지만 명확하다고 여기는 서사 형식을 통해 구성된다는 지적이다. 이를 통해 퀴어 연구에 트랜스젠더퀴어 연구를 배치하고 퀴어와 트랜스 사이의 중첩 지대를 그려나가고자 했다.

그런데 스트라이커를 비롯한 일군의 트랜스 연구자들이 트랜스 연구를 퀴어 연구의 일부로 배치하려고 했다면 비비안 나마스테

Viviane Namaste나 제이 프로서Jay Prosser는 퀴어 이론이 트랜스섹슈얼을 부정적 대상으로 만든다는 측면에서 비판적이었다.[42] 나마스테와 프로서는 모두 트랜스섹슈얼, 즉 의료적 조치를 통해 몸의 형태를 바꾼 mtf/트랜스여성이라면 여성으로 통하는 삶을 살고자 하고, ftm/트랜스남성이라면 남성으로 통하는 삶을 살고자 하는 이들의 입장에서 논의를 전개한다. 이것은 1990년대 초반 트랜스젠더라는 용어가 등장한 이후, 이 용어가 널리 쓰이기 시작했지만 트랜스젠더 중에서도 의료적 조치를 겪은 이들의 경험을 누락하지 않기 위해 의도적으로 트랜스섹슈얼이라는 용어를 사용한 측면과 관련이 있다. 아울러 트랜스 중 일부의 평범하게 살고자 하는 욕망을 체제 순응이라고 비난하는 비트랜스-페미니스트나 비트랜스-퀴어 활동가 및 연구자의 언설에 반발하고 비판하기 위해 의도적으로 트랜스섹슈얼이라는 용어를 채택하기도 했다. 체제 순응이다, 체제 저항이다와 같은 판단은 그 자체로 매우 체제 순응적이고 기존의 지배 권력을 재강화하고 기존 지배 규범을 자연 질서로 만드는 행위임에도 이 사실은 언제나 은폐된다.

나마스테와 프로서는 퀴어 이론이 전복과 저항만 강조하면서 트랜스섹슈얼의 욕망은 기존 질서에 부합하고자 하는 동화 실천이라는 이분법 구도를 사용한다고 비판한다. 이들은 퀴어 이론이 트랜스젠더를 진보와 저항에 포함시키고 트랜스섹슈얼을 퇴보와 보수에 배치시킨다며, 바로 이런 구분을 문제 삼는다. 트랜스섹슈얼의 욕망을 동화주의로 설명하는 방식, 트랜스가 여성성을 강화하고 여성을 억압한다는 식의 논의는 일상에서 더욱 빈번하게 만날 수 있고 최근 한국에선 트랜스 혐오를 정당화하는 논리로 쓰이고 있기도 하다. 물론, 나마스테나 프로서의 비판 작업은 퀴어 이론을 지나치게 단순하게, 도식적 이항 대립으로 사유한다는 점에서 치명적 문제를 안고 있다. 퀴어 이론은 정말로 이분법에 기반한 논의인가? 기존의 이분법 자체를 문제 삼는 논의는 언제나 기존의 이분법으로 수렴되어 인식되는 경향이 강하다. 예를 들어 버틀러의 몸 논의는 몸 자체를 부정하며 초월적 주체를 강조한다는 식의 비판을 받거나, 버틀러의 젠더 수행성이 젠더를 옷장에서 꺼내 입을 수 있는 것이라는 논의의 근거로 쓰이는 식이다.

그럼에도 나마스테와 프로서가 트랜스섹슈얼을 중심에 둔 논의는 매우 중요한데, 기존 질서에 동화하는 것처럼 인식되는 실천이 기존 질서를 위협할 수 있기 때문이다. 트랜스섹슈얼의 욕망이 동화주의 욕망이라면 이 욕망은 여성과 남성이라는 젠더 범주를 더욱 불안하고 불안정하게 만들 수 있다. 만약 여성으로 통하는 사람이 비트랜스여성인지 트랜스여성인지 구분할 수 없다면 이때 여성이라는 범주는 어떻게 될까? 남성으로 통하는 사람이 자신을 여성으로 정체화하고 있으며 여성으로 통하는 외모로 살기 위한 방법을 이제 막 채택한 단계에 있다면, 그 사람의 젠더를 어떻게 확신할 수 있을까? 만약 남성으로 통하는 사람이 트랜스여성인지, 비트랜스남성인지, 트랜스남성인지 확정할 수 없다면 남성이라는 범주는 어떻게 그 안정성을 확보할 수 있을까? 트랜스섹슈얼의 욕망이 동화주의에 기반하고 있다 한들 그 동화주의 실천은 동화하고자 하는 바로 그 규범을 위기에 몰아 넣으며 규범이 자연 질서가 되는 인위적 과정을 폭로한다. 그리고 바로 이것이, 일부 사람들이 트랜스를 지독하게 혐오하는 이유이기도 하다. 트랜스를 배척하는 분리주의 레즈비언이 매력적인 여성을 만났는데, 그 여성이 진짜(=비트랜스)여성인지 트랜스여성인지 확인할 수 없을 때, 그리고 트랜스는 절대 만나고 싶지 않을 때, 이 상황은 어떤 상상적/망상적 공포를 야기할 수밖에 없다. 레즈비언이라 여자를 만나야 하는데 '남자'(mtf/트랜스여성)에게 매력을 느꼈다는 두려움, 이 두려움으로 인해 자신의 정체성이 부정될 수 있다는 공포 같은 것 말이다. 이 모든 것이 젠더와 섹슈얼리티에 대한 기존의 지배 규범, 섹스-젠더 이분법, 젠더 본질주의를 밑절미 삼는 반응이지만 이 사실은 은폐되고 트랜스가 레즈비언을 부정하고 '공격'했다는 '사실'만 남는다. 이것은 곧, 트랜스는 트랜스로 명확하게 식별될 수 있어야 하고, 남성과 여성은 분명하게 구분되어야 한다는 욕망이기도 하다. 나마스테와 프로서의 논의는 그 자체로 한계가 분명하지만, 그럼에도 그들의 논의가 매우 중요한 이유는 트랜스는 동화주의다와 같은 식의 평가 자체를 문제 삼는 비판적 태도 때문이다. 퀴어 이론은 트랜스 이론과 젠더라는 범주를 통해 복잡한 관계를 맺고 있고, 꽤나 오랫동안 트랜스 연구를 퀴어 연구의 일부로 구성하고자 하는 흐름이 있었다. 이런 흐름은 최근 변하고 있는데 그것은 트랜스 연구가 퀴어 이론의 사악한 쌍생아라는 바로 그 표현을 통해 설명할 수 있다. 이때 사악함은 퀴어 이론, 더 정확하게는 게이와 레즈비언이라는 범주와의 관계에서 발생한다. 통상 비트랜스를 전제하는 레즈비언과 게이 같은 동성애 정체성은 그 범주가 성립되기 위해 동성 혹은 같은 젠더라는 젠더 범주가 성립되어야 한다. 게이 남성이라면 나의 젠더 범주가 남성인 동시에 상대의 젠더 범주 역시 남성이며, 레즈비언이라면 나의 젠더 범주가 여성인 동시에 상대의 젠더 범주 역시 여성이어야 한다. 이것은 나와 상대의 젠더가 동성일 수 있다는 인식을 전제한다. 이 인식은 이성애에서도 비슷한데 나와 상대의 젠더가 반드시 이성이어야 한다고 전제하기 때문이다. 나의 반대 성이 존재한다는 이성애적 상상력, 나와 같은 성이 존재한다는 (관습적)동성애적 상상력은 모두 성적 지향과 관련한 논의지만 성적 지향이 성적 지향만으로 존립할 수 없으며 젠더 정체성을 통해 비로소 성적 지향이 성립하게 됨을 말해준다.

그런데 나와 타인의 젠더가 동성이거나 이성(반대의 성)이라는 것은 그렇게 자명한 범주일까? 예를 들어 동성이나 이성의 '성'이 섹스를 지칭한다고 가정하자. 그리고 그 섹스가 생물학적 특질이라고 하자. 그렇다면 만약 염색체가 XXY로 태어난 사람의 동성은 누구고 이성 혹은 반대의 성은 누구일까? 염색체는 XY인데 안드로겐 불감증 증후군 Androgen Insensitivity Syndrome, AIS이어서 여성으로 통하는 몸으로 살고 있다면 이 사람의 동성은 누구고 이성/반대의 성은 누구일까? 혹은 다른 예를 들어 동성이나 이성의 '성'이 젠더를 지칭한다고 가정하자. 그리고 젠더가 자신의 젠더 인식 혹은 젠더 정체성이라고 가정하자. 그렇다면 자신을 여성이나 남성이 아니라 트랜스젠더퀴어로만 설명하는 사람에게 동성은 누구고 이성/반대의 성은 누구일까? 젠더가 없다고 말하는 에이젠더agender인 사람의 동성은 누구고 이성은 누구일까? 이런 질문은 동성이나 이성/반대의 성이라는 범주가 자명하다기보다 모든 사람은 당연하게 남성 아니면 여성으로 태어나고 이것이 변하지 않을 뿐만 아니라 당연하다고 여기는 인식에서 비롯함을 폭로한다. 엄밀하게 말해서 자신의 젠더 정체성은 오랜 시간 고민의 결과로 혹은 그냥 당연히 그런 것이라는 결과로 분명하게 느껴질 수 있다. 하지만 '성'이 섹스 혹은 생물학적 성을 지칭할 때 이것은 얼마나 분명할까? 트랜스를 혐오하고 트랜스 범주를 부정할 때 가장 많이 동원하는 근거는 염색체다. 그렇다면 자신의 염색체를 정확하게 알고 있는 사람은 얼마나 될까? 특별한 목적으로 염색체 검사를 하지 않는 이상 대부분은 자신의 염색체를 정확하게 모르고 지낸다. 그러면서도 자신의 염색체를 안다고 가정한다. 그리고 이 가정을 근거로 자신이 '생물학적 여자다'와 같은 발언을 자신있게 한다. 혹여 자신의 염색체는 알고 있다고 하자. 그럼 내 '여자' 친구나 '남자' 친구의 염색체는 알고 있을까? 같은 화장실, 같은 목욕탕을 사용하는 사람의 염색체는 모두 알고 있거나 어떤 근거를 가지고 확신하는 것일까? 염색체는 누구도 질문하지 않고, 알 필요도 없고, 당연히 알고 있다고 여기는 정보다. 누구도 모르지만 모두가 알고 있다는 바로 그 인식을 통해 염색체는 지배 규범으로 작동한다. 질문할 필요가 없고, 의문의 여지가 없다고 여기기 때문에 염색체는 자연 질서, 지배 규범의 지위를 유지한다. 이성/반대의 성이나 동성과 같은 젠더 범주는 자명한 범주가 아니라 우발적이고 임의로 선택된 범주이며 우연한 사건에 가깝다. 그리하여 트랜스를 하나의 분석 범주이자 인식론으로 이해한다면 트랜스 연구는 퀴어 연구와 완전히 별개의 다른 연구가 되는 것이 아니다. 퀴어 연구 혹은 레즈비언과 게이 연구의 어떤 특정 토대, 페미니즘의 어떤 특정 토대를 근본적으로 허물고 완전히 다른 사유를 요구하는 이론이 된다.[43] 이 지점에서 트랜스 연구는 퀴어 이론의 일부거나 젠더 연구의 일부라기보다는 트랜스 연구라는 별도의 연구로 구성된다.[44]

　트랜스 연구가 트랜스라는 분석틀, 인식론을 토대로 독자적 연구를 구성하는 측면은 이른바 LGBT라는 용어를 다시 사유하는 작업과 궤를 같이 한다. LGBT는 레즈비언, 게이, 바이섹슈얼, 그리고 트랜스젠더퀴어의 축약어인데 이런 방식의 축약은 몇 가지 심각한 문제를 야기한다. 첫째, 트랜스젠더퀴어는 동성애나 양성애와는 다른 어떤 새로운 성적 지향인가? 둘째, 트랜스젠더퀴어는 트랜스젠더퀴어이기만 하거나 모든 트랜스는 이성애자인가? 실제, 나는 어느 자리에서 강의를 하고 질의응답을 진행하던 중, '트랜스젠더는 이성애자가 되려고 수술을 하느냐?'는 질문을 받은 적 있다. 성적 지향과 젠더 정체성을 구분하지 못 하는 이 질문은 다양한 판본으로 빈번하게 등장한다. 어떤 트랜스는 이성애자로 정체화하지만, 다른 어떤 트랜스는 동성애자거나 바이섹슈얼, 판섹슈얼 혹은 무성애자 등 다른 여러 성적 지향의 언어로 자신을 설명한다. 그런데 LGBT라는 명명 방식은 트랜스와 동성애, 양성애가 각각 별개의 성적 지향이나 성적 실천인 것처럼 인식하도록 한다. 무엇보다 동성애와 양성애, 트랜스젠더퀴어는 마치 '성소수자의 의제'라고 불리는 어떤 의제가 존재하는 것 같은 착각을 만들기도 한다. 트랜스젠더퀴어는 동성애 운동이나 이론과 어떤 공통의 의제가 있을까? 예를 들어 미국에서 9.11 사건 이후 국경이나 주 경계를 이동할 때 많은 제약이 발생했다. 이 제약은 미국에 거주하고 있는 이주민과 미국으로 입국하고자 하는 외국인이 주 타겟이었지만, 트랜스젠더퀴어 역시 제약의 대상이 되었다. 신분증이 보장하는 젠더/외모와 트랜스젠더퀴어가 실천하는 젠더/외모가 일치하지 않는다고 인지될 때, 항공기를 이용하는 등 신분증이 필요한 일에는 상당한 어려움이 따를수밖에 없다. 그것은 때로 시민권 자체를 박탈하거나 부정하는 사건으로 구성되기도 한다. 또한 트랜스젠더퀴어가 여전히 정신병 진단 편람(DSM)에 속해 있는 질병의 하나로 취급되고 있을 때, 트랜스 연구는 동성애 연구보다는 장애 연구나 정신 질환 관련 연구와 더 많은 접점을 형성한다. 이럴 때 LGBT라는 용어는 어떤 측면에서 무슨 의미가 있을까? LGBT라는 명명 방식은 여전히 유효하고 유의미할까? 여전히 유효하다면 그것은 어떤 측면에서 일까? 이 질문과 문제 의식은 트랜스 연구와 퀴어 연구의 관계를 근본적으로 다시 사유하도록 하고 트랜스 정치학, 트랜스페미니즘을 모색하는 작업의 중요성을 역설한다.

03 불화를 사유하기 : 글을 맺으며

트랜스 연구는 페미니즘의 젠더 연구를 구성하고 젠더와 여성 범주 사이의 관계를 질문하면서 등장했고, 퀴어 이론의 일부로 그 논의가 전개되길 바라는 이론적 시도를 하며 논의를 전개해왔다. 하지만 트랜스젠더 연구에서 강조점이 젠더에서 트랜스로 이동하고, 트랜스젠더퀴어의 복잡한 젠더 경험을 바탕으로 기존의 다양한 범주를 다시 사유하기 시작하면서 논의는 완전히 새로운 곳으로 이동하고 있다. 이것은 트랜스 연구가 더 이상 페미니즘과 무관하거나 퀴어 이론과 무관한 연구라는 뜻이 아니다. 트랜스 연구에서 젠더 연구 및 퀴어 연구는 여전히 중요한 논의 의제이며 강한 교차성을 형성한다. 바로 이러한 교차점 혹은 겹침은 젠더 개념, 퀴어 개념, 트랜스 개념 자체를 완전히 다시 사유할 것을 요청하고 있기도 하다. 그리고 이러한 요청은 삶의 복잡성을 복잡하게 사유하기 위한 시도이기도 하다.

물론 트랜스 정치는 애당초 페미니즘의 의제가 아니고, 또한 퀴어 연구의 의제도 아니라고 인식하는 이들에게 페미니즘과 퀴어, 그리고 트랜스 정치학은 어떤 관련도 없다. 그저 자격도 없는 트랜스가 '우리도 끼워달라'며 징징거리는 것일 뿐이며, 페미니즘-퀴어-트랜스 사이의 불화는 트랜스의 불필요한 징징거림과 끼어들기로 야기된 것일 뿐이다. 트랜스만 없다면 불화도, 갈등도, 긴장도 생기지 않으며 여성 범주는 문제가 될 이유가 없을 것이다. 하지만 페미니즘-퀴어-트랜스의 중첩 지대에서 사유하고 활동하는 이들에게 이 불화는 역사적으로 구성된 정동이며 불화 자체가 역사적 기록이다. 그렇기에 불화는 트랜스페미니즘을 첨예하게 고민하도록 하는 중요한 토대가 된다.

불화, 갈등, 경합으로 기술하는 논의는 무엇을 페미니즘으로, 퀴어 연구로, 트랜스 연구로 규정하는가를 질문하는 정치적 행위이기도 하며 이론의 역사를 다시 쓰는 작업이기도 하다. 나는 이 글에서 경합의 역사를 쓰고 있지만, 이것은 트랜스페미니즘의 역사, 혹은 페미니즘의 많은 논의 지형 중 하나의 역사를 기술하는 방식이기도 하다. 페미니즘은 단 한 번도 단일한 의제로 논의를 전개한 적 없듯 페미니즘이 퀴어 이론, 트랜스 연구와 교차하는 방법 역시 마찬가지다. 물론 어떤 퀴어 연구나 트랜스 연구는 페미니즘과 무관할 수 없다. 하지만 많은 페미니스트가 지적했듯, 가부장제는 이성애 이원젠더 체제를 토대로 여성을 동질하고 단일하고 획일한 형태의 범주로 만드는 작업을 통해 작동한다. 페미니즘 연구의 중요한 관심 주제 중 하나가 가부장제를 재/해석하는 작업일 때 이 작업은 여성 범주를 단일하지 않은 범주로 재구성하는 작업을 통해 시작된다. 그리고 이것은 필연적으로 퀴어 연구 및 트랜스 연구와 동시적으로 사유될 수밖에 없다. 다른 말로 트랜스를 통해 여성 범주에 위기가 발생하거나 불화가 등장한다고 인식된다면 이것은 단순히 페미니즘의 주체, 페미니스트의 주체를 불가능하게 만드는 '반동' 행위가 아니다. 페미니즘과 여성 범주를 매우 복잡하고 불화하는 것으로 만들고 이를 통해 가부장제를 가능하게 하는 토대 자체를 불가능하게 만든다. 퀴어 연구 역시 마찬가지다. 만약 퀴어 연구에 혹은 LGBT/퀴어 범주에 트랜스가 포함되고 트랜스가 퀴어 연구나 커뮤니티에서 중요한 의제라고 인식된다면 이것은 지금까지 안정적 정체성 범주라고 인식한 여러 범주를 근본적으로 회의하고 전면 재검토하는 작업을 동반한다. 이것은 동성애가 불가능하다는 말이라기보다 동성애(그리고 반대의 성으로 구성된 이성애)와 같은 정체성 범주가 우발적이고 우연히 형성된 것임을 분명하게 인식하는 것이며 때로 정말로 불가능한 범주라는 이해를 동반하는 것이기도 하다. 트랜스와 페미니즘의 관계가 지금까지 지속되는 역사적 불화를 계속해서 사유하고 새로운 가능성을 모색하는 작업이라면, 트랜스와 퀴어의 관계는 은폐되거나 누락된 불화를 적극 사유하고 이를 통해 정체성 범주 자체를 근본적으로 다시 사유하는 작업이다. 다른 말로 경합, 중첩, 불화를 사유하는 일은 서로의 긴밀한 관계를 적극 사유하며 새로운 인식의 가능성을 모색하는 작업이다.

1. Holly Boswell, "The Transgender Alternative", *Transgender Tapestry*, Vol.98, 2002 (original Chrysalis, Vol.1, No.2, 1991): n.p. The International Foundation for Gender Education. Web. 2012. 2. 22.

2. 수잔 스트라이커, 「트랜스젠더의 역사: 현대 미국 트랜스젠더 운동의 이론, 역사, 정치」, 제이, 루인 옮김, 이매진, 2016, 43쪽.

3. David O. Cauldwell, "Psychopathia Transexualis(original 1949)", Ed. Susan Stryker and Stephen Whittle, *The Transgender Studies Reader*, New York: Routledge, 2006.

4. Joanne Meyerowitz "Sex Change and the Popular Press: Historical Notes on Transsexuality in the United States, 1930-1955", *GLQ: A Journal Of Lesbian And Gay Studies*, Vol.4, No.2, 1998, pp.159-187. ; Susan, Stryker, "Transsexuality: The Postmodern Body and/as Technology(original 1995)", Ed. David Bell and Barbara M. Kennedy, *The Cybercultures Reader*, London and New York: Routledge, 2000, pp.588-597.

5. 스트라이커, 앞의 책, 175쪽.

6. Susan Stryker, "Transgender Studies: Queer Theory's Evil Twin", *GLQ: A Journal of Lesbian and Gay Studies*, Vol.10, No.2, 2004, pp.212-215.

7. *Ibid*, pp.212-213.

8. Judith Butler, *Gender Trouble: Feminism and the Subversion of Identity*(10th Anv. Edition), New York: Routledge, 1999.

9. Viviane Namaste, "Undoing Theory: The "Transgender Question" and the Epidemic Violence of Anglo-American Feminist Theory", *Hypathia*, Vol.24, No.3, 2009, pp.11-32.

10. Riki Anne Wilchins, *Queer Theory Gender Theory: An Instant Primer*, Los Angeles: Alyson Books, 2004.

11. Judith Butler, "Against Proper Objects.Introduction", *Difference: A Journal of Feminist Cultural Studies* Vol.6, No.2-3, 1994, pp.1-26.

12. Toril Moi, *Sex, Gender and the Body. The Student Edition of What Is A Woman?*, Oxford: Oxford University Press, 2005.

13. 베스 엘리엇과 샌디 스톤 관련 논의에서 사실과 관련한 부분은 수잔 스트라이커, 앞의 책을 참고했다.

14. Robin Morgan, *Going Too Far: The Personal Chronicle of a Feminist*, New York: Vintage Books, 1978.

15. 수잔 스트라이커, 앞의 책, 162-163쪽. ; Morgan, *ibid.*, p.171.

16. 김지혜, 「페미니즘, 레즈비언/퀴어 이론, 트랜스젠더리즘 사이의 긴장과 중첩」, 「영미문학페미니즘」 제19권, 제2호, 2011, 53-77쪽; 수잔 스트라이커, 앞의 책, 163-164쪽.

17. 수잔 스트라이커, 앞의 책, 164쪽.

18. Janice G Raymond, *The Transsexual Empire. Reissued with a New Introduction on Transgender*, New York and London: Teachers College Press, 1994.

19. *Ibid.*, p.112.

20. Oakley Ann, "The Difference between Sex and Gender", Ed. Ann Oakley, *The Ann Oakley Reader: Gender, Women and Social Science*, Bristol: The Policy Press, 2005. pp.7-12.

21. 앤 오클리의 섹스-젠더 구분 등 1960~70년대 섹스와 젠더 개념의 구성 및 구분 방식과 관련한 더 자

세한 논의는 루인, 「규범이라는 젠더, 젠더라는 불안」, 「여/성이론」 제23호, 여이연, 2010, 48-75쪽, 그리고 루인, 「젠더, 인식, 그리고 젠더폭력: 트랜스(젠더)페미니즘을 모색하기 위한 메모, 네 번째」, 「여성학 논집」, 제30집 제1호, 2013, 199-233쪽 참고.

22. Danuta Kean, "Chimamanda Ngozi Adichie clarifies transgender comments as backlash grows", *The Guardian*, 2017년 03월 13일 https://www.theguardian.com/books/2017/mar/13/chimamanda-ngozi-adichie-clarifies-transgender-comments (검색일: 2018. 09. 03).

23. 제인 플랙스 논의의 중요성을 알려준 지혜 선생님께 고마움을 전한다. 또한 제인 플랙스 관련 또 다른 논의는 김지혜, 앞의 글 참고.

24. Jane Flax, "Postmodernism and Gender Relations in Feminist Theory", *Signs*, Vol.12, No.4, 1987, pp.621-643.

25. *Ibid.*, p.626.

26. *Ibid.*, p.627.

27. *Ibid.*, p.628.

28. *Ibid.*, p.634.

29. Christine Delphy, "Rethinking Sex and Gender.", Ed. Carol R. McCann & Seung-Kyung Kim, *Feminist Theory Reader: Local and Global Perspectives*, New York: Routledge, 2003. pp.57-67.

30. Joan W Scott, "Gender: A Useful Category of Historical Analysis", *The American Historical Review*, Vol.91, No.5, 1986, pp.1053-1075.

31. Anne Fausto-Sterling, "The Five Sexes", *Sciences*, Vol.33, No.2, 1993, pp.20-25.

32. Jose Esteban Munoz, *Disidentification: Queers of Color and the Performance of Politics*, Minneapolis & London: University of Minneapolis Press, 1999.

33. Gayle Rubin, "Thinking Sex: Notes for a Radical Theory of the Politics of Sexuality.", Ed. Henry Abelove, Michele Aina Barale, and David M. Halperin, *The Lesbian and Gay Studies Reader*, New York : Routledge, 1993, pp.3-44.

34. Henry Abelove, et, al., "Introduction", *Lesbian and Gay Studies Reader*, New York and London: Routledge, 1993, pp.xv-xvii.

35. Butler(1994), *op. cit.*

36. Iain Morland, "What Can Queer Theory Do for Intersex?", *GLQ: A Journal Of Lesbian And Gay Studies*, Vol.15, No.2, 2009, pp.285-312.

37. Ruth Goldman, "Who Is That *Queer* Queer?: Exploring Norms around Sexuality, Race and Class in Queer Theory", Ed. Brett Beemyn & Mickey Eliason., *Queer Studies: A Lesbian, Gay, Bisexual, and Transgender Anthology*, New York & London: New York University Press, 1996, pp.169-182.

38. *Ibid.* ; Viviane Namaste, ""Tragic Misreadings": Queer Theory's Erasure of Transgender Subjectivity", Ed. Brett Beemyn and Mickey Eliason, *Queer Studies: A Lesbian, Gay, Bisexual, and Transgender Anthology*, New York and London: New York University Press, 1996, pp.183-203.

39. Susan Stryker, "Transgender History, Homonormativity, and Disciplinarity", *Radical History Review*, Vol.100, 2008, pp.145-157.

40. Susan Stryker, "The Transgender Issue: An Introduction," *GLQ: A Journal Of Lesbian And Gay Studies*, Vol.4, No.2, 1998, pp.145-158.

41. Gayle Ruin, "Of Catamites and Kings: Reflections on Butch, Gender, and Boundaries", Ed. Joan Nestle, *The Persistent Desire*, Boston: Alyson Publications, 1992, pp.466-482.

42. Namaste(1996), *op. cit.* ; Jay, Prosser, *Second Skins: The Body Narratives of Transsexuality*, New York: Columbia University Press, 1998.

43. Stryker(2008), *op. cit.*, p.155.

44. 이와 관련한 논의는 *ibid*와 루인, 「죽음을 가로지르기: 트랜스젠더, 범주, 그리고 시간성」, 「퀴어인문잡지 뼈라」 제2권, 2014, 55-75쪽 참고.

3. '아픈 사람' 정체성

전혜은

3. '아픈 사람' 정체성 [1]

01 '아픈 사람'이라는 이름

언젠가 암 투병을 한 사람이 SNS에 올린 글을 읽은 적이 있다. 그분은 '암 환자'라는 이름으로 자신을 가둬둘 수 없다, 자신의 삶은 그것보다 훨씬 크고 다채롭기 때문이라고 선언했다. 나도 이 말에 동의한다. 그럼에도 20대 초반 심각하게 아프기 시작해서 30대 후반인 지금까지도 내 삶을 좌우하는 가장 큰 요인이 몸의 아픔인 사람으로서, 이런 생각이 들었다. 무슨무슨 병의 환자라는 이름은, 내 이름으로 받아들일 수 없이 그냥 스쳐지나가는 간이역일 뿐일까? 오랜 세월 병과 더불어 살고, 그 병에 의해 삶이 크게 변화하고, 경제적인 문제며 직장이며 인간관계며 삶에서 할 수 있는 것과 없는 것 그 모두가 병과 관련되어 재조직되는 사람에게 아픈 사람이라는 이름은 정체성이 될 수 없을까?

나는 아픈 사람이라는 확실한 고정된 정체성이 있다고 주장하려는 것이 아니다. 장애라는 범주 안에 무수히 많은 다양한 장애가 있는 것처럼 질환도 무수히 많은 다양성을 갖고 있기에 이 모두를 하나로 아우르는 획일적이고 고정된 정체성을 설정하는 건 불가능하다. 이 글에서 풀어갈 이야기는 오히려 질문에 가깝다. 아픈 사람은 '아픈 사람'이라는 호명을 정체성으로 가질 수 있을까? 아픈 사람이라는 말을 '정체성'으로 사유하고자 할 때 어떤 문제들이, 혹은 어떤 다른 세상이 새로이 열리게 될까? 여기서 내가 아픈 사람이라는 이름을 정체성으로 '주장'하겠다고 말하는 대신 '사유'하겠다고 표현한 이유가 있다. 새로운 정체성을 탐색하려는 시도에는 기존 정체성의 정치의 한계에 갇혀버릴 위험이 딸려오기 마련이다. 그러나 페미니즘·퀴어·장애 영역에서 연구하고 운동하는 많은 이들이 정체성 정치의 폐단을 강력히 비판하면서도 정체성 자체를 완전히 폐기해버리는 대신 정체성과 관련된 논의를 더욱 풍성하고 복잡하고 개방적으로 만드는 작업을 해온 것처럼, 이 글은 '아픈 사람 정체성'이라는 화두로 어떤 가능성과 대안을 끌어낼 수 있을지 탐색해보고자 한다.

이 글의 구성은 다음과 같다. 다음 절에서는 아픈 사람과 장애인 정체성과의 복잡한 관계를 살펴보고, 장애인이라는 이름이 아픈 사람들이 처한 상황을 다 담아내기엔 왜 부족한지, 아픈 사람이라는 이름이 왜 필요한지를 검토하겠다. 그 다음 절에서는 정체성에 관한 급진적인 논의를 발전시켜온 퀴어 이론으로부터 이론적 자원을 끌어와 '아픈 사람'이라는 이름을 정체성으로 사유할 방법을 모색해본다. 마지막 절에서는 '아픈 사람'을 정체성으로 사유할 때 그러한 사유가 개인적 차원과 사회적 차원과 인식론적 차원에서 어떠한 의의를 갖는지, 그러한 사유를 통해 어떤 다른 세상의 필요성과 가능성이 열릴지 이야기해보겠다.

그 전에 먼저, '아픈 사람'이라는 용어를 선정한 이유부터 이야기해야 할 것 같다. 이 글에서 나는 충분히 오래 아픈 바람에 '아프지 않은 나'를 기본 값으로 설정할 수 없는 사람을 가리키는 말로 '아픈 사람'이란 용어를 사용한다. 다시 말해 진단명이 있거나 진단명으로 다 설명할 수 없지만 만성적으로 아픈 사람, 그래서 '아픈 나'가 '아프지 않은 나'보다 더 일상적이고 꾸준히 지속되며 자기 삶의 과거-현재-미래를 그릴 때 이 아픔과 동떨어져서는 삶을 설명할 수도 설계할 수도 없는 사람을 '아픈 사람'이라는 개념으로 포착한다.[2] 수잔 웬델이 『거부당한 몸』에서 설득력 있게 논했듯이, 건강한 비장애인 중심 사회에선 아픔을 인식하는 틀은 '낫거나 아니면 죽거나'라는 이분법적 선택지밖에 없다.[3] 낫지도 죽지도 않는데 아픈 채 계속 살아가는 사람들을 제대로 설명해줄 언어도 없고 제도적인 지원이나 배려도 갖춰져 있지 않기에, 계속 아픈 사람들은 매우 난감한 상황에 처하게 된다. 대부분의 직장에서 병가나 임시휴직은 한번 이상 허용되지 않으며 해고 등의 불이익으로 쉽게 이어진다. 한국의 현행 의료법 체계에서 중증환자로 등록한 암환자에게 치료비의 95퍼센트를 국민건강보험공단에서 부담해주는 본인일부부담금 산정특례제도의 혜택 기간은 5년으로, 그 이후 검사비용은 본인 부담으로 돌아온다.[4] 보통 암은 5년 동안 재발되지 않으면 완치 판정을 받지만 그 이후에도 재발여부를 검사하거나 관리하는 데 꾸준히 비용이 들어가며, 특히 유방암처럼 5년 완치라는 기준이 적용될 수 없는 전이 확률이 높은 암도 있다는 점에서 이 '낫거나 죽거나' 이분법은 아픈 당사자들에게 직간접적인 생존의 위협을 가한다.

이 '낫거나 아니면 죽거나' 어느 쪽에도 들어갈 수 없는 사람들을 명명하는 시도는 이전에도 있었다. 그중 하나는 의료사회학자 아서 프랭크Arthur Frank가 제시한 '잠정적 (미)회복인 모임remission society'이라는 개념이다.[5] 프랭크는 이 집단에 포함되는 사람들로 "암을 앓았던 사람들, 심장회복치료 하에서 살고 있는 사람들, 당뇨병 환자, 알레르기와 환경적 민감함 때문에 식이요법이나 다른 자기관리를 해야 하는 사람들, 인공기관과 기계적 신체조율기와 함께 사는 사람들, 만성질환자, 장애인, 폭력과 중독으로부터 '회복 중인' 사람들, 그리고 이 모든 사람들을 위해 걱정과 또 하루를 잘 지냈다는 기쁨을 공유하는 가족"을 예로 든다.[6] 이 글에서 사유하고자 하는 '아픈 사람' 정체성도 이 범주에 속할 수 있을 것이다. 그럼에도 두 개념에는 차이점이 있다. 첫째, 프랭크의 '잠정적 (미)회복인 모임' 개념에는 병 수발을 맡은 가족까지 포함된다. 물론 아픈 가족 구성원을 돌보는 다른 구성원이 신체적으로든 정신적으로든 아픈 사람이 되는 경우가 많지만 전자와 후자는 각각 독립된 아픈 사람으로 존중받아야지 후자가 전자의 병에 귀속된 사람으로 여겨져서는 안 될 것이다. 이와 연관해서 둘째, 프랭크의 이 개념은 'society'라는 표현과 주변인을 포함한 정의에서 알 수 있듯 한편으로는 아픈 당사자들과 그들을 둘러싼 사람들의 공동체를 강조하기 위한 개념이고, 다른 한편으로는 역설적으로 의료기술의 발전으로 인해 병에 걸리면 바로 목숨을 잃는 대신 병을 안고 오래 살아야 하는 사람들의 출현을 사회학적으로 범주화한 것이다. 이러한 범주화와, 당사자가 '아프다'는 것을 자신의 정체성으로 받아들이는 건 다른 문제다. 아픈 사람들에게는 사회학적 범주화와는 결이 다른, 아픔과 더불어 살아온 내 삶의 궤적과 지금의 내 상태와 앞으로 내가 살아갈 모습을 자신은 물론 주변 사람들에게 설명해줄 수 있는 이름이 필요하다. (더욱이 '잠정적 (미)회복인 모임'은 일상에서 당사자 이름으로 쓰기엔 간결하지 않다. "안녕하세요, 저는 잠정적 (미)회복인 모임에 속한 사람입니다."라고 자기소개를 한다고 생각해보라. 이게 종교단체 가입권유가 아니라는 것부터 해명해야 할지도 모른다.)

하지만 '만성질환자'나 '환자', '병자' 같이 다른 용어가 이미 있는데 왜 굳이 '아픈 사람'이라는 용어를 사용할까? 한편으로는 다음 절에서 설명하겠지만 진단명 중심의 의학적 인식 틀은 아픈 사람의 경험을 다 포괄하지 못하기 때문이다. 다른 한편 '아픈 사람'이라는 용어는 환자나 병자 같은 용어보다 비하와 병리화와 대상화의 흔적이 덜하면서 내 삶과 내 존재를 담아낼 수 있는 이름처럼 느껴졌기 때문이다.[7] 이 말은 '아픈 사람'이라는 표현이 그 어떤 부정적 의미도 들러붙지 않은 순수한 이름이라는 뜻이 결코 아니다. 이 글 전체에서 나는 아픈 사람이 받는 차별과 낙인이 존재하며 그럼에도 그것들이 어떻게 무시되거나 은폐되고 있는지를 보여줄 것이다. 다만 나는 그러한 부정적인 역사를 외면하지 않는 당사자 이름으로서 '아픈 사람'이라는 이름을 검토하고자 한다. 퀴어 장애 활동가이자 작가인 일라이 클레어는 『망명과 자긍심』의 2부 1장에서 장애인을 가리키는 여러 단어의 의미와 역사를 사회적 차원과 개인적 차원 양쪽에서 검토하면서 이 용어들이 '퀴어'처럼 당사자를 위한 이름으로 변환될 수 있는지를 탐구한 바 있다.[8] 클레어는 핸디캡, 장애인, 병신, 절름발이, 지진아, 다른 능력이 있는 사람, 신체적으로 어려움을 겪는 사람, 프릭 등의 용어[9]가 어떤 의미로 사용되어왔는지, 다양한 시대와 맥락에서 어떤 용어들이 당사자 용어로 받아들여지고 어떤 용어들이 차별과 혐오의 용어로 차용되거나 거부되었는지, 그러한 취사선택에 사회적 차원뿐 아니라 개인적 차원의 어떤 역사가 얽혀 있는지를 탐구한다. 또한 각 용어마다 어떤 정동이 결부되는지를 세심히 살피면서 당사자 용어가 반드시 자긍심으로만 채워져 있지 않다는 점을 보여주고, 용어를 자긍심으로만 새로이 덮어버리고자할 때 그 용어에 담긴 차별과 억압과 수치심과 슬픔의 역사를 당사자들에게서 지워버릴 위험을 경고한다. 이러한 탐구의 연장선상에서 나는 병리화와 낙인의 역사를 완전히 망각하지 않으면서도 당사자 이름으로 기능할 수 있는 용어, 단지 자긍심의 이름으로서만이 아니라 자긍심과 수치심의 복잡한 얽힘을 품을 이름을 찾으려는 시도로서, 그리고 나의 경험을 서사화하는 이름으로서 '아픈 사람'이라는 이름에 주목한다.

02 '아픈 사람'이라는 정체성이 왜 필요한가?

1) 장애인과 아픈 사람의 관계

나름 아픈 사람으로 오래 살아왔지만 '아픈 사람'이 정체성이 될수 있는가 하는 화두를 품게 된 건 최근 5년 정도로, 이 생각의 싹이 자라나게 된 건 내가 두 가지 반대되는 질문에 지속적으로 노출되어 있다는 것을 깨닫고 나서부터였다.

처음 7년은 비교적 건강하던 이전과는 완전히 달라져버린 내 몸에 적응하는 것도, 이 몸으로 건강한 비장애인 중심의 사회에 적응하는 것도, 이 몸을 나 자신에게나 다른 사람들에게 설명하는 것도 몹시 어렵고 당혹스러운 시기였다. 그 기간 내내 주변의 비장애인들은 "넌 왜

빨리 나아서 멀쩡해질 생각을 안 해?" "아픔을 핑계 삼는 거 아냐?" "사실은 꾀병 아냐?" 같은 비난어린 질문을 던지곤 했다. 아픈지 7년이 지나고서야 나는 내 남은 삶에서 아픔으로부터 완전히 벗어나는 날은 없을지도 모른다는 사실을, 아픈 게 내게 특별하고 이상하고 낯선 게 아니라 익숙하고 평범한 '일상'이라는 것을 받아들이기 시작했고, 그때부터 장애학을 공부하기 시작했다. 그러자 이번에는 장애학 및 운동에 몸담은 사람들로부터, 내가 읽은 장애학 텍스트들로부터, "아픈 사람이 장애인 정체성을 받아들이지 않는 건 허위의식 때문 아니냐?"라는 질문을 받기 시작했다.

이 두 가지 질문 모두 '아픈 사람'을 인정하지 않는다는 점은 착잡하면서도 흥미롭다. 전자는 하루빨리 '아픈 사람'이라는 위치에서 벗어나 소위 '정상인'으로 간주되는 건강한 비장애인으로 돌아올 노력을 하라는 요구이고, 후자는 하루빨리 '아픈 사람'이라는 위치에서 벗어나 장애인 정체성을 자각하라는 요구다. 이처럼 아픈 사람에게 비장애인 아니면 장애인이라는 선택지만이 주어지는 건, 아픈 사람이라는 위치가 일시적이고 바뀔 수 있으며 따라서 정체성으로서는 적절치 않다는 가정이 널리 퍼져있기 때문이다.

예를 들어 장애학 분야에서 중요한 고전 중 하나인 『몸과 신체적 차이: 장애 담론 The Body and Physical Difference: Discourses of Disability』(1997)의 서론에서 이 선집의 편집자인 데이비드 미첼David T. Mitchell과 샤론 스나이더Sharon L. Snyder는 위의 가정에 기대어 질환과 장애를 구분한다.[10] 스나이더와 미첼에 따르면 첫째, 병은 노화처럼 "자연스러운 인간의 상태"에 포함되는 반면 장애는 "그 사람이라는 사회적 존재의 모든 국면"을 대표하는 낙인찍힌 정체성으로 간주된다. 둘째, 병은 회복의 가능성이 있기에 일시적이고 가변적인 반면 장애는 영구적인 "능력의 부재"로 이해된다. 만성질환자와 달리 장애인은 "치료에 반응하지 않을 차이를 소유한다는 점에서 하나의 인구집단을 구성"하며, 이로 인해 낙인을 부여받고 소외된다는 것이다.[11] 그러나 장애를 병과 대립적으로 놓는 이러한 관점은 여러 면에서 문제가 있다. 첫째, 이 견해는 질환이 장애를 야기하기도 하고 장애로 인해 질환이 생기기도 하는 등 장애와 병이 서로 밀접한 관계에 놓여 있다는 점을 놓치고 있다. 둘째, 병과 노환을 하나로 묶는 이런 태도는 상대적으로 젊은 사람들이 만성질환으로 쇠약해질 때 겪는 특수한 어려움을 이야기할 수 없게 만들어버린다.[12] 셋째, 이 관점은 아픈 사람들이 장애인들과 유사하면서도 다르게 경험하는 병리화의 낙인을 설명하지 못한다.[13] 뒤에서 논하겠지만 만성적으로 아픈 사람들 또한 '정상'으로 간주되기는커녕 결함이 있고 열등하고 나약하고 쓸모없는 존재로 가치 절하되어온 독특한 역사가 있다. 결국 이 관점은 장애 이론 및 운동이 다뤄야할 중요 의제에 병과 관련된 사안이 들어오지 못하게 쫓아낼 뿐만 아니라 아픈 사람들을 장애인 공동체로부터 배제한다.

한편 잔 그루Jan Grue는 『장애와 담론 분석 *Disability and Discourse Analysis*』(2015)[14]에서 미첼과 스나이더와 같은 입장을 공유하지만, 이들과는 달리 만성질환자를 장애 정치 안으로 적극 끌어들이고자 한다. 그루는 만성질환이 있는 사람들이 장애인 정체성을 받아들이지 않는 경우를 모조리 허위의식으로 몰아가는 대신, 그들에게 필요한 언어가 의료적 담론인데도 그동안 장애학 및 운동이 장애의 의료적 모델/사회적 모델의 경직된 이분법[15]을 토대 삼아왔기에 만성질환자들이 장애 정치와 공동체 안에 있을 자리가 마땅치 않았다고 진단한다. 따라서 그루의 목표는 장애인 정체성에 더 많은 사람들이 동일시하기 위한 길을 모색하는 것이다. 그런데 그 방법은 만성질환자를 일방적으로 장애 정체성 안으로 흡수시키는 것이다. 그루는 아픈 사람을 하나의 정체성으로 바라보는 것에 반대하며, 심지어 장애인 정체성 대신 아픈 사람이라는 위치를 자신의 정체성으로 받아들인다면 그건 전자보다 후자가 더 '정상인'에 가깝기 때문이라고 단정한다. 그루가 보기에 장애인 정체성은 "억압받는 계급" 아니면 "주변화된 소수자" 집단으로 해석되기 때문에 많은 이들에게 있어 "장애인으로 능동적으로 정체화한다는 것은 낙인찍힌 종류의 정체성, 다른 사람이라면 찾을 일이 거의 없을 정체성"을 받아들인다는 부정적인 의미인 반면 아픈 사람 정체성을 갖는 전략은 "보다 긍정적인 형태의 정체성을 지킬 수 있게 허용"해준다는 것이다.[16]

물론 그루는 병과 병자에 대한 낙인과 기피가 장애 공동체 안에서도 존재했다는 점을 인정한다. 또한 그루의 입장은 아픈 사람 개개인을 비난하려는 게 아니라, 아픈 사람들이 장애에 부과된 낙인 때문에 장애인 정체성을 기피하게 만드는 담론을 비판적으로 분석해서 건강과 질병에 대한 인식 틀과 사회정치적 장애 담론의 인식 틀을 화합시켜야만 아픈 사람들이 장애 정체성에 동일시할 수 있으리라는 것이다. 그럼에도 그루는 만성질환자를 "장애인이지만 명시적으로 장애인으로 정체화하지는 않는 사람들"[17]로 단정 지음으로써, 아픈 사람들이 장애인이라는 이름을 택하지 않는 이유를 모조리 장애에 부과된 낙인 탓으로 돌리고 아픈 사람들이 비장애 중심적 사회와 장애 정치 및 공동체 사이에서 경험하는 소외를 무시함으로써 다시금 정체성의 문제를 아픈 개인의 문제로 교묘히 되돌려놓는다.

그러나 그루의 주장과는 달리, 아픈 사람이 장애인이라는 이름을 자신의 정체성으로 받아들이지 못하는 것이 전부 이 때문만은 아니다. 사실 현재 '장애인' 범주의 경계가 설정되는 방식은 아픈 사람을 제대로 포함시키지 못한다. 앞서 살펴본 바와 같이 일반적으로 장애학에서 장애 정체성을 중심에 놓고 병을 변두리에 배치하는 관점을 따르자면 병은 장애와 어정쩡하고 모순적인 관계에 놓이게 된다. 병은 (미첼과 스나이더의 입장에서처럼) 장애와 별개의 것이거나 대비되는 것으로, 심지어 장애가 병리화의 낙인을 떨쳐내기 위해서는 버리고 가야할 것으로 규정되면서도, (그루의 입장에서처럼) 장애 정치의 확장을 위해서는 장애의 하위범주로 포섭되어야 하는 대상으로 여겨지는 것이다. 어느 쪽이든 아픈 사람은 장애학의 관심사가 아니다.

또한 '장애인' 자체가 너무 협소하게 상상되고 있다. 일반적으로 장애는 가시성, 일관성과 안정성을 기준으로 상상된다. 즉 확실히 눈에 띄는 장애가 있어 그것으로 다른 사람들과 구별되고, 한번 장애인이면 쭉 일관되고 안정적인 장애 특성(미첼과 스나이더 말대로 "치료에 반응하지 않을 차이")을 갖고 있으리라 기대된다. 더욱이 장애 정치에서 장애인의 대표적 이미지는 휠체어를 탄다는 차이만 있을 뿐 비장애인만큼 일할 수 있는 건장한 남성이다. 장애의 이러한 스테레오타입은 아픈 사람들을 장애 재현과 정치에서 소외시킨다. 첫째, 가시적인 손상이 없는 아픈 사람은 자의든 타의든 비장애인으로 패싱passing

이 가능하지만, 그로 인해 '네가 무슨 장애인이냐'는 의심이 가득한 시선에 늘 검열 당하면서 필요한 배려와 지원을 받지 못하는 경우가 생긴다.[18] 일례로 장애학자 안나 몰로우Anna Mollow는 심각한 만성피로와 환경적 질환environmental illness, EI을 겪고 있음에도 겉보기에 장애가 드러나지 않고 원피스와 샌들을 차려 입었다는 이유로 '장애인이기엔 너무 좋아 보여서' 쇼핑몰 장애인주차구역에서 쫓겨났다.[19] 둘째, 아픈 사람들은 컨디션이 자주 요동치고 불안정하며 병의 진행이 느려졌다가 빨라졌다가 하면서 건강이 오르락내리락 하는 삶을 사는 경우가 많은데, 장애가 안정적으로 일관성 있으리라는 통념은 이 사람들을 '네가 무슨 장애인이냐'는 의심의 시선에 갇히게 만든다. 셋째, 휠체어를 탄 건강한 장애인 남성이라는 대표 이미지는 병리화의 낙인이 장애인과 아픈 사람들 사이에 심각한 긴장과 갈등을 만들어낸다는 점을 시사한다. 장애를 의학의 지배 아래 놓여야 하는 결함이자 병으로, 따라서 치료해 없애거나 안 되면 당사자를 죽여서라도 없애야 하는 것으로 간주하는 지배담론에 의해 장애인들은 오랫동안 고통받아왔다. 따라서 장애 정치는 '장애는 병이 아니다'를 주장해왔다. 또한 장애인이 장애가 있다는 것만 제외하면 비장애인과 똑같이 노동할 능력이 있다는 것을 강조하여 장애인이 쓸모없는 존재라는 편견에서 벗어나고자 했다. 그러나 운동의 이러한 방향성은 아파서 소위 '한 사람 몫'의 노동을 해낼 수 없는 사람들을 장애운동에 걸리적거리는 존재로 치부하고 의료적 지원이 필요한 장애인들의 욕구와 욕망을 무시하는 결과를 초래했다.[20]

한편 '장애인' 정체성은 당사자의 자기 선언으로 충분한 것은 아니다. 장애인이라는 이름표는 사회적 낙인이기도 하고 장애 운동을 추동하는 정치적 정체성이기도 하지만 의료적 지원과 복지 행정, 보험 등의 제도적 차원에서 비장애인과 다르게 분류되어 관리되는 이름이기 때문이다. 현행 장애판정 및 등록체계에선 아픈 사람도 장애인 등록이 가능하지만 장애로 등록되는 질환은 한정되어 있다. 그 유형[21]에 포함되지 않는 경우에는 아픈 사람은 '장애인'으로 인정받지 못한다. 만성적으로 심각하게 아픈 사람들 중에서도 자신이 장애인으로 등록되길, 그래서 남들에게 의심과 비난의 눈초리를 받지 않길, 아픈 몸에 대한 배려와 지원을 받기 위해 매번 구차하게 자신의 처지를 설명해야 하고 그나마 설명할 언어도 부족한 난관에서 벗어나길 바라는 이들이 있지만[22] 이들에게 '장애인'이라는 이름이 허용되지 않는 경우가 많다.

그러므로 병을 장애의 하위범주로 다루는 것만으로 과연 충분한지, 장애인이라는 이름에 아픈 사람들의 경험과 실존이 다 담기는지에 대한 고찰이 지속적으로 필요하다. 이 말은 장애와 병은 서로 별개라는 뜻도 아니고, 장애학 및 운동이 발전시켜온 통찰과 자원이 아픈 사람에게 완전히 쓸모없다는 의미도 결코 아니다. 다만 나는 장애 정치에서 아픈 사람을 당연한 듯 장애의 하위 범주로 취급할 뿐 그 특수성에 주목하지 않는 경향을 비판하고자 하는 것이고, 그러한 특수성에 언어와 이름을 부여할 방법을 모색하고자 하는 것이다.

예를 들어 낙인의 문제는 아픈 사람과 장애인 중 어느 쪽이 더 많은 낙인을 짊어지는가를 단순 비교할 수 있는 문제가 아니다. 장애인들과 아픈 사람들은 서로에게 부과된 낙인을 피하고 싶어 하면서도 상대가 나의 낙인을 꺼려한다고 비난하는 경향이 있어왔다. 장애인들은 병에 부과되는 낙인보다 장애에 부과되는 사회적 낙인이 더 크므로 아픈 사람들이 장애 낙인을 피하고 싶어 하는 거 아니냐고 비난하면서도, 장애가 병리화되는 것을 피하기 위해 아픈 사람이라는 낙인과 거리를 두어왔다. 다른 한편 만성질환이 있는 사람들 중엔 비장애 중심주의를 내면화하여 장애인에 대한 뿌리 깊은 차별과 낙인찍기에 동조하고 그 이유 때문에 스스로 장애인으로 정체화하지 않는 이들도 있지만, 병에 대한 낙인과 장애에 대한 낙인이 결이 다르다는 것을 경험하는 이들도 있다. 일례로 가시적인 장애인은 스스로 아무 것도 할 수 없으리라는 편견에 둘러싸여 모든 기회를 박탈당하고 친절을 가장한 간섭에 시달린다면, 아픈 사람들은 기본적인 도움조차 받지 못하고 건강한 비장애인의 기준에 맞춰 노동할 것을 강요당하며 이 기대를 충족시키지 못할 경우 꾀병 부린다는 비난을 듣는다. 이 경우 장애인과 아픈 사람 둘 다 결국엔 쓸모없는 존재라는 낙인이 찍히지만, 전자는 비장애인과의 차이가 과도하게 부각되어 차별의 근거로 동원되는 반면 후자는 일상생활에 지장이 올 만큼 아파도 이 아픔이 차이로 인정받지 못한다는 점에서 낙인으로 인한 경험이 다르다.[23] 한 친구는 장애 정체성은 사회정치적 관점에서 정의되는 소수자 집단 모델을 따르는 정체성으로 정립되어온 반면 아픈 사람이라는 정체성은 낙인과 얽혀 아직 정치의식화가 되어 있지 않기 때문에, 아픈 사람으로서의 정체성을 받아들인다는 것은 '낙오자로서의 정체성'을 받아들이는 것 같은 느낌이 들어 거부감이 든다고 말했다.[24] 달리 말하자면 낙인과 결별하는 작업이 장애인 정체성의 역사에선 많이 발전되어온 반면, 아픈 사람들에겐 그러한 역사적 경험이 부족하다.[25] 더욱이 장애인 정체성의 발전은 주로 병리화의 낙인을 피하느라 건강한 역량을 긍정하는 방향으로 나아갔기 때문에, 아픔을 인정해달라는 아픈 사람들의 요구는 오히려 장애인이 버린 낙인과 의료화 담론에의 종속을 아픈 사람이 주워가려 하는 것처럼 보일 수 있다.[26]

그러므로 장애인과 아픈 사람 중 누구의 낙인이 더 크고 중요한지를 비교하거나 병리화의 낙인을 서로 떠넘기는 소모적인 대립 대신, 낙인에 대한 더 정교한 비판적 논의가 필요하다. 낙인을 여러 층위에서 복잡하게 얽히도록 하면서도 장애인과 아픈 사람에게, 그리고 무수히 많고 다양한 장애와 질환 각각에 낙인을 다르게 부과하여 분열시키는 가치체계에 대한 분석이 더 필요하다. '장애인'이라는 이름 안에 다 담기지 않는 '아픈 사람'의 특수성에 주목한다는 것은, 우리가 차이를 중시해야 한다고 말할 때 그 중시해야 하는 '차이'를 어떻게 구체적으로 사유하고 분석할 것인가를 성찰하려는 시도인 것이다.

2) 의학적 진단명과 아픈 사람의 관계

한편 장애인 정체성처럼 보다 포괄적이고 광범위한 집단적 연대를 가능케 하는 구심점은 아니더라도, 병명이 당사자 이름으로 기능하는 경우도 있다. 각종 환우회처럼 치료기간 동안 같은 질환자들과의 정보교환과 정서적 지지를 위해, 혹은 신약의 수입과 가격인하, 의료보험 적용확대 등 공통된 이익을 위해 잠정적으로 특정 질환의 환자라는 이름을 받아들이는 경우도 많다.[27] 그렇다면 왜 굳이 '아픈 사람'이라는 두루뭉술한 이름이 필요하다고 생각하는지 의아해할 사람도 있을 것이다. 그런데 병명으로 모인 정체성이 대개 완치되면 사라질 잠정적인 이름으로 여겨진다는 점은 둘째치더라도, 아픈 사람들은 대개 다양한 증상이나 여러 질병을 복합적으로 갖기 마련이고, 그럴 경우 그 병명 중 어느 하나만을 자신의 '정체성'으로 삼기엔 그 병명에 기초한 이름이 자신의 이 모든 아픈 경험과 상태를 다 대표할 수 없다고 느낄 수 있다. 더욱이 자신에게 가장 중요한 증상이 자신의 진단명이 대표하는 환자로서의 이름과 어긋날 때도 있다. 예를 들어 갑상선암으로 투병한 친구는 '갑상선암 환자'라는 이름을 자신의 정체성으로 삼을 수 없었는데, 그 이유는 친구에게 가장 힘들고 괴롭고 병명도 원인도 못 찾아 치료도 안 되는 증상은 '하혈'이었기 때문이다. 즉 이 친구에게 자신의 아픈 경험은 공식적인 진단 범주에 속하는 '갑상선암'이라는 이름 대신 하혈을 중심으로 조직되기 때문에 진단명을 중심으로 하는 정체성을 형성할 수 없었던 것이다.[28]

　또한 아픈 사람 중에는 진단명을 얻기까지의 과정이 순탄치 않은 경우도 많다. 친구의 하혈처럼 당사자를 괴롭히는 아픔이 진단명에 잡히지 않는 증상인 경우도 있고, 진단이 어려운 질환이든 아니든 간에 진단명을 얻을 때까지 병원에 검사 비용을 댈 수 있을 정도의 자원이 없는 경우도 있다. 병원 다니면서 진단명을 찾아낼 여력이 없는 가난한 사람들은 그저 '아픈 사람'으로서 살아지는 것이다. 또한 병의 치료는 둘째 치고 진단 단계에서조차 젠더, 인종, 민족, 국적, 계급 등 다양한 권력위계에 기초한 편견이 작동한다. 예를 들어 일반적으로 여성의 말을 가벼이 취급하는 남성 중심적 사회에서 여성이 자신의 아픔을 호소하는 내용이 잘 받아들여지지 않으리라는 것은 자명하다. 그리하여 역사적으로 여성은 진짜 아픈지도 않은데 불평만 많은 전형적인 문제 환자이거나[29] 아픈 척해서 남자를 휘두르려는 꾀병 환자로 재현되어왔다.[30] 대가족이 나오는 한국의 아침 드라마나 일일 드라마에 자주 등장하는 장면 중 하나는, 며느리나 자식들이 마음에 안 들 때마다 시어머니가 어디서 저런 걸 구비해놓나 싶은 새하얀 띠를 머리에 두르고 누워서 유세 떠는 장면이다. 여성을 자기 의견을 관철시키기 위해 떼쓰다 못해 꾀병 부리는 거짓말쟁이로 그리는 이런 재현은 실제 아픈 여성들에게 더욱 적대적인 사회를 만드는 데 공모한다. 여성 환자가 의사를 만날 때 숨겨진 젠더 규칙이 있다는 연구도 있다. 여자가 자기주장을 강하게 하면 남자의사의 심기를 거스를 위험이 있는데다 아프다는 걸 믿어주지 않을 위험도 있기에 여성 환자들은 행동거지와 옷차림을 조심하며 사회에서 여성에게 허락하는 만큼의 적절한 방식으로 통증을 호소하기 위해 애쓰게 된다는 것이다.[31]

정리하자면, 의료 담론이 지배하는 인식 틀 아래 구축된 진단명을 따라 범주를 나누는 것으로는 아픈 사람들의 복잡한 실상을 다 담아낼 수 없고, 장애 정치에서의 '장애인' 정체성처럼 각기 다른 아픔을 겪는 사람들을 연결시키고 연대를 가능케 해줄 구심점을 만들 수도 없다.

3) 다른 이름들과 아픈 사람의 관계

한때 나는 나 자신을 설명하는 이름으로 '비-비장애인'이라는 명칭을 쓰기도 했었다. 이 이름은 장애인/비장애인을 깔끔하게 이분법적으로 분리해낼 수 있다는 통념에 맞서 그러한 배타적 범주들 사이의 경계지대에 거주하는 몸들이 존재한다는 것을 강조하는 효과가 있다. 그러나 이 이름은 내가 이 이분법의 경계에 놓인 삶을 살게 된 가장 큰 이유이자 내 삶을 가장 크게 좌우하는 골칫거리인 동시에 내가 세상을 바라보는 관점을 결정적으로 바꿔놓은 요인이 '아픔'이라는 것을 담아내기에는 불충분한 이름이었다. 더욱이 다음 절에서 논하겠지만 아픈 사람이라는 이름은 비장애인/장애인의 이분법적 분리 자체를 교란시키는 불온한 비체[32]로서 기능하는 반면, 비-비장애인이라는 중립적인 이름으로는 그러한 효과를 기대하기 어렵다.[33]

'아픈 사람'을 정체성으로 보기엔 애매해보일 수도 있다. 그러나 달리 생각해보면, '아픈 사람'이라는 이름을 당사자가 주장해서는 안 된다는 어떤 암묵적인 금제가 걸려있는 것은 아닐까? '아픈 사람'은 '가난한 사람'과 비슷한 처지에 놓여 있다. 앞서 말했듯 '아픈 사람'에는 의학적 진단명에 잡히지 않지만 아픈 사람들, 의료적으로는 딱히 치료 방도가 없거나 의사들이 대수롭지 않게 여기지만 당사자의 삶에 심각한 불편을 초래하는 통증을 가진 사람들, 병가제도와 보험제도에 의존해도 되는 횟수를 지났음에도 여전히 아프지만 아프다는 것을 더 드러냈다가는 해고당할지 모르니 아픔을 숨기고 일하는 사람들, 명확한 진단명이 있는 질환도 갖고 있지만 그 질환보다는 진단명에 담기지 못하는 다른 통증 및 불편이 삶에 더 상당한 영향을 끼치는 사람들도 포함된다. 마찬가지로 '가난한 사람'에는 복지제도의 사각에 놓여 기초수급권자 자격을 얻지 못한 사람들도 포함된다. 그런데 이 당사자들이 스스로를 '아픈 사람'이나 '가난한 사람'이라고 칭하는 순간, 곧바로 의심과 비난과 감시의 시선에 둘러싸이게 된다. 이들에게 '아픈 사람'이나 '가난한 사람'이라는 것을 객관적으로 증명하라는 요구가 쏟아지지만, 그 '객관적인 증거'는 의료 및 행정제도의 승인을 통하지 않고서는 납득될만하게 만들어지기 어렵다. 따라서 제도가 규정한 범주에 맞지 않는 사람들은 가짜나 사기꾼이라는 비난에 시달리게 된다.[34] 이렇게 볼 때 '아픈 사람'과 '가난한 사람' 둘 다, 만성질환자 · 기초수급권자 · 빈곤층 등의 용어로 외부에서 규정하고 분류하는 대상만 될 수 있을 뿐 당사자가 '아픈 사람'이나 '가난한 사람'을 감히 자신의 정체성으로 주장해서는 안 된다는, 즉 결코 주체가 되어서는 안 된다는 사회적 제재가 존재한다고 말할 수 있을 것이다. 그렇다면 반대로 질문을 던질 필요가 있다. 그러한 정체성을 당사자에게 허락해주는 주체는 누구인가? 왜 그 주체가 남의 정체성을 '허락'해주는 권한을 갖게 되는가? 그리고 그러한 '허락'은 어떠한 규범에 봉사하고 누구의 이익을 강화하는가?

더욱이 아픈 사람을 '정체성'으로 사유하겠다고 할 때 이는 기존의 정체성의 정치, 즉 정체성을 서로 배타적으로 경계 구분되는 고정불변의 이름으로 상상하는 인식 틀 안에 '우리' 자리도 마련해달라는 애걸이 아니다. 오히려 아픈 사람을 '정체성'으로 사유하게 될 때 기존의 정체성에 관한 사유를 전면 재검토하게 되는 효과가 있다. 다음 절에서는 아픈 사람 '정체성'이 어떻게 가능할지를 퀴어 이론을 전유하여 검토해보도록 하겠다.

03 아픈 사람이 '정체성'으로 성립될 수 있는가?
정체성에 대한 퀴어한 탐색

아픈 사람이라는 이름이 '정체성'으로 성립될 수 있을까? 아픈 사람의 '정체성'에 향하는 의심은, 남성/여성, 동성애/이성애 이분법에 들어맞지 않는 다양한 퀴어 정체성에 향하는 의심과도 닮아 있다. 그렇다면 이러한 퀴어 정체성을 정립하는 데 사용될만한 이론적 자원을 살펴보는 것이 지금의 논의에 도움이 될 것이다.

예를 들어 아픈 사람 정체성은 바이섹슈얼 정체성과 유사한 취급을 받는다.[35] 바이섹슈얼이 동성애자/이성애자의 이분법에 들어맞지 않는다는 이유로 진정성을 의심받는 것처럼 아픈 사람은 비장애인/장애인의 이분법에 들어맞지 않는다는 이유로 진정성을 의심받는다. 바이섹슈얼이 동성애자와 이성애자 공동체 양쪽에서 '박쥐' 취급당하는 것처럼, 아픈 사람은 장애인들에게는 비장애인인 척 해서 장애 억압을 피한다는 의심을 받고 비장애인들에게는 '장애인도 아니면서 장애인 대접을 바란다'는 의심을 받는다. 또한 두 정체성 모두 퀴어와 장애 의제에서 자주 소외된다. 장애인과 게이, 레즈비언은 확실한 물적 토대에 기초한 확고한 정체성으로 여겨지는 반면 아픈 사람과 바이섹슈얼은 그렇지 못하다. 동성애자 중심의 주류 정체성의 정치에선 바이섹슈얼의 정체성은 유난히 행위로만 규정된다. 즉 바이섹슈얼은 누구와 사귀느냐에 따라 이성애자 아니면 동성애자에 포함될 뿐 바이섹슈얼이라는 정체성 자체는 없다고 간주되는 것이다. 마찬가지로 장애 정체성의 정치에서도 비장애인 중심의 주류 사회에서도 아픈 사람은 아프다는 상태에 대한 기술일 뿐 그 자체로 정체성일 수 없다고 여겨진다. 만약 아픈 사람이 비장애인이나 장애인에 속할 생각을 하지 않고 스스로를 아픈 사람으로 규정한다면, 그건 나을 의지가 없는 나약함의 소산이거나 아픔을 변명삼아 의무를 소홀히 하고 타인의 에너지와 자본을 갈취하려는 의도에서 비롯된 것이라는 비난을 심심찮게 듣는다.

이런 위치들이 정체성으로 인정받지 못하는 이유 중 하나는 정체성을 지나치게 이분법적이고 경직된 방식으로 사유해온 정체성의 정치 때문이다. 역사적으로 정체성의 정치는 사회적으로 억압받아온 사람들에게 자신들이 겪는 고통이 개인적인 결함 때문이 아니라 사회구조적인 문제임을 이해할 수 있게 해주고, 억압받는 이들을 하나의 집단으로 묶어냄으로써 연대와 투쟁을 가능하게 해줬다. 그러나 그러한 이점과는 별개로 정체성의 정치는 몇 가지 중대한 문제점을 안고 있다. 이 장에서는 퀴어 이론에서 정체성의 정치를 비판하는 지점들을 짚어가면서 아픈 사람 정체성이 있을 자리를 탐색해보겠다. 유념할 점은, 정체성의 정치에 대한 비판적 해체는 정체성 그 자체를 모조리 폐기하는 게 아니라는 것이다. 그보다는 정체성의 정치가 정의하고 토대로 삼아온 정체성 개념이 그 틀에 맞지 않는 사람들이 살아갈 자리를 삭제함으로써 인식론적으로도 실제적으로도 폭력을 야기해온 방식을 지적하고, 그 정체성 규정을 당연한 진리인 양 따르지 않더라도 다른 방식으로 정체성을 사유하고 실천할 수 있음을 보여주고자 하는 것이다.[36]

1) 배타적이지 않은 동일시를 상상하기

정체성의 정치는 '나'와 '나 아닌 것'의 경계를 확고하게 그어 분리하는 방식으로 동일시를 구축해낸다는 점에서 "특정한 동일시는 허용하지만 그 외의 다른 모든 동일시는 배제하는 거부의 논리"[37]에 기초해 있다. 예를 들면 세상이 동성애자와 이성애자로 말끔하게 분리되어 있고, 동성애자는 동성애자끼리, 이성애자는 이성애자끼리 각 집단 내부가 동질적이라고 가정한다(이 공식은 장애인과 비장애인 구도에서도 성립한다). 이런 식의 동일시는 경직된 이분법적 위계를 기반으로 만들어지며, 그 다음엔 그 위계를 생산하고 유지하는 기능을 한다. 자크 데리다와 뤼스 이리가라이Luce Irigaray를 필두로 많은 철학자들이 비판해왔듯 서구 형이상학을 구조 짓는 이분법적 위계는 A/B의 동등한 한 쌍이 아니라 A/-A의 위계로 구성되어 있는데, 긍정/부정, 선/악, 우월/열등 등의 이분법적 위계에서 '나'를 앞항에 놓으려면 필연적으로 나 아닌 타자들을 반대 항에 밀어 넣어야 한다. 따라서 이러한 배타적인 동일시에 기댄 정체성의 정치는 동질화될 수 없는 차이를 찍어 누를 뿐 아니라 내부의 차이에 대해서도 바람직한 것과 바람직하지 않은 것, '정상'과 '정상'이 아닌 것의 위계를 만들어 줄 세운다. 정체성의 정치는 비정상을 차별적으로 생산해내는 가치 체계에 정면으로 맞서기보다는 '우리도 정상이다'를 주장하며 기존의 사회 질서 안에 자신들의 자리를 만드는 방향으로 운동을 조직해왔다. 이런 틀 안에서는 아픈 사람은 비장애인이나 장애인 범주 어느 한쪽에 흡수되라는 요구를 지속적으로 받지만 반드시 각 범주의 하위범주로서 들어와야 할 뿐만 아니라, '장애는 병이 아니다'와 같은 언설에서처럼 집단 내부에서 '정상보다 못함'의 위치에 놓인다.

주디스 버틀러는 이러한 동일시 방식을 전복시켜야 한다고 주장한다. 버틀러는 나아가 모든 동일시가 어떤 면에서는 "일종의 가로지르기, 즉 동일시가 일어난다고 혹은 동일시가 일어나게끔 한다고 말해지는 다른 장소를 향한 움직임"을 상정한다는 점에서 "교차 동일시cross-identification"라고 주장한다.[38] 배타적인 동일시에서는 자신과 자신의 반대 항이 절대적으로 다르고 서로 대립한다고 전제되지만, 자신과 다른 무언가를 상정하고 거기에 반대해서만 자신의 동일시를 구축할 수 있다면 주체는 부인否認을 통해 자신의 반대편에 놓인 것들과 항시 연결되는 셈이다. 이런 점에서 주체는 주체의 이 경계를 설정해주는 타자 및 비체에 근본적으로 의존할 수밖에 없다.[39] 이렇게 보면 주체와 주체 아닌 것들을 가르는 이분법적 분리는 처음부터 자연스럽고 당연한 게 아니라 구성되고 강제된 것임이 드러난다. 정체성의 정치는 그 정치가 가정하는 것처럼 아군과 적군을 깔끔하게 구분할 수 있고 아군 내부는 모두 동일한 것이 아니라, 정체성의 정치 그 자체가 처음부터 사실상 "불협화음의 역학"으로 이뤄져있는 것이다.[40]

그러므로 아픈 사람을 정체성으로 인정한다는 것은 그저 비장애인과 장애인 사이의 별개의 제3항으로서 범주를 하나 늘리는 일이 아니다. 아픈 사람이 나을 의지가 없거나 아픔으로부터 이득을 얻기 위해 병에 안주하는 나약하고 교활한 인간으로 쉽게 매도당하는 데에는, 비장애인과 장애인의 엄격한 분리가 무너질지도 모른다는 불안이 자리하고 있다. 아픈 사람들은 그 이분법의 경계를 넘나들거나 경계지대에 상주함으로써 그 경계 자체가 자연스러운 게 아니라 구성적 허구라는 것을 입증하는 존재가 된다. 따라서 앞 절에서 이야기했듯 주류 사회는 물론 주류 장애학계에서도 장애인은 치료될 수 없고 의지로 극복 못하는 돌이킬 수 없는 차이인 반면 아픈 사람은 치료 가능성이 있고 따라서 나을 의지가 중요한 일시적인 위치라고 구분 지을 때, 이 구분은 장애인과 비장애인의 이분법적 분리를 공고히 하여 비장애인의 주체 위치를 안전하게 담보하는 데 이바지할 위험이 있다. 자신이 언제든 병에 전염될 수 있고 언제든 장애인이 될 수 있다는 이 공포를 비장애인 중심 사회는 다스리지 못하기 때문에, 장애인은 영원히 비장애인과는 다른 존재여야 하고, 경계를 위태롭게 만드는 아픈 사람은 두 범주 중 어느 한쪽으로 치워져 눈에 띄지 말아야 한다는 어떤 사회적인 강제가 작동하고 있는 것이다. 이는 '아픈 사람'이라는 정체성이 그만큼 인정받기 어려운 이유를 보여주는 동시에, '아픈 사람'이 장애인/비장애인 이분법적 분리 체계에서 쫓겨난 비체이자 그 체계 자체를 구성하는 외부로서 체계의 내적 불안정성을 폭로하고 전복시킬 잠재력을 갖는다는 것을 보여준다.

2) 본질주의에 갇히지 않기

정체성의 정치의 두 번째 문제는 본질주의에 의존해 정체성의 진정성을 주장한다는 점이다. 성소수자의 정체성 선언을 일시적인 일탈이나 착각으로 해석하고 그러한 해석을 당사자에게 폭력적으로 강요하는 주류 사회에 맞서 성소수자들은 자기 안에 정체성을 형성하는 어떤 본질적인 중핵이 있다고 주장하는 방식을 쉽게 택해왔다. "나는 세 살 때부터 내가 남자라고 느꼈고 치마 입는 게 싫었고 장난감 총이 좋았다", 혹은 "나는 다섯 살 때부터 여자를 좋아했다" 이런 식의 전형적인 정체성 서사는 남성과 여성, 남성성과 여성성이 대립 관계로 정의된다고 보는 배타적인 동일시 논리를 기반으로 할 뿐만 아니라, 정체성을 그 어떠한 변화도 겪지 않는 항구적인 것으로 보는 몰역사적인 관점이다. 그러나 예를 들어 '동성애'라는 신조어가 만들어진 것은 1869년이고 그에 대립되는 이성애라는 범주가 발명된 것은 그보다 늦은 1878년이다. 그 이전에도 동성애와 이성애로 분류될만한 성적 실천 내지 관계가 있었다 하더라도 그것이 별개의 본질적인 정체성 범주로 규정되고 동성애/이성애라는 단 두 개의 항으로 세상 모든 성적인 것들이 분류되어 조직될 수 있다는 사고관이 만들어진 것은 19세기 말 20세기 초다.[41]

이 말은 퀴어 정체성이 진정성이 없는 가짜라는 의미가 아니다. 정체성의 범주와 내용, 범주 간 차이와 그 의미는 시공간에 따라 다양한 변화를 겪어왔다는 뜻이다. '트랜스젠더'라는 개념이 근대 초기에는 배타적으로 분리된 두 개의 성별(남/여)의 한쪽에서 다른 쪽으로의 이행으로 이해되었다면 현재에는 젠더 범주들을 가로지른다는 점trans에 초점을 맞춰 의미가 변화하고 있듯이, 같은 이름이라도 그 안의 내용과 의미는 계속 바뀌고 있고 퀴어 정체성도 점점 더 다양해지고 있다. 예를 들어 젠더와 관련해서도 안드로진, 뉴트로이스, 데미젠더, 젠더플루이드, 에이젠더 등등 남성/여성, 시스젠더/트랜스젠더를 이분법적으로 구분하는 기존의 인식 틀에 들어맞지 않는 정체성을 주장하는 사람들이 늘어나고 있다. 기존 인식 범주의 '사이'에 있는, 혹은 그러한 범주로 도통 설명이 안 되는 존재들은 끊임없이 그 진정성을 의심받고 그 정체성을 포기하라는 요구를 받는다. 그러나 관점을 뒤집어볼 필요가 있다. 이러한 정체성들을 주장하면 안 될 이유는 무엇인가? 기존의 정체성 범주 구획에 맞지 않는 사람이 늘 오해받고 자신의 괴로움을 하찮게 취급당하고 거짓말쟁이로 몰리는 자신의 삶을 설명하기 위해 기존의 범주 구분과 그에 기초한 담론 및 제도들의 문제점을 비판하고 대안적인 언어를 발굴하려 한다면 그러한 노력은 옳지 않은 것일까? 무엇보다, 범주가 사람에 맞지 않는다고 사람을 잘라 범주에 끼워 맞춰야 할까?

　이런 이름들의 '본질'을 따지려 하고 그걸 근거로 진정성을 '허락' 해주려고 든다면 그건 인식론적 폭력일 것이다. '진짜' 몸, '진짜' 느낌 등 진정성의 근거를 상정하려는 시도는 필연적으로 그 기준에 맞지 않는 다른 몸과 느낌과 존재를 '가짜'로 치부할 위험을 안고 있다. 반대로 우리는 진짜와 가짜를 구분하여 그 '본질'의 기준을 정하고 '허락'을 내리는 권력이 누구에게 있는지를 먼저 질문해야 한다. 그러나 동시에, 만약 이러한 다양성을 그 자체로 불변의 진리인 양, 시공간의 영향을 받지 않는 본질적인 실체인 양 여긴다면 그 또한 다시금 배타적인 정체성의 정치에 빠지게 될 뿐이라는 점을 잊지 말아야 한다.[42] 아픈 사람을 정체성으로 사유하고자 할 때에도 '아픈 사람'이라는 이름이 한편으로는 역사와 문화의 영향을 받는 정체성이라는 점과, 다른 한편으로 그러한 우연성을 인정하는 것이 반드시 그 정체성을 부정하고 진정성을 의심하는 방향으로 가서는 안 된다는 점을 함께 숙고해야 한다.

3) 일관성의 환상을 깨기

　본질과 진정성에 대한 고민은 정체성의 정치의 세 번째 문제점과도 맞닿는데, 그건 바로 정체성은 일관적이어야 한다는 통념이다. 보통 무언가를 자신의 정체성으로 받아들일 때는 내가 지속적으로 거기에 연결되어 있기에 그게 내 정체성이라고 받아들이기 마련이다. 그러나 아픈 사람은 몸이 항상 아픔/항상 건강함의 이분법적 위치 어느 한쪽에 놓일 수 없다는 걸 알고, 아픈 몸이라고 해도 늘 사람들이 기대하고 인정하는 아픔의 수준에 붙박이로 고정되어 있지 않으며 오르락내리락 변동하는 컨디션으로 산다는 걸 깨닫게 된다. 따라서 '아픈 사람'을 정체성으로 받아들이려는 이들, 즉 이제 그만 내가 아프다는 걸 인정하고 이 아픈 몸뚱이와 더불어 살아갈 방법을 모색하려는 사람들은 과연 그래도 되나 계속 주저하기 마련이다. 예를 들면 나는 내가 경제적 여유가 없어 제대로 된 치료를 받지 못해 '아픈 사람'인 것은 아닌가, 정확한 치료법을 찾아내어 그 치료를 꾸준히 받으면 나을지도 모르는데 '아픈 사람'을 정체성으로 받아들이는 건 너무 섣부른 짓 아닌가 하는 걱정을 늘 마음 한구석에 품고 있다. 아마 나는 이 답을 평생 알지 못할 것이다. 갑자기 하늘에서 공짜 돈이 떨어지지 않는 이상 가난하면서 아픈 사람이 자력으로 가난에서 벗어나기란 불가능하기에. 그렇다면 반대로, '만약'에 기대어 아픈 사람 정체성을 부인하는 게 더 문제가 있지는 않을까? 즉 오히려 이런 걱정이 아픈 사람으로서의 나의 현재 모습과 살아온 역사를 부정하고 나를 더 고통스럽게 만드는 건 아닐까?

게다가 내 컨디션이 변동하기 때문에 일관성이 없다고 느낀다 해도, 이 변동하는 컨디션이라는 것 자체가 나에게는 항구적인 특성이다. 그리고 이 컨디션을 타인에게 계속 설명해야 하는 상황에 놓인다는 점도, 언제 어떻게 얼마만큼 아파질지 모른다는 점도, 그래서 과거-현재-미래를 예측 가능하게 연결시킬 수 없다는 점도 아픈 사람에게는 항구적이고 일관된 특성이다. 그렇다면 일관되지 않다는 점만이 일관되는 그런 정체성이 가능할까? 이는 논모노섹슈얼, 젠더플럭스 같은 퀴어 정체성을 사유할 때도 중요한 질문이다. 이때 정체성을 고정된 불변의 범주가 아니라 그 자체로 수행적으로 구성되는 것으로 본다면, 비일관성과 유동성 자체를 정체성의 특징으로 취하는 것이 가능하다. 이는 그 정체성이 아예 근본도 없는 가짜라는 뜻이 아니다. 정체성은 자신의 정체감과 타인의 기대와 역사적 맥락과 사회문화적 요인들이 복잡하게 맞물리고 상호작용하는 가운데 형성되는 과정 그 자체라는 뜻이다.

이브 코소프스키 세즈윅은 "나는 세 살 때부터 여자를 좋아했다"는 식으로 하나의 기원을 상정해 본질적이고 객관적인 증거로 내세우려는 주류 동성애 정체성의 정치에 반대하면서, 퀴어는 일인칭에 부착되어 있을 때에만 의미가 있다고, 즉 퀴어는 자신을 퀴어라고 호명하는 바로 그 발화행위 속에서 수행적으로 퀴어가 된다고 주장한다.[43] 주목할 점은 이 정체성 선언이 모든 걸 다 아는(안다고 믿는) 주체, 독립적이고 자율적이라 상정되는 근대적 주체의 오만한 선언이 아니라는 점이다. 유동적이고 이행적이고 항상 과정 중에 있기에 모르는 길을 더듬거리며 헤쳐가면서 자기만의 지도를 만들어가는 "체험적 나 heuristic I"[44]가 그 과정에서 찾은 자신의 정체성을, 혹은 그 과정 전체를 자신의 정체성으로 호명하는 수행적인 발화행위로서의 1인칭인 것이다.

퀴어가 자신을 퀴어라고 호명하는 그 발화행위 속에서 수행적으로 퀴어가 된다면, '아픈 사람'은 왜 안 되겠는가? 사회가 규정한 장애 기준에 미달하더라도, 병원을 바꿔가며 몇 번씩 검사해도 진단명을 찾기 힘든 경우라도, 몸이 아프고 일상생활에 불편을 겪으며 이 아픈 몸과 더불어 살아가는 측면이 자기 삶에서 가장 큰 부분을 차지한다는 점은 당사자가 가장 잘 아는데, '나는 아픈 사람이다'라는 당사자의 증언은 왜 의료적이고 제도적인 기준에 의해 쉽게 무시되는가? 캐서린

본드 스탁튼Kathryn Bond Stockton이 퀴어 아이에 관한 세즈윅의 글을 분석하면서 "아이의 퀴어함에 붙는 표식들은 가지 않은 길에 대한 인식으로서 삶에 나중에야 도착한다"[45]고 말했듯 "나는 트랜스젠더 아이였다"는 명명이 그 이름을 몰랐던 유년기를 지나 살아남고서야 회고적으로 붙는 것이라면, "나는 아픈 사람이다"라는 말 또한 한창 아프고 정신없고 혼란된 시기가 지나서야, 자신이 결코 아프기 전의 나로는 돌아갈 수 없다는 것을 깨닫고 나서야, 자신이 놓인 위치가 비장애인/장애인, 건강/병의 경계를 영원히 맴도는 위치라는 걸 인정하고 나서야, 그리하여 이 아픈 몸과 어떻게 더불어 살아갈 것인가를 고민할 때에야, 비로소 회고적으로 나올 수 있는 정체성 선언인 것이다.

이러한 점에서 자신의 정체성을 명명한다는 것은 단순히 권리를 주장하는 언어도 아니고, 우리를 둘러싼 복잡한 권력관계들과 무관하게 그저 혼자 선언하면 끝나는 문제도 아니고, 모두가 따라야 하는 윤리적 처방이나 정언명령이 아니라, 오히려 "서사"에 관한 질문이다.[46] 과도기적 비-정체성으로 의심받는 모든 정체성은 기존의 경직된 정체성의 정치에 갇히지 않는 방식으로 살아지고 서사화될 수 있다. 어떤 이가 처음에는 자신이 이성애자인 줄 알았다가 나중에 바이섹슈얼로 정체화하고, 또 나중에 젠더퀴어로 정체화하게 된다고 해서 이전의 정체성이 모두 거짓인 건 결코 아니다. 우리는 자신의 정체성이 진짜 불변의 실체라거나 영구적인 본질을 갖고 있다고 주장하는 대신, 또 그런 주장에 의존해 다른 이의 정체성을 가짜로 몰아세우는 대신, 우리의 정체성을 시간의 흐름과 환경과 문화의 영향을 받으며 항상 변화에 자신을 열어놓는 가운데 더듬더듬 길을 찾아가는 동일시 '과정'으로 사유하고 이론화하고 실천할 필요가 있다. 그리고 그러한 서사 만들기는 퀴어 정체성은 물론 '아픈 사람' 정체성에서도, (퀴어 이론가 애너메리 야고스Annamarie Jagose의 표현을 빌리자면) 정체성의 정치에 대한 비판이자 정체성 개념 그 자체에 대한 협상[47]일 것이다. 우리는 이 정체성을 어떻게 협상해나갈 것인가?

04 나가며 : 아픈 사람 정체성의 함의와 효과

아픈 사람을 '정체성'으로 정립하려 한다면 검토해야 할 문제들은 많다. 일단 아픈 사람 정체성은 그동안 '장애인 정체성'이 해왔던 것과 똑같은 기능을 수행하지는 않을 것이다. 예를 들어 정체성의 정치는 그 배타적인 구분선 때문에 많은 비판을 받지만 법과 정책의 영역에서는 그러한 구분선이 필요한 측면이 있다. 따라서 기존 정체성의 정치를 지양하면서도 '아픈 사람' 정체성이라는 개념이 사법과 행정의 영역에서 어떠한 구체적인 효용성을 가질 것인가 하는 문제는 더 많은 논의를 필요로 할 것이다.[48] 또한 장애학에서 장애가 정체성일 뿐만 아니라 분석 범주이자 재현 체계로서 정립된다는 점을 고려하면,[49] 아픈 사람이라는 이름이 장애라는 분석 범주의 위상과 기능을 대체하거나 그와 별개로 작동하지는 않을 것이다. 더욱이 아픈 사람 정체성에 관한 논의는 장애학 및 운동에 통합될 수 있고 통합되어야 한다. 로즈메리 갈런드-톰슨이 페미니즘과 장애학의 통합에 대해 주장한 바와 마찬가지로, 아픈 사람의 입장을 장애학을 비롯한 학문 전반과 나아가 사회 전반에 통합하는 작업은 기존의 틀은 그대로 둔 채 거기에 아픈 사람을 포함시키는 것이 아니라 그 기존의 틀 자체를 변환시키는 작업이어야 할 것이다.[50] 이는 아픈 사람이라는 정체성을 기반으로 하는 입장론으로, 페미니즘 입장론이 주장했듯 그저 하나의 집합 안에 원소 하나를 더 보태는 문제가 아니라 세상을 바라보고 조직하고 상상하는 방식과 틀 자체를 새로이 바꾸는 문제인 것이다.

그렇다면 기존의 정체성 형성 틀에 맞춰 아픈 사람 정체성의 효용성을 논하는 대신 다른 식으로 접근해볼 필요가 있다. 로즈메리 갈런드-톰슨과 마사 S. 홈즈가 베네딕트 앤더슨의 '상상의 공동체' 개념을 전유하여 '장애인'이라는 이름을 사회·역사적으로 형성된 정체성으로서 "신체적·정신적·감정적 다양성을, 비정상성이라는 명칭으로 낙인찍혔다는 것 말고는 공통점이 그리 없을지도 모르는 사람들을 묶는 크고 다양한 하나의 집단으로 조직하는 한 가지 방식"으로 제시한 것처럼,[51] '아픈 사람'이라는 이름 또한 엄청난 다양함을 한시적으로 한 자리에 모아놓은, 사회·역사적으로 구성된 '상상의 공동체'로서 활용될 수 있을 것이다. 특히 이 상상의 공동체로서의 아픈 사람 정체성은 개인적 차원에서도 사회적 차원에서도 중요한 역할을 할 수 있다.

먼저 개인적 차원에서 아픈 사람 정체성이라는 구심점이 필요한 이유는 앞서 말했듯 정체성이란 결국은 자기 자신을 설명하는 서사이기 때문이다. 질병 서사에 관한 연구들은 질병 경험을 서사로 설명한다.[52] 아픈 사람들은 아프지 않은 사람과는 굉장히 다른 자기만의 이야기를 갖게 된다. 병은 단순히 의학적으로 정의되는 병리적 상태가 아니라, 한 사람이 살면서 자기 몸과 협상하고 타인과 관계 맺고 세계와 연결되는 커다랗고 복잡한 이야기가 되는 것이다. 이 이야기를 만들어가는 과정은 그 자체로 일종의 인정 투쟁이다. 자신을 아픈 사람으로 설명하고 아픈 사람으로 살아가려면 주변 사람들과 사회의 인정이 필요하기 때문이다. 아프다는 것을 인정받지 못한 사람들은 경제적 차원에서도 관계적 차원에서도 사회적 안전망 밖으로 버려지기 때문에 이 인정투쟁은 자주 생존과 직결된 투쟁이 된다.[53] 이 투쟁에서 실패할 경우 아픈 사람은 '혼돈 서사'[54]에 갇히게 된다. 혼돈 서사는 서사화될 수 없는 고통으로, 병으로 인한 통증과 불편, 병 때문에 막막해진 미래에 대한 불안, 병원비는 계속 들어가는데 경제활동을 하기엔 너무 아픈 탓에 계속 악화되는 재정 형편, 주변 사람들이 내가 아프다는 걸 인정하지 않거나 배려하지 않아 사회적으로 고립되는 상황 등 여러 요인이 (특히 사회적으로 주변화된 집단의 사람들의 경우) 아프기 전부터 버텨온 힘든 삶을 더욱 나락으로 떨어뜨리면서 만들어진다. 그러므로 자기 이야기를 만들어간다는 것은 신체적·정신적 고통에 잠식된 나머지 죽음으로 내몰리는 결말 대신 출구 없는 이 혼돈에서 어떻게든 기어 나와 남은 삶을 계속 살아가려는 노력이기도 하다. 그리고 크고 작은 낙인과 의심에 매양 둘러싸여 지친 삶을 살아가는 아픈 사람에게 이러한 자기 서사로서의 정체성은 거대하고 견고하고 눈부시게 빛나는 보석 같은 중핵이라기보다는, 과거와 현재와 미래의 나를 연결해서 나를 살아가게 해주는 가늘디가는 구명줄과 같을 것이다.

한편 아픈 사람을 인정한다는 것은 '그래 너는 아픈 사람이야'하고 한번 인정하고 끝나는 문제도 아니고, 주변 사람들의 양심이나 도덕에 호소해서 해결될 수 있는 문제도 아니다. 아픈 직장 동료를 배려하기 위해서는 다른 동료들이 그 동료 일까지 분담해야 하지만, 모두가 매일 과로사하기 직전까지 일해야 하는 한국의 직장문화에선 자기 일만 하더라도 건강에 위험 신호가 오기 때문에 아픈 동료를 배려해가 며 일하는 것이 불가능하다. 아픈 사람이 처음 쓰러지고 입원했을 때 야 주변 동료들이 도움을 주겠지만, 직장에 복귀하고 나서도 계속 같 은 일이 반복된다면 동료들은 점점 그 사람을 짐처럼 여기게 될 것이 다. 더욱이 노동자의 건강권을 위해 투쟁하는 인권단체 활동가들조차 자신의 건강은 전혀 돌보지 못한 채 야근과 휴일 반납을 반복하는 현 실에서는 아파서 일을 더 맡지 못하는 조직원에게 원망과 비난이 쏟 아지기 쉽고, 단체 안에서 아픈 사람의 입지는 더욱 좁아지기 마련이 다.[55] 이는 일을 맡는 노동자들끼리 협의한다고 해결될 문제가 아니다. 아픈 사람을 인정한다는 것은 아픈 사람이 다른 사람들과 함께 잘 살 아가기 위해 지속적으로 필요한 돌봄, 지원, 편의가 무엇인지를 새로 이 고민해야 하는 문제다. 지금처럼 아픈 사람이 건강한 비장애인을 중심으로 하는 이 사회에 맞추려 애쓰다가 나가떨어지거나 아픈 사람 의 주변인이 책임을 짊어지다가 결국 다 같이 소진되고 마는 개인적 인 미봉책으로 때울 게 아니라 근본적으로 다른 방식의 접근을 고민 해야 한다. 결국은 이 사회를 조직하는 기본적인 문법을 뜯어고쳐야 하는 문제인 것이다.

이런 점에서 '아픈 사람'은 사회구조에 저항하는 인식론적 실천의 거점이 될 수 있다. 아픈 사람 정체성은 '나는 아픈 사람이야. 있는 그 대로의 나를 받아들여'라는 선언으로 끝나는 게 결코 아니다. 기존의 문법으로 설명하기 어려운 정체성을 새로이 주장하고자 할 때 우리는 '있는 그대로의 나'를 주장하는 쉬운 길로 빠지고픈 유혹을 받지만, 이 선언이 출발점이 아니라 결승점이 된다면 그 어떠한 비판적 성찰도 발전도 이뤄낼 수 없다. '있는 그대로의 나'라는 언설은 내가 어쩌다가 지금의 이 '나'가 되었는지를 설명해주지 않기 때문이다. '아픈 사람' 정체성은 결코 중립적인 이름이 될 수 없다. 진단명이 붙거나 붙을 수 없는 수많은 병과 증상이 사실상 산업재해, 전쟁, 혹은 가정폭력이나 혐오폭력, 성폭력으로 인해, 혹은 그러한 위협에 복합적으로 둘러싸여 살아가면서 극도의 스트레스를 받아 생겨난 것이라면, 권력의 불평등한 구조적 모순을 오롯이 개인 혼자서 받아내고 감내하라고 강요하는 이 사회로 인해 생긴 것이라면, 내가 아프게 된 것을 과연 '있는 그대로의 나'로 설명할 수 있을까?

나는 아픈지 십여 년이 지나고서야, 갑자기 몸이 무너지기 전까지 몇 년 간 가난과 과로와 열악하고 위험한 주거 환경과 특히 연애성폭력에 지속적으로 시달렸던 경험이 내 병에 영향을 미쳤으리라는 생각을 하게 되었다. 다른 친구들과 이 주제로 대화를 나누면서 질병 경험에 성폭력이 얽혀 있는 건 나만이 아님을 발견했다.[56] 또 다른 예로 1년 전부터 폭로된 생리대 발암물질 사태만 봐도, 나를 비롯해 수많은 여성들이 다낭성 난소 증후군, 자궁근종, 자궁내막증, 심각한 생리 전 증후군과 생리통 등을 겪어오면서도 이게 생리대 때문이란 사실을 모르고 각자 고립되어 고통 받아왔다는 사실이 수많은 증언을 통해 뒤늦게 드러났다. 그리고 지금까지도 사회 전체가 생리대 문제에 무관심한 이유 중엔 이것이 남자들은 겪지 않는 건강 문제라는 점도 큰 부분을 차지할 것이다. 여성건강운동의 역사에서 우리는 이런 예를 많이 찾아볼 수 있다.

그러므로 아픈 사람 정체성에 대한 사유는 인식론적 전환과 광범위한 사회적 투쟁을 요구한다. 이 과도한 경쟁사회에서 자신이 건강하다고 자신할 수 있는 사람은 별로 없을 것이기에, '아픈 사람 정체성'이라는 말을 들었을 때 "아니 요즘 세상에 안 아픈 사람이 어디 있다고 유난이야?"라는 생각이 드는 사람도 많을 것이다. 하지만 뒤집어 생각하면, 바로 그것이 아픈 사람을 정체성으로 호명함으로써 노리는 효과이기도 하다. '요즘 안 아픈 사람이 어디 있어'라고 말하는 순간, 이 사회가 기준 삼는 건강한 비장애인이라는 이상이 강제적인 허구라는 것이 드러나는 것이다. 즉 아픈 사람 정체성은 이 사회가 건강/비-건강의 가치 위계를 자연스러운 진리이자 모두가 따라야 하는 정언명령으로 내세우고 있지만 사실상 그 이면에서는 그러한 가치 기준에 맞지 않는 사람들을 가혹하리만큼 배출하고 있다는 점을 폭로한다. 또한 세상에 안 아픈 사람이 없을 정도로 다들 구조의 문제점을 사무치게 몸에 새기고 있음에도 이 사회가 그것을 개개인이 알아서 챙겨야 할 개인 건강 문제로 환원하게끔 조장함으로써 권력구조로 인한 피해를 개인에게 전가하고 그로써 이 불평등하고 불합리한 권력구조를 영속시키는 방식을 폭로한다. 따라서 아픈 사람 정체성에 대한 진정한 인정은 단지 개인 관계에서 이뤄지는 협상과 배려만으로 해결될 문제가 아니라, 사람의 가치를 오직 노동 생산성으로만 평가하며 사람을 쓰고 버리는 소모품 취급하는 자본주의 체계와, 건강/비-건강을 선/악의 이분법[57]과 쓸모 있음/쓸모 없음의 이분법으로 재단하는 도덕적 가치체계의 공모에 맞서 싸우는 거대한 투쟁을 필요로 한다.

　정리하자면 아픈 사람 정체성은 당사자에게는 생존에 필요한 이름이자, 나아가 세상을 재편하기 위한 비판적 출발점으로 기능할 수 있다. 이 글은 '아픈 사람을 정체성으로 사유할 수 있는가'라는 화두를 통해 아픈 사람의 특수한 처지를 계속 부인하는 이분법적 가치체계들을 문제 삼고, 아픈 사람을 기능적으로도 도덕적으로도 나약하고 쓸모 없는 존재로 치부하는 낙인에 맞서 아픈 사람을 오롯이 인정하고 사회에 통합할 것을 요구한다. 아픈 사람을 낙인 없이 정체성으로 인정하기 위해서는 우리의 능력, 시간성, 생산성, 인간의 가치를 규정하는 기존의 이데올로기들에 맞서는 어려운 싸움을 벌여야 한다. 퀴어장애학자 로버트 맥루어와 애비 윌커슨Abby L. Wilkerson이 장애인을 세계화라는 미명 아래 신자유주의적 자본주의와 제국주의와 군국주의가 재생산하는 불평등과 전쟁(그리고 내가 덧붙이자면 가부장제와 시스젠더 이성애 중심주의[58])에 맞서는 투쟁의 선봉으로 재개념화했듯,[59] 나는 그 자리에 아픈 사람들이 함께 할 수 있다고 주장하는 바이다. 아픈 사람들에 대한 이러한 논의는 장애 정치가 지향하는 근본적인 접근성 쟁취와 사회 통합을 위한 길이라는 점에서 장애학 및 운동과 충분히 연대할 수 있다. 즉 장애와 질병이 인종·계급·민족·젠더·성적 지향 등 기존의 권력구분선을 따라 어떻게 차별적으로 생산되고 어떻게 차별적인 가치를 부여받는지, 왜 어떤 질병 및 장애는 정체성으로 인정받거나 의료적이고 법적인 지원을 받을 가치가 있다고 여겨지는 반면 다른 어떤 질병 및 장애는 그렇지 못한지, 어떤 위치에 있는 이들의 질병 및 장애는 중시되고 의료적·법적·사회적 지원을 받는 반면 다른 어떤 이들은 그렇지 못한지를 비판적으로 성찰하고 대안을 모색하는 과업을 함께 수행할 수 있고 해야 한다. 결국 아픈 사람을 정체성으로 사유하는 작업은 무엇이 쓸모 있고 쓸모없는 것인지를 구별하는 가치 체계를 재편함으로써 (주디스 버틀러가 자신의 저작 전체에서 요청했던) '인간'의 범주를 급진적으로 재사유하는 과업인 것이다.

물론 이는 아프기만 하면 그 위치에서 자연스레 사회를 변혁시킬 힘이 나온다는 주장이 아니다. '아픈 사람'을 하나의 정체성으로 사유하는 것이 정치적 힘을 가질 때는 그 위치에 놓임으로써 비로소 사회를 지배하는 비장애 중심주의와 건강중심주의에 대한 비판과 대안을 성찰할 수 있게 될 때에 한에서일 것이다. 그러나 이는 교조적으로 올바름을 재단하자는 뜻은 아니다. 아픈 사람의 경험을 다룬 기존 논의들은 아픈 사람들의 목소리가 더 많이 널리 유통되어야 한다는 제언으로 마무리되는 경향이 있지만 그것만으로는 충분치 않다는 뜻이다. 아픈 사람들이 아픈 위치에서 어쩔 수 없이 체득하게 되는 관점·통찰·지식이 순수하게 주류 규범을 전복시키는 대항 담론인 것은 아니다. 이 또한 병리화 담론과 건강관리 담론에 포획되기도 하고 그 틈새를 비집고 나오기도 한다.[60] 어떤 게 전복이고 어떤 게 순응이라고 섣불리 결론 내리기 전에, 우리는 이러한 복잡성과 모순을 계속해서 새로이 협상하는 역동적인 과정에 주목해야 한다. 아픈 사람들은 세상을 달리 보는 관점을 얻게 되었다 하더라도, 여전히 건강한 비장애 신체를 '정상'으로 기준 삼는 사회 속에서 아픈 몸으로 살아가느라 어렵고 곤란한 상황을 헤쳐 나가며 휘청거린다. 퀴어 이론가들이 지적하듯 완벽한 권력에의 순응도 완벽한 저항도 없다면, 다양한 목소리들이 들리게 하는 건 오직 시작일 뿐이고, 이야기가 발화되는 위치와 차이와 다양성과 맥락을 더 섬세하게 살펴보면서 당사자의 목소리로 대안적인 인식 틀을 만들 방법을 치열하게 모색해나가야 할 것이다.

　그런 점에서 아픈 사람을 정체성으로 사유하자는 것은 반드시 자긍심만을 강조하여 부정적인 측면을 모두 탈각해버린 살균된 정체성을 내놓는 문제가 아니고, 단순히 수치심을 자긍심으로 바꾸자는 제안도 아니다. 아픈 사람을 정체성으로 사유한다는 것은 '나는 아픈 사람입니다'라고 밝힐 때의 그 낯부끄러운 감정까지 함께 사유한다는 의미이기도 하다. 건강한 비장애인 기준으로 노동하길 요구받는 순간에 저 고백을 할 때 느끼는 미안함과 자괴감도, 혹은 그런 순간에 일자리를 잃지 않기 위해 아픈 사람임을 고백하지 못할 때 느끼는 착잡함과 앞날에 대한 걱정도, 내 몸이 내 의지와 업무 일정에 저항하며 번번이 내가 설계한 미래를 망가뜨릴 때의 절망도, 통증에 잠식되는 순간이 길어질 때 느끼는 불안함과 두려움도, 항상 나 자신이 쓸모없는 존재 같다는 처량한 느낌도, 함께 사유하려는 것이다. 아픈 사람을 무조건 부정적인 존재로 그리는 주류 담론에 맞서 아픈 사람으로 살았기에 내가 얻을 수 있었던 통찰과 대안적인 가치관과 삶과 죽음에 대한 겸손 등 긍정적인 측면을 주장하면서도, 이런 것들을 이야기한다는 게 반드시 아픔과 더불어 사는 내 삶의 부정적인 측면을 덮어 가린다는 의미가 아닐 수 있다는 것을 함께 논하고자 하는 것이다. 아픈 사람을 정체성으로 사유한다는 것은 우리가 받아들이고 싶지 않고 외면하고 싶은 두려운 삶의 측면을, 가장 부정적이고 가장 상처받기 쉽고 죽음과 가까운 측면을 내 삶의 일부로 받아들인다는 의미이기도 할 것이다. 우리는 이에 대해 더 많은, 불편한 대화를 나눠야 한다.

1. 이 글은 2017년 8월 20일에 열린 제2회 비사이드 포럼 〈경계를 사유하다〉에서 강연한 내용을 바탕으로 연세대 인문학연구원에서 발간하는 『인문과학』 제111집에 실은 논문을 다듬은 것이다. 전혜은, 「'아픈 사람' 정체성을 위한 시론」, 연세대 인문학연구원 편, 『인문과학』 111집, 2017, 213-259쪽.

2. 여기서의 '아픈 사람'은 영어의 the ill에 해당되는 의미로, 페미니즘 장애학자 수잔 웬델의 정의에 의존했다. 수잔 웬델은 「건강하지 않은 장애인」에서 '아픔(illness)'을 "사람이 경험하는 고통 · 한도 그리고/또는 기능 상실을 의미하는 말"로 정의하면서 "신체적 또는 정신적 '비정상' 중 일부 의학적으로 인정받는 진단범주들을 가리키는 말"인 '질병(disease)'과 구별한다(163쪽). 또한 웬델은 아픔과 대비되는 건강을 "몸 상태와 기능적 한도가 상대적으로 안정되어 있고 미래에 어떨지 미리 예측 가능한" 상태로 느슨히 정의한다(162쪽). 웬델에게 '건강한 사람들'은 평생 완벽하게 아픈 곳 하나 없는 사람들은 아니지만, 기능적인 한도나 통증이 있다 하더라도 어느 정도 안정되어 있어서 삶이 그런 것들에 휘둘리지도 않고 그런 것들 때문에 병원을 찾게 되지도 않는 사람들을 일컫는 이름이다. 한편 웬델은 만성질환(chronic illnesses)을 "6개월 내에 낫지 않고, 확실하게 치료될 수 없고, 환자를 언제든 곧 죽이지는 않는 질환"으로 정의한다(163쪽). 물론 웬델은 만성질환에 대한 모든 논의는 진단이나 질병 분류체계보다는 환자와 아픔을 중심에 놓아야 한다고 생각한다. 질환이 있는지에 대한 진단과 급성질환이냐 만성질환이냐를 구분하는 기준은 그 자체로 의학의 발전, 환자의 상태, 각종 사회정치적 맥락에 따라 변화할 수 있기 때문이다. 이러한 점을 종합하여 웬델은 "의료 조치나 감독을 연장할 필요가 있을 때, 또는 치료에 대한 합리적인 기대 따위가 남아있지 않기 때문에 환자가 재발을 두려워해야 할 때, 질환이 만성적인 진정 국면으로 접어든 것"(164쪽)으로 만성질환의 잠정적인 정의를 내린다. 수잔 웬델, 「건강하지 않은 장애인」, 전혜은 옮김, 여성문화이론연구소 편, 『여/성이론』 27호, 2012, 158-185쪽.

3. 수잔 웬델, 『거부당한 몸: 장애와 질병에 대한 여성주의 철학』, 강진영 · 김은정 · 황지성 옮김, 그린비, 2013, 202쪽.

4. 국민건강보험공단 사이버민원센터 참조.
http://minwon.nhis.or.kr/menu/retriveMenuSet.xx?menuId=MENU_WBMAC0216 (검색일: 2017. 10. 29).

5. 아서 프랭크, 『몸의 증언: 상처 입은 스토리텔러를 통해 생각하는 질병의 윤리학』, 최은경 옮김, 갈무리, 2013. remission society는 한글판에서는 '회복 사회'로 번역되었지만 이는 잘못된 번역이다. 이 용어는 의학의 기준에서는 일단 병의 진행이 멈췄거나 관리에 성공하였지만 완치된 것은 아니라서 계속 병을 관리해야 하는 사람들, 혹은 의학적 치료로는 더 이상 해줄 게 없다는 의미에서 '회복'되었다고 간주되지만 여전히 몸의 불편함 및 통증과 더불어 살아가야 하는 사람들을 하나의 집단으로 범주화하는 개념이기 때문이다.

6. 위의 책, 49-50쪽.

7. 또 다른 한편 아픔은 '마음이 아프다'는 문구처럼 통증과 무관하게 보다 일상적인 은유로 사용되기도 하기에, 내가 이 글에서 논의하고자 하는 상태 내지 정체성을 담기엔 '아픔'이란 표현이 부적절하지 않나 의아해하는 독자도 있을 것이다. 하지만 사실 정신적 아픔과 신체적 아픔은 그리 딱 잘라 구분되지 않는다. 정신질환으로 아픈 사람은 괴로움 내지 고통(suffering)과 통증 내지 고통(pain)을 동시에 겪기도 하고, 신체질환으로 아픈 사람은 몸의 고통으로 인해 정신적인 고통을 겪기도 한다. 여기서 통증, 고통, 괴로움을 suffering과 pain 각각에 명확히 연결시켜 번역어를 정하지 못한 이유는 그러기 위해서 다양하고 더 깊이 있는 논의가 필요한데 이는 이 글의 범위를 벗어나는 작업이기 때문이다. 더욱이 최근 연구에 따르면 우울증일 때 느끼는 고통과 신체를 다쳤을 때의 고통이 생리적으로 같은 신경전달물질의 기전에 연관되어 있다고 한다(멜라니 선스트럼, 『통증 연대기』, 186쪽). 즉 심신의 아픔을 나타내는 이런 용어들은 어떤 게 정확히 신체적 차원에만 한정되고 어떤 게 정확히 정신적 차원에만 한정된다고 확답하기 어렵게 서로 겹쳐지는 측면이 있는 것이다. 게다가 '마음이 아프다'는 일상적인 은유에서조차, 마음이 심각하게 아플 때 소위 '화병 자리'라고 부르는 가슴 한 가운데 뼈에 욱신거리는 통증이 일어난다는 점을 생각하면 아픔이 비유로 자리 잡게 된 데에는 통증의 경험이 기초가 되었으리라 추측해 볼 수 있다. 일례인 스케어리는 The Body in Pain: The Making and Unmaking of the World에서 pain이

단순히 신체적 고통에만 한정되는 것이 아니며 신체적인 차원과 정신적 차원의 고통이 어떻게 밀접하게 엮여 서로를 구성하는지를 통찰력 있게 논증한 바 있다. 관련 논의는 다음을 참조하라. Elaine Scarry, *The Body in Pain: The Making and Unmaking of the World*, New York: Oxford Univ Press, 1985; David B. Morris, *The culture of pain*, Berkeley, Calif.: University of California Press, 1993(original 1991); 손봉호, 『고통 받는 인간 : 고통문제에 대한 철학적 성찰』, 서울대학교출판부, 1995; James M. Humber and Robert F. Almeder, eds. *What is disease?* Totowa, N.J.: Humana Press, 1997; 멜라니 선스트럼, 『통증 연대기』, 노승영 옮김, 에이도스, 2011.

8. Eli Clare, "Freaks and Queers", *Exile and Pride: Disability, Queerness and Liberation*, Cambridge, MA.: South End Press, 1999, pp. 67-102. 이 책은 곧 한글판이 출간된다. 일라이 클레어, 『망명과 자긍심』, 전혜은, 제이 옮김, 현실문화, 근간.

9. 다음의 용어를 번역한 것이다. 핸디캡(handicapped), 장애인(disabled), 병신(cripple), 절름발이(gimp), 지진아(retard), 다른 능력이 있는 사람(differently abled), 신체적으로 어려움을 겪는 사람(physically challenged), 프릭(freaks). cripple을 '불구자'로 번역하는 경우도 있으나 웬델의 『거부당한 몸』에서 역자 강진영·김은정·황지성은 cripple을 '병신'으로 번역한다(웬델[2013], 앞의 책, 153쪽). gimp는 18세기엔 부랑자들의 내부자 용어로, 20세기엔 장애인들의 내부자 용어로 사용된 역사가 있으며(Clare[1999], op. cit., p. 68) 일반적으로 보행 장애 상태를 기술하는 단어로 받아들여지는 반면 cripple은 지금도 굉장한 모욕의 언어로 받아들여진다는 점(2016. 12. 30. 미국에서 활동하는 퀴어 연구자 이조 님과의 대화)을 유념하여 나는 이 번역어를 따랐다.
한편 페미니즘 장애학자 로즈메리 갈런드-톰슨의 Extraordinary Bodies: Figuring Physical Disability In American Culture And Literature (New York: Columbia University Press, 1997)의 한글판 『보통이 아닌 몸: 미국 문화에서 장애는 어떻게 재현되는가』(그린비, 2015)에서 역자 손홍일은 freak을 '기형인간'으로 번역한 바 있다. 그러나 '퀴어(queer)'처럼 freak은 타자들에게 가해진 차별과 혐오의 역사를 짊어진 용어일 뿐 아니라 그 이름으로 불리던 당사자들이 낙인에 맞서 자긍심의 이름으로 바꿔온 역사 또한 담고 있는 용어이기에, '기형인간'이라는 번역은 이 후자의 저항역사를 담아내기엔 적절하지 못한 번역어이다. 장애인, 유색인종, 성소수자들이 인간이 아닌 존재로 차별받고 착취당하고 전시되었던 프릭 쇼(freak show)의 역사를 서술하는 용어로 한정할 때는 '기형인간'이라는 번역어가 적절해 보일 수도 있겠으나, 비장애인이 아닌 사람이자 성소수자로서 나는 나를 '기형인간'이라고 칭할 마음이 전혀 없다. 누군가 나를 '기형인간'이라고 부른다면 나는 굉장히 화날 것 같다. queer를 '퀴어'로 음역하는 관행이 정착된 것처럼, 나는 freak을 '프릭'으로 음역하자고 제안하는 바이다. 두 용어 모두 고통의 역사를 증언하는 이름이자 그러한 역사에서 살아남아 명예에 결부된 차별적인 가치 위계에 정면으로 맞서기 위해 당사자들이 되찾은 자긍심의 이름으로써, 이러한 양가성은 그 용어와 관련된 이들에게 수많은 복잡한—마음이 착잡한—의미로 다가온다(일라이 클레어는 "Freaks and Queers"에서 그러한 착잡함을 세심하게 풀어낸다 (Clare[1999], op. cit.). 해외의 성소수자와 장애인들이 투쟁으로 재전유한 역사적 용어를 한국에 들여와 번역어를 정할 때는 신중할 필요가 있다. 나는 프릭이 한국에서 바로 당사자 용어로 기능할 수 있다고 주장하려는 것도 아니고, 소리 나는 대로 옮겨 적는 방식의 번역이 모든 문제를 다 해결해준다고 주장하려는 것도 아니다. 다만 당사자 용어를 수입해서 사용할 때엔 그 용어가 있던 곳에서의 역사성과, 그 용어를 한국으로 수입함으로써 생겨나는 역사성의 단절이 낳는 새로운 예기치 못한 효과와, 그 용어를 한국어로 새로이 번역하거나 그대로 음차(音借)할 때 발생하는 각각의 효과와, 그 용어가 한국에서 사용되며 쌓이는 역사적 의미에 대한 탐구가 필요하다. 나는 여기서 일단 음차 방식을 제안하고 있지만, 이 제안이 번역자의 책임 방기가 아니라 외국의 당사자 용어를 한국에 수입할 때 그 당사자성과 역사성의 문제를 함께 고민하는 계기가 되길 바란다.

10. David T. Mitchell and Sharon L. Snyder, "Introduction: Disability Studies and the Double Bind of Representation", *The Body and Physical Difference: Discourses of Disability*, eds. David T. Mitchell and Sharon L. Snyder, the University of Michigan Press, 1997, pp. 1-26.

11. *ibid.*, p. 3.

12. 특히 스물네 살 무렵부터 급격히 건강이 악화된 내 경우엔 나이든 사람만이 만성질환에 걸린다는 이 잘못된 통념 때문에 병과 함께 하는 삶이 더욱 고통스러웠고 쉽게 고립되곤 했다. 이런 통념은 젊어서 아픈 사람들을 꾀병 부리는 게으른 존재나 의지박약한 존재로 치부하면서 그 사람이 아프다는 사실 자체를 의심하는 분위기를 조성한다. 이는 대중교통 같은 공간에서 종종 노골적인 폭력의 형태로 나타난다. 젊어서 아프게 된 사람들의 경험 연구는 다음을 보라. 전희경, 「젊은' 여성들의 질병 이야기와 시간 다시-읽기」, 한국여성학회 편, 『한국여성학』 31권 1호, 2015, 201-242쪽.

13. 병리화 개념의 정의와 작동 방식에 대한 설명은 이 책에 함께 실은 나의 다른 글 「장애와 퀴어의 교차성을 사유하기」를 보라.

14. Jan Grue, *Disability and Discourse Analysis*, Farnham, Surrey: Ashgate, 2015.

15. 1970년대 영국 장애학 및 운동에서 등장하여 지금도 많은 나라에서 장애운동의 기조로 삼고 있는 장애의 사회적 모델은 장애에 대한 의료화된 접근을 비판하면서 등장했다. 장애에 대한 의료적 모델이라 불리는 이 접근에서 장애는 개인의 결함 내지 불행으로, 치료하거나 삭제되어야 할'의료적인 문제로 환원된다. 이러한 프레임에 대항하여 장애에 대한 사회적 모델은 장애를 개인적 문제가 아닌 사회적인 문제로 재설정한다. 장애는 인간 몸의 수많은 다양한 차이 중 특정 몸만을 '정상'으로 설정하여 구축된 사회 구조가 야기하는 것으로, 손상이 있는 사람들을 장애인으로 만드는 것은 손상 그 자체가 아니라 그들이 접근할 수 없는 건축 환경, 생산성에만 초점을 맞춘 가혹한 노동환경, 그들을 향한 차별적 태도, 그들을 열등하고 결함 있는 존재로 규정하여 억압하고 배척하는 비장애 중심주의다. 따라서 장애 문제는 사회정치적인 변화를 통해 해결되어야 한다고 본다. 장애의 사회적 모델은 장애인권운동과 장애이론을 발전시키는 데 커다란 기여를 해왔다. 그러나 의료적/사회적 모델 이분법의 경직성에 대한 비판이 장애학 안에서도 꾸준히 제기되어왔다. 예를 들어 톰 셰익스피어는 이 이분법이 영국 장애학의 가장 핵심적인 특징으로 받아들여지고 있으나 사실상 사회적 모델과 별개로 구분되고 대립되는 단일한 의료적 모델이란 없음을 논증한다. 장애를 의료화하는 위험한 접근이 있는 것은 사실이지만 의료적인 접근을 모조리 사회적 모델과 대립되고 따라서 장애에 해로운 '의료적 모델'로 규정하는 태도는 지속적인 의료적 지원을 필요로 하는 아픈 장애인들을 도외시할 위험이 있다는 것이다(톰 셰익스피어, 『장애학의 쟁점: 영국 사회모델의 의미와 한계』, 이지수 옮김, 학지사, 2013, 35-42쪽).

16. Grue(2015), *op. cit.*, p. 54.

17. *ibid.*, p. 123.

18. 커밍아웃이 자신의 소수자 정체성을 공식적으로 선언하는 것이라면 패싱은 지배 문화가 그 사람을 읽어 들이는 방식을 따른다는 의미로 사용된다. 그러나 수잔 웬델과 엘렌 사무엘스는 비가시적인 손상을 가진 사람들에게 커밍아웃과 패싱이 복잡하게 얽혀 있다는 점을 지적한다. 한편으로 비장애인으로 패싱이 가능하다는 점은 비장애인 중심 사회에서 다른 장애인들보다 어느 정도 특권을 누릴 수 있고 더 많은 선택지를 가질 수 있다는 의미가 된다(웬델[2013], 앞의 책, 151쪽). 따라서 특히 가시적 장애 중심의 장애 운동 및 공동체들은 패싱을 매우 부정적으로 해석한다. 즉 비가시적 장애인이라면 모두 패싱을 선호하는 변절자고, 패싱은 낙인이 싫어 장애인 정체성을 거부하고 비장애 중심 사회에 동화되길 갈망하는 신호라고 여기는 것이다(Ellen Samuels, "My Body, My Closet: Invisible Disability and the Limits of Coming-Out Discourse," GLQ: The Journal of Lesbian and Gay Studies, Vol.9, No.1-2, 2003, p. 240). 그러나 다른 한편 비가시적 장애인들에게 이 패싱은 강요되는 것이기도 하다. 웬델은 페미니즘 철학자인 크리스틴 오버롤이 바이러스성 관절염으로 진단받은 사례를 인용하는데, 오버롤은 아픈 동안 스스로를 장애인으로 정체화했음에도 "'정상인으로 패싱하라'는 강력한 압박을 경험했다." "사람들은 그녀의 질환을 가벼이 여기고 무시하고 부정하면서, 그녀에게 병을 극복하라고 재촉해댔다"(웬델[2012], 앞의 글, 165쪽). 따라서 비가시적인 손상을 가진 사람들에게 패싱과 커밍아웃은 대립되는 개념으로 경험되지 않는다. 이들이 장애인으로 '커밍아웃'한들 그 정체성 선언은 쉽게 의심받는다. 또한 이들이 자신의 의사와 무관하게 '정상인'으로 읽혀짐으로써 누리게 되는 일정 수준의 '특권'과, 그러한 패싱 때문에 오해를 받으며 겪는 내면적인 불화 그리고 아파서 필요한 자원을 박탈당하는 불이익은 항상 복잡하게 뒤얽혀 있다.

19. Robert McRuer and Anna Mollow, "Introduction", *Sex and Disability*, eds. Robert McRuer and Anna Mollow, Durham and London: Duke University Press, 2012, p. 19.

20. 웬델(2012), 앞의 글, 158-161쪽 참조. 한편 페미니즘 장애 학자 및 활동가들은 대표적인 장애인 이미지가 '남성'이라는 점도 비판한다. 코벳 조안 오툴은 휠체어를 탄 건강한 남성(백인, 아마도 이성애자) 이미지를 "신화적인 장애인 남성"이라 부른다. 다른 사회 영역과 마찬가지로 장애학계 및 운동 판을 지배하는 이들은 백인 중산층 남성이고 운동의 발전으로부터 가장 많은 이익을 얻은 이들도 이 "신화적인 장애인 남성에 가장 잘 일치하는 사람들"이다. 역사적으로 장애운동의 초기와 변동기마다 활발히 활동한 것은 "여성, 유색인종, 게이와 레즈비언 등 스테레오타입에 딱 들어맞지 않는 타자들"이었으나 이들의 기여는 공적인 인정도 보상도 받지 못하고 기록에서 잊혀져왔다는 것이다(Corbett Joan O'Toole, "The Sexist Inheritance of the Disability Movement", Gendering Disability, eds. Bonnie G. Smith and Beth Hutchison, New Jersey and London: Rutgers University Press, 2004, pp. 294-295).

21. 국민연금공단 장애심사센터가 2016년에 발행한 『장애등급별 장애인 복지혜택』에 따르면 국가의 복지혜택을 받는 장애 등록 유형은 다음과 같다. 1.신체적 장애(외부 신체기능): 상지절단 장애/하지절단 장애/상지관절 장애/하지관절 장애/상지기능장애/하지기능장애/척추장애/변형장애/뇌병변장애/시각장애/청력장애/평형기능장애/언어장애/안면장애. 2.신체적 장애(내부 기관): 신장장애/심장장애/간 장애/호흡기장애/장루요루장애/뇌전증장애. 3.정신적 장애: 지적장애/자폐성장애/정신장애. 『장애등급별 장애인 복지혜택』의 온라인 배포본은 다음의 주소에서 받을 수 있다. http://www.ableservice.or.kr/commons/pdf/benefit.pdf (검색일: 2017. 10. 29)

22. 2016년 2월 14일 '아픈 여자들 수다모임'에서 반다 님의 이야기. '아픈 여자들 수다모임'은 내가 2014년 한국여성민우회 건강강좌에서 했던 강연을 통해 인연을 맺게 된 이들과 꾸린 모임으로, 한 달에 한 번 만나 각자의 아픈 이야기를 나누는 것이 목적이었고 나중에 책을 낼 생각으로 꾸준히 녹음도 하였으나 구성원이 다 아픈 까닭에 자주 못 만나다 구성원의 건강 악화로 멈춰있는 상태이다. 함께 나눈 이야기 일부를 언급할 수 있게 허락해준 반다 님과 가온 님께 감사드린다.

23. 더욱이 비가시적인 만성질환의 경우 새로운 사람을 만나고 새로운 환경에 들어갈 때마다 매번 자신의 아픔을 밝히고 협상해야 하는 일이 반복된다. 엘렌 사무엘즈는 이를 "~에게 커밍아웃하다(coming out to someone)"라고 개념화한다(Samuels[2003], *op. cit.*, p. 237). 만성질환 및 비가시적 장애가 있는 사람들에게 커밍아웃은 한 사람의 삶을 커밍아웃 이전과 이후로 나누는 일회성 사건이 아니라, 매순간 다양한 맥락에서 다른 사람들에게 계속해서 자신의 손상을 드러내고 설명하고 설득해야 하는 반복적인 과정이다. 이는 소수자적 특성이 신체에 가시적으로 드러나지 않는 이들에겐 공통된 경험으로, 퀴어의 커밍아웃도 마찬가지이다. 이브 코소프스키 세즈윅은 이성애 중심주의가 너무도 강력한 사회에선 모든 사람이 당연히 이성애자로 간주되기에 새 직장 상사며 사회복지사, 대출담당자, 집주인, 의사며 길에서 마주치는 모든 사람들에게 매번 일일이 자신이 동성애자임을 밝히지 않는 한 이성애자로 여겨진다는 점을 지적한다(Eve Kosofsky Sedgwick, *Epistemology of the Closet*, Berkeley and Los Angeles: University of California Press, 1990, p. 68). 이런 점에선 비가시적인 장애를 가진 만성질환자의 경험은 가시적인 장애인보다는 성소수자의 경험과 유사한 측면이 있다.

24. 2016년 2월 14일 '아픈 여자들 수다모임'에서 내가 아픈 사람 정체성이란 화두를 내놓았을 때 가온 님이 하신 이야기.

25. 물론 미국에서는 여성건강운동과 유방암운동, 에이즈 운동의 역사가 있다. 다만 이런 운동에서 아픈 사람에 부과된 낙인과 결별하는 방식은 장애 운동 및 정치와 그다지 밀접한 관계를 맺지 못하고 따로 발전된 경향이 있다. 일례로 여성건강운동 관련 핵심 문헌을 모은 선집 *Voices of The Women's Health Movement*에선 1-2권 전체를 통틀어 '장애' 개념이 등장하지 않는다(Barbara Seaman and Laura Eldridge, eds. *Voices of The Women's Health Movement*, New York: Seven Stories Press, 2012). 한편 한국에서 아픈 사람들이 어떠한 공통된 낙인이나 사회적 괴로움을 겪는가에 관한 연구는 아직 부족한 실정이다. 아픈 사람이 겪는 사회적 낙인이 존재한다는 생각조차도 한국에서는 잘 받아들여지지 않는다. 기

혼 이성애자 여성을 여성 전체와 개념적으로 등치시킨다는 문제가 있긴 하나 아픈 여성들의 일상적 경험에서 드러나는 사회적 낙인을 분석한 연구는 다음을 보라. 백영경, 「아픈 몸에 대한 사회적 낙인은 어디에서 오는가」, 한국문화융합학회 편, 『문학과 언어』 39권 3호, 2017, 193-224쪽.

26. 웬델(2012), 앞의 글, 158, 166쪽.

27. 그러한 이름을 시민권의 견지에서 하나의 새로운 정체성으로 분석한 논의는 다음을 보라. 강양구, 채오병, 「21세기 생명정치와 시민권의 변동: 글리벡 정체성의 탄생」, 비판사회학회 편, 『경제와 사회』 97호, 2013, 39-64쪽. 이 논문은 한국의 백혈병 환자들이 신약 글리벡의 수입과 가격인하를 주도했던 과정을 분석하여 백혈병 환자들이 "생명공학이 낳은 신약 글리벡을 매개로 과거와는 다른 새로운 정체성"을 가진 주체로 탄생하였다고 평가하며 이 정체성을 "글리벡 정체성"이라 부른다(39쪽). 다만 그 논문에서는 정체성을 시민권과 같은 개념으로 놓기에, 지금 이 글에서 탐색하는 정체성보다 범위가 한정되어 있다.

28. 2016년 2월 14일 '아픈 여자들 수다모임'에서 반다 님과의 대화.

29. 선스트럼(2011), 앞의 책, 177쪽.

30. Diane Price Herndl, *Invalid Women: Figuring Feminine Illness in American Fiction and Culture*, 1840-1940, Chapel Hill: University of North Carolina Press, 1993, pp. xi-xii.

31. Anne Werner and Kirsti Malterud, "It's Hard Work Behaving as a Credible Patient: Encounters Between Women with Chronic Pain and Their Doctors," *Social Science & Medicine*, Vol.57, No.8, 2003, pp. 1409-1419; 선스트럼(2011), 앞의 책, 177-178쪽에서 재인용.

32. 비체 개념 자체에 대한 설명은 다음을 참조. 전혜은, 『섹스화된 몸 : 엘리자베스 그로츠와 주디스 버틀러의 육체적 페미니즘』, 새물결, 2010. 보다 쉬운 설명은 전혜은, 『퀴어 이론 산책하기』(여이연, 근간) 2장 참조.

33. 다만 비-비장애인이라는 명칭은 통증과 아픔을 수반하지 않으면서 국가 공인 장애로 등록되기엔 자격 미달의 상태인 사람들(예를 들어 통증을 동반하지 않는 노출된 안면부의 변형이 30% 미만인 사람들)에게 유용할 수도 있을 것이다. 또 다른 예로, 소위 '비만'으로 분류되는 사람들에게도 유용할 것이다. 이들은 비만을 병리적인 것으로 취급하는 사회에서 '건강한 비장애인'이라는 정상성의 위치에서 쫓겨나 있지만, 자신을 장애인으로도 비장애인으로도 완벽히 설명하지 못하는 경계에 놓여 있다. 또한 손가락 등 신체부위가 사고로 절단되었다가 접합수술을 받은 뒤 신경이 다 이어지지 않아 통각을 느끼지 못하게 되었지만 움직이는 데 커다란 불편은 없는 사람(2016.12.30. 이조 님과의 대화)은 장애인이나 비장애인 어느 쪽에도 정확히 들어맞지 않지만 '아픈 사람'에도 해당하지 않는 경우일 것이다. 이들은 통증의 문제를 정체성의 핵심 문제로 겪진 않는다는 점에서 이 글에서 초점을 맞춘 '아픈 사람'과 인식론적 층위가 다르다.

34. 예를 들어 2017년에 SNS에서 일어났던 논쟁 중엔 '기부 거지' 논쟁이 있었다. 가정폭력으로 인해 빈곤의 끝자락에 내몰렸지만 폭력을 휘두르고 가정의 수입을 모두 갈취하는 아버지가 멀쩡히 살아있기 때문에 기초수급권자 자격을 얻지도 못하고, 자격을 얻었다 한들 아버지에게 다시 뺏기는 자식들(주로 청소년)이 SNS상에서 도움을 호소하는 경우가 종종 있었는데, 이들에게 금전적 도움을 보내는 사람이 있었던 반면 정말로 기부를 받아도 되는 '거지'인지를 따지겠답시고 신상정보를 캐고 집요하게 사이버불링하는 사람들도 많았다. SNS에 도움을 청한 사람 중에 기부금 중 4만원 미만의 금액을 '생필품이 아닌 기호품에 썼다는 이유로 온갖 지탄을 받고 기부금을 전부 토해내라는 요구를 받는 사건도 일어났다. '객관적으로' 납득시킬만한 증거를 내놓지 못하는 사람들, 제도적 승인 기준에 들어맞지 않는 사람들은 이 가혹한 폭력에서 살아남기 위해 끝없이 자신이 너무 아프고 너무 가난하다는 걸 구차하게 증명해야 하는 상황에 처한다. 즉 불쌍한 타자의 위치에라도 있게 해달라고 계속해서 구걸하는 방식으로 자신의 실존을 증명해야하고 남들의 검열에 맞춰 생존만 겨우 허락받는 것이다.

35. 이 단락에서 정리한 바이섹슈얼의 경험은 '바이포비아(biphobia)'로 명명된다. 바이섹슈얼 활동가 및 연구자들은 바이섹슈얼인 사람들이 이성애자 공동체에서도 동성애자 공동체에서도 차별과 억압을 받고 문란한 존재나 공동체의 배신자로 취급당하고 바이라는 정체성 자체를 부정당하는 상황을 '바이포비아'로 규정하고, 이러한 포비아가 당사자들에게도 내면화되어 그들의 건강과 심리적 안녕에 악영향을 끼친다고 주장한다. 예를 들어 다음을 보라. Robyn Ochs, "Biphobia: It goes more than two ways", *Bisexuality: The psychology and politics of an invisible minority*, ed. B. A. Firestein, Thousand Oaks, CA: Sage Publications, 1996. pp. 217-239. 한국에서 바이섹슈얼 이슈와 관련한 논의로는 바이섹슈얼 당사자 모임 '바이 모임'에서 발행해온 웹진이 있다. 2014년부터 2017년까지 당사자들의 목소리가 담긴 총 네 개의 웹진이 배포되었다. http://bimoim.tistory.com/(검색일: 2017.06.16). 「여성 혐오가 어쨌다구?: 벌거벗은 말들의 세계」(윤보라 외 지음, 현실문화, 2015)에 실린 루인의 글 「혐오는 무엇을 하는가: 트랜스젠더퀴어, 바이섹슈얼 그리고 혐오 아카이브」도 보라.

36. 해체라는 분석 틀을 제시한 프랑스의 철학자 자크 데리다는 해체(deconstruction)가 해체할 대상의 실존을 부인하거나 죄다 없애버리겠다는 뜻이 아니라 그 대상을 당연시하던 토대로부터 떼어내어 다시 위치시키는(resituate) 작업을 의미한다고 설명한다(Jacques Derrida, "Deconstruction and the Other", *Dialogues with Contemporary Continental Thinkers—The Phenomenological Herritage: Paul Ricoeur, Emmanuel Levinas, Herbert Marcuse, Stanislas Breton, Jacques Derrida*, ed. Richard Kearney, Manchester: Manchester University Press, p. 125). 주디스 버틀러 또한 해체적 분석이란 어떤 개념을 전적으로 수용하거나 완전히 거부하는 양자택일 대신 그러한 선택지를 떠받치는 전제 자체를 문제시하는 것이라고 설명한다(Judith Butler, *Bodies that matter: On the limits of "sex,"* London: Routledge, 1993, p. 30).

37. Butler(1993), *ibid*., p. 111.

38. Judith Butler and Biddy Martin, "Cross-Identification", *Diacritics*, Vol.24, No.2/3 (Summer‐Autumn), 1994, p. 3. 여기서 'cross'의 의미는 세 가지로 설명된다. 첫째, 본문에서 설명한 횡단의 의미다. 이 횡단은 동일시가 일어나는 부지 혹은 위치를 영토화하는 것으로 이해될 수도 있지만 사회적 권력에 의해 폐쇄적으로 구축된 위치들에 붙들리는 것을 넘어서는 움직임으로 이해될 수 있다. (이 경우에 cross-identification은 '동일시 가로지르기'라고 번역해도 좋을 것이다.) 둘째, 교차성(intersectionality)의 의미를 갖는다. 폐쇄적으로 정체된 위치에 고정되는 대신 그 위치들을 가로지른다면 "연결이나 연속성이 수립"될 수 있다(같은쪽). 정체성에 관한 모든 논의에서 이 '교차-동일시'를 출발점으로 삼는다면 교차성은 결코 별개의 고정된 정체성끼리의 덧셈 모델로 생각될 수 없을 것이다. 예를 들어 "여성적인 것과의 동일시는 젠더와 섹슈얼리티의 탈식민주의적 형상화 및 배치라는 맥락"에 따라 매우 다양한 의미를 가질 수 있을 것이다(같은쪽). 세 번째로 횡단과 연결은 부인, 방어, 저항을 구성할 수도 있다. 다시 말해 한편으로 이미 어딘가에 존재하는 대상에 동일시하는 것이 아니라 동일시 과정 속에서 "대상을 상정하는 것이거나 내가 곧 그 대상이 되는 것일지도 모른다"면, 또 다른 한편으로 본문의 다음 문장에서 설명하겠지만 내가 '나'이기 위해서는 '내가 아닌' 타자 및 비체가 '나'의 경계를 구성해줘야 한다는 점에서 그 부인된 타자 및 비체에 내 동일시가 근본적으로 의존하고 있다면, 동일시는 "단순한 행위가 아니라 양가성을 실어 나르고 절합하는(articulate) 심리적·언어적·사회적 움직임"으로 이해될 수 있다(같은쪽).

39. Butler(1993), *op. cit*. 특히 2장과 6장을 보라.

40. Sedgwick(1990), op. cit., p. 61. 좀 더 자세한 논의는 전혜은, 『퀴어 이론 산책하기』(여이연, 근간) 3장 참조.

41. *ibid*., pp. 2-3.

42. 이 새로운 퀴어 정체성에 관한 논의는 전혜은, 『퀴어 이론 산책하기』(여이연, 근간) 3장 참조.

43. Eve Kosofsky Sedgwick, "Queer and Now", *Tendencies*, London: Loutledge, 1993, p. 9.

44. Eve Kosofsky Sedgwick, Stephen M. Barber and David L. Clark, "This Piercing Bouquet: An Interview

with Eve Kosofsky Sedgwick", *Regarding Sedgwick: Essays on Queer Culture and Critical Theory*, eds. Stephen M. Barber and David L. Clark, New York and London: Routledge, 2002, p. 251. 좀 더 자세한 논의는 전혜은, 『퀴어 이론 산책하기』(여이연, 근간) 3장 참조.

45. Kathryn Bond Stockton, "Eve's Queer Child," in *Regarding Sedgwick: Essays on Queer Culture and Critical Theory*, eds. Stephen M. Barber and David L. Clark, New York and London: Routledge, 2002, p. 185.

46. Sedgwick(1990), *op. cit.*, p. 60.

47. Annamarie Jagose, "Queer theory", 1996, http://australianhumanitiesreview.org/archive/Issue-Dec-1996/jagose.html (검색일: 2017.06.16).

48. 물론 정체성의 정치의 바탕인 소수자(minority) 집단 모델이 기대한 만큼의 정책적 효용성을 발휘하지 못한다는 비판은 꾸준히 제기되었다. 소수자 집단 모델은 개개인을 억압과 차별과 배제의 역사를 가진 "개별적으로 섬처럼 고립된 소수자"(Americans with Disabilities Act, 42 U.S.C. § 12111(a)(7) 1994; Adrienne Asch, "Critical Race Theory, Feminism, and Disability", *Gendering Disability*, eds. Bonnie G. Smith and Beth Hutchison, New Brunswick, New Jersey, and London: Ruters University Press, 2004, p. 9에서 재인용)라는 특징을 가진 하나의 집단으로 묶어 그들을 차별로부터 보호하고 공적 영역에 접근할 수 있도록 편의를 제공하는 정책 수립에 토대가 되었다. 그러나 소수자 집단 모델에 의거해 제정된 미국 장애인 차별 금지법(the Americans with Disabilities Act, ADA)의 경우, 실제 소송에선 고용주 측의 승소율이 90% 이상이었다. 미 법원에서 소수자 집단 모델을 거부했기 때문이 아니다. 반대로 소수자 집단 모델을 너무 엄격하고 협소하게 적용한 나머지 노동자인 원고 측이 장애인의 범주에 들어갈 만큼 '충분히' 장애인이 아니며 따라서 차별금지법의 보호를 받을 자격이 없다고 판결한 것이었다(McRuer & Mollow[2012], *op. cit.*, pp. 6-7). 이러한 문제에 대한 하나의 대안으로, 장애학자 애드리언 애쉬는 소수자 집단 모델 대신 인간 다양성(human variation) 모델을 제안한다. 애쉬는 손상을 장애인과 비장애인을 구별하는 고정된 특성으로 개념화하는 대신 손상이 "다중적이고 다양하다"는 점을 인정하고 인간 다양성의 한 형식으로 개념화한다면 "장애인으로 간주되는 사람들의 집단에서 누가 '안'에 있고 누가 '밖'에 있는지 결정할 필요가 줄어들 것"이라고 제안한다(Asch[2004], *op. cit.*, p. 13). 미국 장애인 차별금지법의 2008년 개정안은 소수자 집단 모델의 편협한 적용이 불러온 역풍을 일부 시인하여, 누가 장애인 범주에 들어갈 자격이 있는가를 따지는 데서 벗어나 차별의 발생 여부에 초점을 맞추려 시도한다(McRuer & Mollow[2012], *op. cit.*, p. 33 n. 3). 법적 인식 틀이 이렇게 바뀐다면 반드시 기존의 소수자 집단 모델에 의거하지 않고서도 아픈 사람으로서 겪는 부당함과 불편을 함께 논할 여지가 있을 것이다.

49. 로즈메리 갈런드-톰슨은 장애를 "사회적으로 구성된 정체성의 벡터이자 물질적 환경과 사회적 환경 양자와 상호작용하는 체현의 형식"(Rosemarie Garland-Thomson, "Integrating Disability, Transforming Feminist Theory", *Gendering Disability*, eds. Bonnie G. Smith and Beth Hutchison, New Jersey and London: Rutgers University Press, 2004[original 2002], pp. 73-103, p. 1559)으로 정의할 뿐만 아니라 "몸들을 사유하는 하나의 방식"으로, 즉 "문화적 심상이 표준적인 몸으로 간주하는 것에 순응하도록 하기 위해 특정 몸들을 열등하게 한 것, 어쨌든 변화되어야 할 필요가 있는 것으로 재현하는 사유와 지식의 역사적 체계"(Rosemarie Garland-Thomson and Martha Stoddard Homles, "Introduction," *Journal of Medical Humanities*, Vol.26, No.2-3, 2005, p. 73)로 정립한다. 달리 말해 장애가 사회적 구성물이라는 통찰에서 더 나아가 장애를 분석범주이자 재현체계, 인간의 다양성과 차이를 해석하고 세상을 바라보는 인식론적 프레임으로 놓는 것이다.

50. 수잔 웬델과 더불어 페미니즘 장애학을 학계에 도입한 갈런드-톰슨은 『장애를 통합하기, 페미니즘 이론을 변환하기(Integrating Disability, Transforming Feminist Theory)』에서 페미니즘 장애학의 특징과 나아갈 바를 통합과 변환으로 설명한다. "페미니즘 장애 이론에 대해 말한다는 건 또 다른 별개의 페미니즘을 하나 제안하는 것이 아니라, 장애에 대해 사유하는 여러 방식이 페미니즘을 변환하리라고 제안하는 것이다. 장애를 통합한다는 것은 인종, 섹슈얼리티, 민족성 또는 젠더의 등록에 대한 우리의 비

판적 초점을 흐리게 하는 일도 아니고, 단순히 거기다 장애를 첨가하는 일도 아니다. 그보다는, 장애를 고려한다는 것은 이러한 다수의 체계가 서로 엮이고 서로를 재정의하고 상호적으로 서로를 구성하는 방식에 대한 우리의 이해를 강화하는 방향으로 개념적 프레임을 전환한다는 것이다. 장애를 통합한다는 것은 체계들의 이러한 집합체가, 상상적인 규범을 떠받치고 권력 · 특권 · 위상을 그러한 규범들에 수여하는 관계들의 구조를 지탱하면서 어떻게 함께 작동하면서도 각각 별개로도 작동하는지를 밝힌다"(Garland-Thomson[2004], op. cit., p. 76).

51. Garland-Thomson & Homles(2005), op. cit., p. 74.

52. 질병 서사 연구의 고전이라 할 대표적 연구는 다음을 보라. Arthur Kleinman, The Illness Narrative: Suffering, Healing and the Human Condition, Basic Books, 1988; Anne Hunsaker Hawkins, Reconstructing Illness: Studies in Pathography, 2nd Edition, West Lafayette, Indiana: Purdue University Press, 1999(original 1993); G. Thomas Couser, Recovering Bodies: Illness, Disability and Life Writing, The University of Wisconsin Press, 1997.

53. 전혜은(2012), 앞의 글, 192-193쪽.

54. 아서 프랭크는 질병서사를 복원서사, 혼돈서사, 탐구서사의 세 가지 유형으로 범주화한다. 혼돈서사에 관해서는 프랭크(2013), 앞의 책, 5장 참조.

55. 웬델(2012), 앞의 글, 172-173쪽.

56. 2015.11.15. 아픈 여자들 수다모임에서의 대화. 이 깨달음은 페미니즘에서 시작되어 소수자 운동의 슬로건이 된 "개인적인 것이 정치적인 것이다"와 연결되는 것으로, 여성건강운동은 이러한 인식을 기반으로 발전되어왔다(Seaman & Eldridge[2012], op. cit.). 그럼에도 내가 내 질병과 성폭력 경험이 연관이 있다고 인정하기까지 오랜 시간이 걸린 이유는, 그 연관성이 내 신체 질환을 '심인성'으로 치부하거나 내가 나약해서 의지로 나을 수 있는 병에 머물러 있는 양 비난하는 데 쉽게 동원될까봐 걱정스러웠기 때문이었다. 몸과 마음이 연결되어 있으며 마음의 병과 몸의 병이 상호작용할 수 있다는 점을 많은 이들이 알고 있음에도, 지배 담론에서는 몸에 대한 마음의 우위 형식으로만 몸과 마음의 연결을 인정한다. 즉 의지가 몸을 장악하여 병을 이겨내거나, 아니면 병리화에 안주하여 아픔으로부터 이득을 얻는다는 식으로만 몸과 마음의 연결을 해석하는 것이다. 이 해석 둘 다 아픈 사람을 궁지에 몰아넣는다. 더욱이 지속적인 신체적 통증이 우울증을 야기한다는 점(선스트럼[2011], 앞의 책, 185-187쪽), 그리고 만성적으로 아픈 사람들이 '의지로 병을 이겨내라' '네가 병 핑계로 도망가는 거 아니냐' 이런 비난을 반복적으로 오랜 시간 들으면서 울화가 쌓여 이전엔 없었던 우울증도 새로 생길 수 있다는 점을 생각해보면, 몸과 마음의 연결을 이처럼 편협하게 이해하는 사고관은 신체질환이 있던 사람에게 정신질환을 얹어주고 정신질환이 있던 사람에게 신체질환을 더 얹어주는 등 아픈 사람에게 해가 되면 되었지 결코 득이 되지 못한다. 또한 이런 몰이해 때문에 아픈 사람들은 적절한 치료와 돌봄을 받지 못한 채 사회로부터 더욱 고립되고 만다.

57. Jonathan M. Metzl, "Introduction: Why 'Against Health?'", Against Health: How Health Became the New Morality, eds. Jonathan M. Metzl and Anna Kirkland, New York and London: New York University Press, 2010, pp. 1-11.

58. '아픈 여성의 경험'이 주로 시스젠더 이성애자 기혼 여성에 한정되어 재현되고 논의되는 경향을 비판하여 '여성의 아픔'이 경험되고 이해되고 재현되는 방식 자체가 비장애 중심주의와 섹스-젠더-섹슈얼리티에 대한 규범적인 인식 틀의 맞물림 속에서 어떻게 구성되고 그로 인해 사회적 고통이 어떻게 생산되는가를 분석한 글은 다음을 보라. 전혜은, 「'아픈 여성의 경험'은 강제적 비장애신체성-젠더이원론-강제적 이성애의 매트릭스 안에서 어떻게 구성되는가」, 한국여성학회 주최 2016년도 한국여성학회 제33차 추계학술대회 자료집 발표문 (2016.11.19.)

59. Robert McRuer and Abby L. Wilkerson, "Introduction," GLQ: The Journal of Lesbian and Gay Studies,

Vol.9, No.1~2, 2003, pp. 1~23.

60. 전희경(2015)은 아픈 사람들이 몸에 대해 갖는 관점이 주류 문화의 건강관리 담론과 다르다고 주장하지만, 사실 아픈 사람들의 자기 몸 돌보기는 완치되고 건강해지기 위해서가 아니라 당장 덜 아프기 위해, 생존율을 높이기 위해, 아픈 몸으로도 생계를 꾸려가기 위해, 당사자를 탓하는 시선에서 면죄부를 얻기 위해, 건강한 사람들보다도 더욱 열심히 삶 전체를 바쳐 밑 빠진 독에 물 붓기 식으로 건강관리에 힘써야 하는 역설에 갇힌다. 아픈 사람들의 몸 돌보기와 건강관리 담론의 모순적 얽힘에 관해서는 전혜은, 「아픈 몸과 더불어 살기?」, (사)한국여성연구소 집담회 단절과 이음 2 대도시 중장년 여성의 노년 준비 2강 자료집 『여성의 나이듦과 건강』, 2015.06.26, 미간행.

4. 죽음을 가로지르기

루인

4. 죽음을 가로지르기 [1]
: 트랜스젠더퀴어, 범주, 그리고 자기 서사

"여친이 트랜스젠더?" 격분한 20대 男 살인 '충격' 2010.05.28 | 서울신문

18살 트랜스젠더의 '쓸쓸한 죽음' 2010.12.30 | 한겨레

유방제거 '여성 남편'이 '트랜스젠더 아내' 살해 2011.08.04 | 서울신문

2012년 11월 초, 한때 트랜스젠더퀴어 운동을 함께 한 활동가가 스스로 삶을 마감했다. 그의 죽음은 갑작스러운 소식이었고 많은 사람에게 큰 충격이었다. 외국에 나가 있던 그와 온라인으로 연락을 주고받던 사람들은, 나중에 만나면 이런 저런 일을 하자며 미래를 이야기했다. 나 역시, 그가 한국에 오면 이런 저런 일을 함께 하자는 이야기를 했다. 그 이야기를 하고 바로 며칠 뒤 그는 세상을 떠났다. '나중'을 기약한 사람들은 '나중'이라는 시간이 영원히 오지 않는 미래, 현실에는 존재하지 않는 관념이자 현재 상황을 면피하기 위한 관용어, 혹은 '언제 밥 한 번 같이 먹자'와 같이 아무런 의미가 없는 인사에 불과하다는 사실을 뼛속 깊이 체감했다. 우리에게 주어진 시간은 바로 지금 뿐, '나중'은 영원히 오지 않기 때문에 '나중에'라는 약속은 공허함 그 자체이자 '나중에'라는 말로 맺어진 관계는 아무런 의미가 없는 관계에 불과하다. 한국에 돌아오면 같이 무언가를 하자, 지금 아니라 한국에서 만나 이야기를 나누자는 '나중'을 전제한 약속은 결국 그를 외롭게 했을 것이고 그에게는 아무 것도 아닌 일이었다. '나중'을 약속한 많은 사람은 그의 죽음에 무기력과 죄책감을 느끼기도 했다.

다른 한편 청년의 죽음을 노년의 죽음보다 더 비극적이라고 이해하는 사회에서 그의 죽음은 그 자체로 비극이자 애통함이었다. 방송에 얼굴을 공개하며 활동한 (당시 기준으로) 몇 안 되는 ftm/트랜스남성 활동가였기에 그를 우상 혹은 역할 모델 삼던 사람들에게 그의 죽음은 매우 큰 충격이기도 했다. 그랬기에 그의 소식은 짧은 시간 동안 블로그와 개인 연락처 등을 통해 전해졌고(당시는 SNS가 지금처럼 활발하지는 않았다) 그의 원가족과 상관없이 진행한 애도식에는 100여 명이 찾았다. 애도식을 찾은 사람들은 그가 어떻게 활동했고 어떻게 살았는가를 공유했다. 그의 활동, 그가 살아온 삶을 되짚으며 그를 기억하려고 했다. 활동과 무관하게 그와 친했던 사람들은 그와 주고받은 편지나, 그의 흔적이 남아 있는 물건을 챙겨와 애도식에 온 사람들에게 물건의 기억과 추억을 공유하고자 했다. 뒤늦게 그의 죽음을 전해 들은 사람은 애도식에 참가하지 못 했다는 이유로, 혹은 장례식에 참가하지 못 했다는 이유로 괴로워했고 그가 세상을 떠나고 1년이 지나서 그의 죽음을 전해 듣고 슬퍼하는 사람도 적지 않았다. 그는 더 많은 활동을 할 사람으로 기대되었고 그런 기대가 그를 우상 혹은 역할 모델로 만들었다. 더 많은 활동을 할 수 있는 젊은 사람이 그토록 갑작스럽게,

일찍 세상을 떠나다니……. 그의 갑작스러운 죽음은 말 그대로 '갑작스러움'으로 다가왔다. 사람이 죽어 안타깝지 않은 나이가 없지만 그럼에도 젊은 그의 죽음은 더 큰 안타까움을 남겼다.

동료 활동가의 죽음을 회고하며 이 글을 시작하고 그를 애도하고자 하는 마음이 이 글을 쓰는 많은 이유 중 하나지만 그를 애도하는 내용이 이 글의 핵심은 아니다. 그가 세상을 떠나고 몇 년이 지나도 11월 즈음이면 그를 찾는 사람이 있고, 그의 이름을 검색하는 사람이 꾸준했었다. 그와 함께 활동했던 지인들과 함께 나는 일찍 세상을 떠난 그를 원망하기도 했다. 하지만 이 글의 목적이 통상 이야기하는 애도는 아니다. 우리/트랜스젠더퀴어는 죽을 수 있는가가 이 글의 주요 문제의식이다. 물리적 죽음과 상징적 죽음이 우리 삶을 어떻게 직조하는가를 탐문하는 작업이 이 글의 주요 목적이다.

이 글의 서두에 나는 세 편의 기사 제목을 적었다. 현재 한국 사회의 미디어가 전하는 트랜스젠더퀴어 관련 소식에는 어떤 것이 있을까? 외국의 트랜스젠더퀴어 관련 소식을 번역한 기사(법적 인정이나 의료적 조치, 혹은 트랜스 혐오 사건 관련 기사), 몇 명의 유명 트랜스 연예인의 소식, 얼굴을 공개하며 적극적으로 활동하는 트랜스젠더퀴어 몇 명의 인터뷰 기사, 성소수자의 인권과 관련한 기사에 함께 언급되는 내용, 가끔 어렵게 생활하고 있는 트랜스의 삶을 다룬 기사를 제외하고 트랜스젠더퀴어 관련 소식에는 어떤 것이 있을까? 반드시 그러한 것은 아니지만 앞서 언급한 기사 일부를 포함해서 많은 기사는 트랜스젠더퀴어가 겪은 사건 사고, 더 정확하게는 트랜스젠더퀴어의 죽음과 관련한 소식이다. 죽음이 트랜스젠더퀴어가 미디어에, 그리고 다수의 대중에게 등장하는 계기가 된다. 문제는 미디어에 죽음이 등장하는 방식과 그 의미가 모두에게 동일하지 않다는 점이다. 어떤 기업인이 죽으면 그의 업적, 그의 정치 철학이나 경영 철학 등이 다뤄지고 그의 인품이나 선행을 강조하는 기사가 쏟아진다. 그는 유명한 대기업 총수인 동시에 한 개인으로 인식된다. 유명하지는 않더라도 다른 사람을 구조하는 과정에서 혹은 부당한 일로 세상을 떠난 사람이라면 그의 평소 인품과 가족 관계, 회사 생활, 인간 관계 등이 함께 다뤄진다. 죽음은 그 사람이 살아서 어떤 일을 했고 어떤 삶을 살았는가를 돌이켜보도록 하고 그리하여 고인의 삶을 회복시킨다. 고인의 삶을 회복시키는 작업을 통해 죽음을 안타까운 사건으로 만든다. 하지만 트랜스젠더퀴어의 죽음, 특히 미디어를 통해 대중에게 알려진 트랜스의 죽음은 대체로 범주만 남는다. 범주가 트랜스젠더퀴어의 죽음에 핵심이다. 이와 관련하여 다음 기사를 살펴보자.

"죽었다는 그 사람, 남자였어요? 여자였어요?"
지난 24일 박민서(18·가명)씨가 살았던 서울 구로구 개봉동 자취방 인근의 가게 주인 정아무개(42)씨는 대뜸 이렇게 물었다. 박군과 한 달 정도를 사귀었다는 김아무개(24·남)씨도 같은 질문을 했다. 지난 8일께 스스로 목숨을 끊은 박씨에 대해 주변 사람들은 '왜 목숨을 끊었는지'가 아니라 '남자였는지 여자였는지'를 궁금해했다. 그들의 눈에 박씨는 남자도 여자도 아닌 '이상한 사람'일 뿐이었다.

... [중략] ...

박씨의 몸은 남자였지만 스스로를 여자라고 생각했다. 그는 학교를 그만 둔 채 가족들과 떨어져 혼자 지냈다. 1년 전부터 박씨는 사람들에게 자신을 28살 여성으로 소개했다. 때론 간호사로, 때론 음대생으로 소개했지만 '여성'이라는 점을 바꾸진 않았다. 박씨는 동네에서 가장 가까이 지낸 친구 심민지(19·가명)씨에게 "나는 한 번도 내가 남자라고 생각한 적이 없다"고 말했다. 하지만 175㎝가 넘는 체구에 가무스름한 피부, 굵은 목소리 때문에 그를 실제로 본 이들은 언제나 그의 말을 의심했다.

... [중략] ...

그가 유일하게 여성으로 인정받은 공간은 온라인게임 카페였다. 예쁜 여성의 사진과 함께 간호사라고 소개한 프로필을 보고 남성 회원들은 그를 '여신'으로 치켜세웠다. 하지만 그를 실제 만난 회원들이 지난달 초부터 '여장남자'라고 소문을 냈고, 박씨는 심한 좌절감을 겪어야 했다. 집요한 회원 서너명이 박씨가 게임을 하는 방마다 쫓아다니며 다른 회원들에게 이런 사실을 알렸다. 숨지기 직전인 이달 초부터 박씨는 더는 카페에 들어가지 않았고, 지난 7일 밤 한 달 정도 사귄 남자친구에게 이별을 통보하고 스스로 목숨을 끊었다.[2]

"18살 트랜스젠더의 '쓸쓸한 죽음'"이라는 제목의 기사는 혼자 사는 방에서 '쓸쓸하게' 죽은 박민서 씨의 죽음을 다룬 기사다. 박민서 씨는 태어날 때 남성으로 지정받았지만 자신을 여성으로 인식했다. 즐겨 찾은 인터넷 카페에서 자신을 여성으로 소개했고 어느 정도 인기가 있었다고 한다. 하지만 오프라인에서 만난 카페 회원 중 몇 명이 인터넷 스토킹을 하며 박민서 씨가 '여장남자', 즉 '실제로는 남자인데 온라인에서 자신을 여성이라고 말하고 다니는 사람'이라고 말하고 다녔다. 결국 박민서 씨는 인터넷 카페 활동을 중단했고 얼마 뒤 죽음을 선택했다.

이 기사가 처음 대중에 공개되었을 때 댓글을 통한 논란이 일었다. 기자는 박민서씨를 "박군"과 같은 남성형 의존명사로 지칭했고 이에 분노한 이들이 댓글로 항의했다. 결국 관련 구절 일부(전부는 아니었는데 기자가 수정하는 과정에서 몇 개는 놓쳤다)가 수정되었다. 한 사람의 죽음을 전한 기사를 읽은 독자는 기자가 고인의 젠더를 얼마나 제대로 표현했는가에 집중했다. 그리하여 아이러니가 발생했다. 기자는 "죽었다는 그 사람, 남자였어요? 여자였어요?"라는 주변의 반응으로 기사를 시작했다. 고인을 알았던 주변 사람은 고인이 어떤 사람이고 어떤 인품에 어떤 가치관을 가진 사람이며, 어떤 상황이 죽음을 선택하도록 했는지가 아니라 무슨 젠더 정체성이었는가를 먼저 궁금해했다. 기사를 읽고 항의 댓글을 단 사람들 역시 고인의 젠더가 얼마나 제대로 표현되었는지에 초점을 맞추었다. 나 역시 당시에는 이 지점에 먼저 분개했다.

물론 고인의 젠더를 제대로 표현하는 작업은 매우 중요하다. 고인이 자신을 여성으로 인식했고 여성으로 삶을 영위했음에도 타인이 고인을 남성으로 설명한다면 이것은 고인의 자기 인식을 전면 부정하는 행위와 같다. 죽음은 삶과 마찬가지로 이원젠더화된 형태로 구성되고 그래서 인간은 태어나서 죽을 때까지 그리고 죽고 나서도 이원화된 젠더 범주로 규정된다. 사망증명서에도 남성 아니면 여성으로 표기해야 하고, 묫자리 역시 오른쪽에 묻힐 것이냐 왼쪽에 묻힐 것이냐로 젠더가 중요한 역할을 한다. 그렇기에 고인이 원하지 않은 젠더로 고인을 표현하지 않는 것, 고인의 젠더 정체성을 존중하는 방식으로 죽음의 절차를 진행하는 것은 매우 중요하다. 고인이 자신을 여성으로 인식했음에도 타인이 고인을 남성으로 서술한다면 이것은 고인이 살고자 했던 삶을 부정하는 행위와 같다. 혹은 고인이 살며 했을 법한 다양한 층위의 고민, 특히 젠더와 관련해서 치열하게 했을 다양한 고민을 은폐할 위험도 있다. 고인의 자기 인식을 부인하는 행동은 단순히 한 개인의 정체성을 부정하는 것에 그치는 것이 아니라 이 사회가 사람을 어떤 식으로 수용하고자 하는가를 둘러싼 태도의 문제이기도 하다. 한국 사회는 트랜스젠더퀴어를 수용할 준비가 되어 있거나 수용할 일말의 의사라도 있는가? 모든 사람을 이원젠더 체계로 환원하려는 한국 사회에서 트랜스젠더퀴어의 젠더 지칭 명사를 잘못 사용하는 일은 바로 이원젠더 체계에 익숙한 태도를 드러내는 행위이자 태어날 때 지정받은 젠더가 유일한 '진실'이자 불변의 '사실'이라고 다시 한 번 확인시키는 일이다. 그러니 고인의 젠더를 '제대로', 본인이 정체화하는 방식으로 표현하는 일은 고인이 정체화 과정을 통해 이원젠더 체제를 다르게 사유하고자 했던 노력을 존중하는 일이자 그 노력을 사회적으로 가치 있는 일로 받아들이고자 하는 태도를 표현하는 일이다. 또한 이 작업은 이 사회가 트랜스를 부정하고 부인하며 '그런 정체성'이 사기, 기만이라고 말한다고 해도 '우리 유족' 혹은 '남겨진 우리'는 사회 전체가 될 수 없는 극히 작은 크기의 커뮤니티지만 고인의 노력을 가치 있는 일로 받아들이겠으며 이를 통해 사회를 조금이라도 바꿔보겠다는 노력을 표명한다.

하지만 이 기사에서 우리가 확인하고 점검해야 하는 사실, 흥분하고 화를 내야 하는 사실은 고인의 젠더 표기 방식뿐일까? 기자가 고인의 젠더를 얼마나 제대로 다루는지를 점검하는 것이 가장 혹은 유일하게 중요한 일일까? 타인이 고인의 젠더를 제대로 다루지 않을 때 지적하는 것도 중요하지만 고인이 어떻게 살았는지를 아는 것 역시 중요하지 않을까? 고인의 죽음을 통해 고인의 삶을 어떤 식으로 회고하고자 하는지를 살피는 작업 역시 중요하지 않을까? 그래서 기사의 서두에 인용한 주변인의 반응은 역설적으로 독자의 지적에 대한 항변으로 읽히기도 한다. 고인은 어째서 죽음을 선택했는가, 고인은 어떤 삶을 살았는가, 박민서 씨는 무엇을 하며 살고 싶어했는가가 아니라 고인의 젠더 정체성을 제대로 표현했는가가 가장 두드러진 논쟁이었다는 점은 그래서 씁쓸한 일이고 반성할 일이다.

기자는 기사의 일부를 수정했고 논란은 어느 정도 진정되었다. 그럼 박민서 씨의 죽음을 다룬 기사가 제기한 이슈는 모두 해소된 것일까? 그렇지 않다. 기사에 따르면 박민서 씨는 자신의 젠더 이슈로 고민했고 갈등을 겪었다. 박민서 씨의 주변 사람은 고인이 남자인지 여자인지를 가장 먼저 궁금해했다. 박민서 씨가 자주 갔다고 하는 인터넷 카페의 몇몇은 박민서 씨가 '여장남자'라고 괴롭혔고 결국 박민서 씨가 머물고자 했던 공동체에 머물 수 없도록 했다. 기자는 박민서 씨가 (기자가 명명한 범주인) '트랜스젠더'를 받아들이지 못하는 사회적 편견에 따라 자살을 했다고 서술했다. 즉 박민서 씨의 '쓸쓸한 죽음'은 사회적 타살로서 한국 사회에 폭넓게 퍼져 있고 시간이 갈수록 그 강도가 더

심해지고 있으며 현재는 하나의 세력을 구성하고 있기도 한, 트랜스 혐오 폭력의 결과다. 이 기사를 읽는 사람들은 트랜스젠더퀴어가 겪는 어려움, 트랜스젠더퀴어 혹은 LGBT/퀴어가 겪는 혐오와 처벌을 다시 한 번 떠올렸을 것이다. 그 자신을 트랜스의 어느 한 범주로 정체화하는 사람이라면 박민서 씨가 겪었을 것으로 추정하는 외로움이나 커뮤니티에서 쫓겨난 경험을 떠올렸을지도 모른다. 트랜스 혐오 폭력을 다루고 있는 이 기사의 문제 의식은 상당히 중요하다. 사회적 차별에 무관심하거나 특정 이슈에만 관심이 쏠리는 한국 사회에서 트랜스젠더퀴어의 죽음을 다룬 이 기사 자체는 분명 소중하다. 2015년 이후 여성 운동 혹은 페미니즘 운동의 이름으로 트랜스 혐오가 세력화되고, 더욱 악랄해지고 있는 시점에서 혐오와 죽음을 다룬 기사는 각별하기도 하다. 그럼에도 나는 이 기사에 어떤 찜찜함을 느낀다.

기자는 박민서 씨가 트랜스젠더, 더 정확하게 표현하면 mtf/트랜스여성이라고 설명했다. 태어날 때 지정받은 젠더와 자기 자신이라고 인식하는 젠더가 '다른' 사람을 트랜스젠더라고 정의한다면 기자의 설명에 잘못은 없다. 내가 품는 의문은 이것이 아니다. 박민서 씨 자신은 자신의 젠더 범주를 어떤 식으로 이해했을까? 박민서 씨 자신도 자신을 트랜스젠더라고 설명했을까? 혹시 그냥 '여성'이라거나 전혀 다른 방식의 젠더로 자신을 설명하지는 않았을까? 이제 와서 이것은 누구도 알 수 없는 비밀이 되었다. 누구도 알 수 없고 답해 줄 수 있는 사람도 없기 때문이다. 기자가 취재 과정에서 이와 관련한 어떤 '증거'를 찾았을 수는 있지만 이를 공개하지는 않았기에 결국 확인할 수 있는 내용은 없다. 박민서 씨는 자신을 트랜스여성으로 설명하며 타인도 자신을 트랜스여성으로 인식하기를 바랐을 수 있다. 혹은 자신을 트랜스젠더퀴어와 관련한 수식어가 붙지 않는 여성으로 설명하고 또 그렇게 불리기를 바랐을 수도 있다. 하지만 고인은 아무 것도 말해주지 않는다. 고인의 젠더 범주는 유족과 남겨진 다른 지인이 추정하고 추정을 통해 명명하는 방식에 가깝다. 다른 말로 본인이 자신의 젠더 정체성과 같은 어떤 정체성을 명확하게 지정하고 세상을 떠나지 않은 이상, 고인의 젠더는 타인이 추정하고 부여한 젠더다. 그렇다면 우리는 젠더 범주를 얼마나 정확하게 이해할 수 있을까? 고인의 젠더 범주를 이해하거나 알 수는 있을까? 고인이 별다른 자기 명명 없이 세상을 떠났을 때, 고인의 젠더 범주를 알 수 있는 증거는 무엇이 될까? 주민등록증 상에 나타난 젠더? 주민등록증 상에 나타난 젠더에 부합하지 않는 의류 및 관련 악세서리가 많다면 트랜스라고 추정할 수 있을까? 나아가 고인을 특정 젠더 범주로 명명하는 것이 진정으로 고인의 삶을 더 잘 이해할 수 있는 방법이 될까? 이런 일련의 질문은 결국 범주가 무엇인지를 묻도록 한다.

현대 사회를 살아가는 우리는 범주 없이 타인을 이해할 수 없는 지경에 이르렀다. 누군가가 여자인지 아니면 남자인지 분명하게 알고자 하고, 장애인인지 비장애인인지 판단하고자 하며, 한국의 선주민인지 이주민인지 알고자 한다. 이것을 알아야만 상대방을 이해할 수 있고, 이것을 알았다면 이제 상대방의 기본 정보는 얼추 다 파악했다고 믿는다(또 다른 판본으로 출신학교, 출생년도가 있다). 그래서 젠더가 '모호'한 사람을 만나면 초면에도 무례하게 남자인지 여자인지 묻는다. 식당에 가서 음식을 주문하려고 하는데, 주문을 받는 사람이 음식

주문을 받기에 앞서 손님의 젠더부터 확인하는 일도 있다. 남자인지 여자인지 어떻게든 구분하고 확인하려는 질문은 남자면 '고봉밥'을, 여자면 '아가씨밥'을 주기 위해서일까? 남자면 좀 존중하고 여자면 차별하기 위해 젠더 정체성을 집요하게 질문하는 것일까? 다른 경우로, 겉으로 지각할 때 장애인으로 인식되지 않는 사람이 장애인 전용 주차장에 주차를 하면 일단 비난부터 한다. 또는 피부색을 통해 상대방이 한국 선주민이 아니거나 한국 시민이 아니라고 일방적으로 결정한 다음, 상대방을 30분 넘게 쫓아다니며 맹비난하는 일도 종종 발생한다. 한국 사회에서 한 인간의 범주 결정은 인간 관계를 맺는 방식에 큰 영향을 끼치고 때로 타인에게 폭력을 행사할 수 있는 권한을 부여하는 일과 같다.

범주는 삶을 설명하는 도구가 아니며 삶을 이해할 수 있는 표식도 아니다. 범주는 그저 어떤 경험을 포착하고자 할 때 유용한 도구일 뿐이다. 범주는 누군가의 삶을 결코 정확하게 알려주지 않는다. 범주는 삶의 양식과 행동 방식의 특정 순간을 포착하고 이를 드러내며 기존의 해석과 인식의 틀을 유지하거나 바꾸는 도구일 뿐이다. 즉, 범주는 인간 존재를 민감하고 섬세하게 이해하는 데 있어 유용한 도구지만 범주가 곧 인간은 아니다. 예를 들어 어떤 사람이 무성애자라는 점을 알았을 때 그 사실이 그 사람과 관련해서 무엇을 알려줄까? 무성애와 관련한 사회적 이해도 지식도 정보도 본인이 애써서 찾지 않으면 거의 접하기 힘든 한국 사회에서 '무성애'라는 말은 '연애를 못 해봐서 그렇다', '진정한 사랑을 만나면 변할 것이다'와 같은 언설을 통해 수용되고 이 수용 과정을 통해 무성애가 부정된다. 혹은 어린 시절 섹슈얼리티와 관련한 상처나 나쁜 기억이 무성애자가 되도록 했다고 추정하고 이것을 기정사실로 여긴다. 때론 어머니가 임신 중에 담배를 피웠거나 술을 마셨거나 공포영화를 봤거나 나쁜 생각을 했거나 스트레스를 받았거나 클래식을 안 듣고 락 음악을 듣는 등 뭔가 '안 좋은' 행동을 해서 아이가 무성애자가 되었다는 발언도 서슴없이 등장한다(물론 이 모든 행동은 아이가 동성애자가 되거나 양성애자가 되거나 트랜스가 되거나 사회 부적응자가 되거나 하는 등 모든 '문제'의 원인으로 재생산된다). 이 모든 반응은 무성애자라고 자신을 소개한 사람에 대한 이야기가 아니다. 모두 무성애를 둘러싼 억측과 어머니 비난을 재강화하는 규범에 불과하다. 단적으로 '진정한 사랑'을 만나거나 경험한 사람이 이 사회 전체를 통틀어 얼마나 되겠는가? 섹슈얼리티 혹은 성적 지향의 자연 규범이라고 주장하는 이성애를 실천하는 사람은 진정한 사랑을 만나 그 사랑으로 지극한 행복을 느끼며 결혼을 결심하고 결혼 생활을 유지하는가? 성적 관계를 맺는 것이 진정한 사랑의 완성, 연애 진도의 최종 목적지, 할 것 다 한 관계라는 망상이 무성애를 철없음, 미숙함으로 취급한다. 이를 통해 무성애 내부의 상당한 스펙트럼을 삭제할 뿐만 아니라 섹슈얼리티 혹은 성적 욕망과 관련한 통념을 반성하고 재구성할 기회를 날려버린다. 범주를 존재 자체, 삶 자체로 이해했을 때 우리는 존재를 삭제하고 범주만 남긴다.

범주는 한 개인이 살아온 삶의 극히 일부만 포착할 수 있으며 그 일부를 의미 있는 것으로, 가장 정치적이고 논쟁적 영역으로 인식할 수 있도록 한다. 한 개인의 범주 인식을 통해 그 개인이 이 사회의 적법하거나 위법하거나 무법한 구성원인지를 파악하도록 하고, 이를 통해 그 개인의 사회적 지위나 위치를 구성하도록 한다. 이것은 이 사회를 구성하는 권력 장치가 작동하는 방식을 폭로하는 작업이 되기도 한다. 그러니 범주를 아는 것은 개인의 삶 전체를 아는 것이 아니라 그 사람이 겪은 삶의 극히 일부만을 그저 짐작만 할 수 있고 그 경험이 이 사회에서 어떻게 의미화되는지 논할 수 있는 계기를 마련할 수 있다. 이 계기가 잘 마련되고 논의장이 잘 구성된다면 우리는 이 사회가 인간을 인식하는 방식을 깨달을 것이고 그 방식이 갖는 문제점을 지적하고 사회를 바꿔 나갈 수 있을 것이다. 이 계기가 마련되지 않고 한 인간의 많은 삶의 양식 중 일부를 두고 그것이 인간 그 자체, 존재 그 자체라고 주장하기 시작한다면 이것은 폭력으로 작동할 것이고 혐오를 생산하는 중요한 기재가 될 것이며 그 사람을 이 사회에서 추방하고 삭제하는 행위가 될 것이다.

그렇다면 박민서 씨를 트랜스젠더로 명명하는 행위는 박민서 씨의 삶에 있어 무엇을 설명해줄까? '박민서 씨는 트랜스젠더다'라는 문장을 접했을 때 우리가 알 수 있는 것은 무엇일까? 많은 이들은 누군가가 '트랜스젠더'라는 점을 안다면 그 사람이 과거에 겪었을 법한 젠더 경합, 학교 생활에서 겪었을 법한 왕따 피해 경험, 부모와 갈등하고 때로 가출했던 경험 등을 알 수 있다고 믿는다. 그렇기에 트랜스젠더 본인이 아무 말도 하지 않았음에도 '많이 힘들었겠구나'라는 어림짐작으로 상대방과 조우한다. 하지만 이것은 어림짐작일 뿐이다. 어림짐작을 통해 파악하는 내용은 트랜스젠더에게 혹은 특정 범주에게 이 사회가 부여하는 역할이지 그 개인의 구체적 삶이 아니다. 어림짐작의 내용과 개인의 실제 경험이 우연히 일치할 수는 있어도 어림짐작으로 개인의 삶을 이미 안다고 재단할 수는 없다. 다른 말로 박민서 씨가 트랜스젠더라는 점이 박민서 씨가 어떤 영화를 좋아하고, 소설을 좋아한다면 어떤 소설가를 좋아하고, 어느 시인을 좋아하며, 어느 화가나 화풍을 좋아하고, 어떤 여행지를 좋아하고, 어릴 때 가장 인상 깊었던 기억은 무엇이고, 오늘 오전에 가장 슬펐던 일은 무엇이었는지를 알려주지는 않는다. 우리는 그것과 관련해서 아무 것도 알지 못한다. 그리하여 박민서 씨를 트랜스젠더 범주로 명명하는 행위가 무슨 의미인지 꼼꼼하게 검토할 필요가 있다.

이제 '우리'는 박민서 씨를 트랜스젠더퀴어로 명명하고 재현하는 작업이 정당하고 적절한지를 질문해야 한다. 박민서 씨는 트랜스여성이었을까? 박민서 씨가 트랜스였다면 이 사실을 통해 우리가 알 수 있는 점은 '박민서 씨는 트랜스여성이다'라는 문장 하나뿐이다. 이 문장을 통해 많은 상상을 할 수 있겠지만, 그 상상도 젠더화된 삶의 양식에 따른 짐작에 불과하다. 젠더로 환원할 수 없는 삶, 젠더로만 설명할 수 없는 생활은 모두 누락된다. 트랜스젠더퀴어가 트랜스젠더퀴어로만 살지 않는다는 점에서 트랜스젠더퀴어라는 범주가 트랜스젠더퀴어의 삶을 설명할 수 있는 부분은 매우 적다. 바로 이 지점에서 박민서 씨 관련 기사는 아이러니를 생산한다. 기자는 박민서 씨의 주변인이 박민서 씨가 어떻게 죽었는지, 죽기 전 어떤 고민과 어려움이 있었는지가 아니라 남자인지 여자인지를 궁금해한다고 문제제기한다. 하지만 이 기사는 박민서 씨의 삶을 트랜스젠더가 겪을 법한 갈등으로 구성한다. 기자는 박민서 씨가 겪었을 많은 갈등 중 트랜스젠더퀴어라는 범주, 혹은 젠더화된 외모와 실천이 야기하는 불화만 서술하고 있다. 젠더

정체성으로 어떤 갈등을 겪었는지, 그리하여 박민서 씨의 죽음에 젠더
경합이 어떤 영향을 끼쳤는지만 이야기한다. 이것은 박민서 씨의 죽음
을 통해 고인을 트랜스젠더퀴어로 (재)탄생시키는 방식이다. 기자가
쓴 박민서 씨의 죽음은 박민서 씨의 삶을 트랜스젠더퀴어의 삶이 되도
록 하는 탄생설화이자 시원적 사건이 된다.

　죽음을 통해 트랜스젠더퀴어가 되거나 죽음을 통해 트랜스젠더퀴
어가 탄생하거나 죽음을 통해 트랜스젠더퀴어가 비로소 가시성을 획
득하는 것은 박민서 씨만의 경우가 아니다. 앞서 제목을 인용한 다른
기사 역시 마찬가지다. 2010년 5월 말 ""여친이 트랜스젠더?" 격분한
20대 男 살인 '충격'"이라는 제목의 기사는 (연애)상대방이 우연히 트랜
스여성이라는 '사실'을 알고 격분해서 살해했다는 내용이다. 이 사건
은 가해자가 범죄 감형을 위해 강도살인 사건을 의도적으로 트랜스 혐
오 살인 사건으로 재구성한 경우였다. 재판 과정에서 밝혀진 '사실'에
따르면 가해자와 피해자는 이미 4년 전부터 아는 사이였고 살인의 직
접 원인은 돈 문제였지만, 가해자는 상대방이 트랜스젠더여서 충격받
아 살해했다며 트랜스젠더라는 범주/존재가 사건의 원인이자 이유라
고 주장했다. 이 사건을 보도한 언론의 많은 기사 역시 가해자의 말을
그대로 옮겼고 결국 이 사건은 트랜스 혐오 범죄로 받아들여졌다.[3] "유
방제거 '여성 남편'이 '트랜스젠더 아내' 살해"라는 제목의 2011년 8월
의 기사는 소위 ftm/트랜스남성과 mtf/트랜스여성 부부 사이에서 발생
한 사건으로 알려졌다. 비단 이 두 사건만이 아니라 다른 많은 기사가
트랜스젠더퀴어의 죽음을 계기로 트랜스젠더퀴어를 언급했다. 그리고
각 사건을 접할 때마다, 즉 트랜스젠더퀴어의 죽음을 통해 트랜스젠더

퀴어를 접할 때마다 이 사건이 트랜스 혐오 범죄인지 아닌지를 먼저 질문하는 반응이 등장한다. 혐오 범죄라면 트랜스젠더퀴어가 겪는 사회적 차별, 나아가 LGBT/퀴어가 겪는 차별에 분노를 표출한다. 하지만 이 찰나에 애도와 분노의 대상은 정확하게 누구일까? 죽음을 통해 가시성을 획득한 존재와 조우하며 '우리'는 무엇에 분노하고 무엇을 애도할까? 항상 그런 것은 아니겠지만 트랜스혐오 사건을 접하고 분노할 때 '우리'는 고인의 삶이나 죽음을 애도하는 것이 아니라 트랜스젠더퀴어라는 범주를 애도하는 것은 아닐까? 즉 트랜스젠더퀴어 범주로 수렴된, 트랜스젠더퀴어 범주로 환원할 수 있거나 설명할 수 있는 존재의 삶의 양식만 애도하는 것은 아닐까? 혹은 트랜스젠더퀴어라고 부름에 있어 큰 무리가 없는 인물만 애도하는 것은 아닐까? 혹여 고인이 범죄인이라면 범죄인이라는 점과 트랜스젠더퀴어라는 점을 동시에 밝히는 일이 트랜스젠더퀴어에 대한 부정적 편견을 강화하는 일이라고 비판하며 범죄인은 트랜스젠더퀴어 범주에서 제외시키고 있는 것은 아닐까? '우리'가 트랜스젠더퀴어를 만날 때, 특히 기사를 통해 이제는 고인이 된 트랜스젠더퀴어를 만날 때 고인의 삶과 죽음이 아니라 고인의 범주를 애도하는 것은 아닌지, 애도할 만한 삶을 산 고인만 특정 범주로 애도하는 것은 아닌지 강하게 의심할 필요가 있다.

한국 사회에서 트랜스젠더퀴어는 단지 몇 가지 논란을 통해서만 등장한다. 소위 LGBT/퀴어 공동체라고 불리는 집단이라고 해서 예외는 아니다. 한국 전반에 걸쳐서건 LGBT/퀴어 공동체건 대부분 지역이나 공동체에서 트랜스젠더퀴어는 죽음을 비롯한 몇 가지 이슈(혐오 발화, 성중립화장실 논쟁 등)로만 등장하면서 자신의 존재를 드러낸다.

비트랜스 L/G/B라고 해서 트랜스 의제에 익숙한 것이 아니라는 뜻이다. 이성애-비트랜스 집단이 트랜스를 이해하고 알고 있는 딱 그 수준으로 비트랜스 L/G/B 집단도 트랜스를 이해하고 있을 수도 있다. 다른 말로 트랜스젠더퀴어는 지독한 혐오 폭력의 대상이 되거나 죽어야만 비로소 가시성을 획득할 수 있고 또 살 수 있다. 죽어야만 이 세상에 트랜스젠더퀴어가 살아가고 있(었)고 LGBT/퀴어의 T가 존재함을 알릴 수 있다. 트랜스젠더퀴어의 죽음은 트랜스 범주를 구성하는 사건일 뿐만 아니라 트랜스의 가시성을 구성하는 시간이며 트랜스 범주에 적합한 경험만 선별해서 존재하도록 하는 사건이다. 죽음으로 등장하는 트랜스젠더퀴어가 어떻게 살았고 무엇을 좋아했고 어떤 미래를 상상하며 살고자 했는지는 차후의 문제가 된다. 그가 어떤 이유로 죽었는지, 살인 사건에 트랜스 혐오는 없었는지를 확인하는 작업/인식이 최우선이다. 죽음이 범주의 가능성을 담보하는 몇 안 되는 사건이라면 이때 트랜스는 죽을 수 있는가? 트랜스는 이미 죽었고 죽어서야 존재할 수 있다면 트랜스에게 죽음은 가능한 것이며 어떤 죽음이 가능한지 질문하지 않을 수 없다.

이 질문은 다음의 몇 가지 질문과 함께 한다. 한국 사회에서 시간성이 없다고 여겨지는 존재 그리하여 몇 가지 이미지로만 소비되는 존재 중 하나인 트랜스젠더퀴어에게 죽음은 가능한 사건인가? 애도할 수 있는 존재 혹은 역사를 지닌 존재로서의 죽음이 트랜스젠더퀴어에게는 가능한가? 존재에게 시간성이 있다는 것은 특정 이미지, 특정 순간의 모습으로 그 존재의 일평생을 판단하거나 박제하지 않고 시간의 흐름에 존재가 변해가고 또 '나'와 관계를 맺으며 살아감을 인식한다는 뜻이다. 존재의 시간성을 이렇게 이해한다면 흥미롭게도 한국 사회에서 살아가는 거의 모든 존재의 시간성에 변화 가능성은 사실상 부재한다. 흔히 상상하기를, 한 개인의 젠더는 태어날 때 지정받은 상태가 일평생 유지되며 죽어서도 그 상태라고 가정한다. 그래서 10년 전에 만난 사람이 여성이었다면 10년 뒤에 만나도 여성이라고 가정한다. 20년이 지나서도 여성으로 살아가고 있는 것은 아무런 문제가 안 되지만 20년 뒤에 다른 젠더로 나타나면 이것은 '문제'가 된다. 젠더 관점에서 이 세상의 대다수는 늙어감의 시간성은 있어도 다른 젠더로 변하는 변화의 시간성은 없는 존재다. 특정 젠더 범주로 박제됨, 특정 범주에 고착됨이 '자연'스럽고 이들 젠더 사이의 위계가 인간사 자연 질서로 말해지는 바로 이것이 이원젠더 질서의 '규범'이다.

성적 지향을 둘러싼 논의 역시 마찬가지다. 많은 경우 성적 지향은 아주 어릴 때부터 죽을 때까지 변하지 않는다고 말해진다. 물론 변화의 각본이 없는 것은 아니다. 비이성애자를 혐오하는 집단의 맥락에서 이성애자가 비이성애자로 변할 가능성은 없어도 비이성애자가 이성애자로 변할 가능성은 있으며 이것은 전환치료라고 불리며 긍정적 현상으로 받아들여진다. 레즈비언이나 게이 맥락에서 동성애자가 비동성애자로 변할 가능성은 없거나 부정적 사건이지만 이성애자가 동성애자로 변할 가능성은 있으며 이것은 환영받을 현상으로 인식된다. 이런 인식이 만연한 상황에서 바이섹슈얼/판섹슈얼과 트랜스젠더퀴어는 두 집단 모두에게 혐오와 비난의 대상이다. 그리고 이렇게 제한된 경우가 아니라면 성적 지향은 대체로 변하지 않는 현상으로 회자된다. 성적 지향이 변하지 않는다고 믿는 주류의 맥락에서 이 세상 대다수는 어떤 변화의 가능성이 없는 존재다. 한 번 이성애자면 영원한 이성애자고 한 번 동성애자면 영원한 동성애자다.

그럼에도 이성애-비트랜스가 시간성, 변화의 가능성이 없는 존재로 인식되지는 않는다. 많은 경우 누군가가 '이성애-비트랜스'라는 사실을 알았다고 해서 그의 삶을 다 알았다고 말하지 않는다. 누군가가 이성애-비트랜스라는 것을 알았다고 해서 그의 성적 욕망이 어떠하고 파트너 관계가 어떤 방식이며 이상형이 어떻고 어릴 때 어떻게 살았고 부모와의 관계는 어떠한지, 학교 생활은 괜찮았는지를 이미 안다고 말하지 않는다. 그 사람에게 직접 물어본 후에야 알 수 있지 누구도 미리 짐작하지 않는다. 하지만 비이성애-트랜스는 그렇지 않다. 이를 테면 누군가가 트랜스젠더퀴어라는 점을 알았다면 어릴 때부터 몸과 갈등하고 학교 생활에 어려움을 겪었고 부모와 마찰을 일으키는 삶을 살았을 것이라고 가정하는 경우가 많다. 그리하여 누군가가 트랜스젠더퀴어란 점을 알았다면 이미 그의 일생을 다 알았다는 것처럼, 더 이상 알 것이 없다는 것처럼 반응하기도 한다. 트랜스젠더퀴어가 그의 전부며 유일한 경험이다. 아울러 트랜스젠더퀴어 범주는 이미 알고 있다고 가정하는 삶이기에 더 이상 확인할 것이 없거나 '내'가 알고 있는 내용에 상대가 부합하는지 아닌지만 확인하면 될 뿐이다. 그리하여 트랜스젠더퀴어에게 혹은 LGBT에게 시간성은 존재하지 않는다. 트랜스젠더퀴어를 비롯한 비규범적 존재는 언제나 거기에 있을 뿐이다. 바로 이 지점에서 트랜스는 성모 마리아와 거의 비슷하다 할 수 있다. 성모 마리아는 무염시태[4]가 되면서 삶과 시간과 죽음을 박탈당했다. 성모 마리아에게 가능한 것은 지배 규범이 부여한 이미지로 머무는 것뿐이다.

트랜스젠더퀴어의 죽음 역시 삶이 있는 존재의 죽음이 아니라 범주일 뿐인 존재, 그냥 죽음만 덜렁 있는 존재로 이 사회에 머문다. 트랜스젠더퀴어가 살면서 겪는 다양한 경험은 시간 속에서 해석되지 않는다. 지배 규범이 부여한 이미지에 트랜스젠더퀴어의 삶을 끼워 맞추려 할 뿐이다. 지배 규범의 이미지에 들어맞는 트랜스젠더퀴어의 삶만이 이 사회에 존재할 수 있고 통용되고 유통될 수 있다.

트랜스젠더퀴어를 비롯한 비규범적 존재에게 시간성이 없다면 어떻게 죽는 것이 가능할까? 죽음이 가능하긴 할까? 다른 말로 이미 특정 이미지로 박제되고 죽어 있는 존재의 죽음은 무엇을 의미할까? 어쩌면 트랜스젠더퀴어는 이미 죽은 존재, 시간성을 박탈당한 존재이기에 죽음을 통해서만 이 사회에서 가시성을 성취할 수 있는 건지도 모른다. 트랜스젠더퀴어만이 아니라 비규범적 존재는 언제나 이미 시간성을 박탈당했기에 죽음만이 이 사회에서 가시성을 갖게 한다. 죽음만이 우리의 존재를 입증한다. 지배 규범이 강요하는 삶의 양식과 죽음 상태가 일치하기 때문이다.

죽음이 범주에 진정성을 부여하고 존재의 가능성을 승인한다면 우리/트랜스젠더퀴어에게 죽음의 의미는 단순하지 않다. 죽음을 논하는 몇몇 이론가는, 삶이 아직 경험한 적 없고 기대하지 않은 어떤 (규범적)재화를 조우할 수 있는 가능성이라면 죽음은 아직 경험한 적 없고 기대하지 않은 어떤 재화를 결여하는 상태라고 주장했다. 하지만 결여는 그것을 적법하게 취할 수 있는 존재에게나 허용된 욕망이다. 트랜스젠더퀴어에게 우호적이지 않은 이 사회에서 미래의 어떤 가능성이나 재화 같은 것을 기대할 수 없다면, 지배 규범적 욕망을 자신의 욕망으로 구성할 자격 조건이 허락되지 않았다면 그에게 삶과 죽음은 별개가 아니다. 삶이 곧 죽음이며 죽음이 곧 삶이다. 트랜스젠더퀴어의 삶이 이토록 참혹하다는 뜻이 아니다. 삶이 곧 죽음이며 죽음이 곧 삶인 상황을 비루한 존재의 근거로 이해하는 사유체계가 삶과 죽음을 비루하게 만든다. 삶과 죽음의 관계, 존재에게 죽음의 의미를 다르게 해석해야 한다.

이 글의 서두에서 나는 과거 함께 활동했던 동료 한무지의 죽음을 얘기했다. 그의 죽음은 더 이상 그와 내가 만날 수 없도록 한다는 점에서 어떤 상실이긴 하지만 그의 죽음을 애도하는 자리에 상실만 머물진 않았다. 나는 그를 애도하는 자리에서 내가 몰랐던 그의 삶을 알 수 있었고, 그전까지 만나지 못 한 그의 원가족 및 친구를 만날 수 있었다. 그를 애도하는 자리, 그의 죽음이 현현하는 자리는 그의 삶을 알아가는 자리기도 했다. 비록 죽음을 통해 몸의 '물질성'은 사라진다고 해도 삶의 물질적 의미는 더 풍요로워질 수 있음을 그때 배웠다.

이 배움은 최근 또 다른 자리에서 다시 한 번 이루어졌다. 2018년 9월 8일 인천퀴어문화축제가 열리는 날, 인천 지역을 중심으로 하는 반퀴어-혐오 세력의 집요한 방해와, 무능할 뿐만 아니라 혐오 세력에 우호적인 경찰의 태도로 인해 축제 행사는 축제 조직위원회가 준비한 방식과 상당히 다른 방식으로 진행되었다. 부스는 제대로 열릴 수 없었고 퍼레이드 거리는 계획보다 줄었고 5분이면 걸어갈 거리를 5시간 넘게 투쟁하며 걸어야 했다. 반퀴어-혐오 세력은 또한 행사장 자체를 둘러싸고 봉쇄하며 행사 참가자에게 물리적 언어적 심리적 폭력을 지속적으로 가했다. 그 과정에서 휠체어를 타고 인천퀴어문화축제에 참가하고자 했던 사람들을 반퀴어-혐오 세력이 밀쳐서 휠체어를 넘어뜨리기도 했다. 그리고 이 모든 과정에서 경찰은 방관하고 구경만 했다.

이틀이 지난 9월 10일 인천퀴어문화축제는 인천지방경찰청 앞에서 규탄 기자회견을 진행했다. 나는 그 자리에서 얼굴 정도만 알고 지내던 한 사람을 소개받아 잠시 이야기를 나눌 수 있었다. 그 분은 인천퀴어문화축제에 휠체어를 타고 참가했고 그 과정에서 반퀴어-혐오 세력의 물리적 폭력 피해를 입기도 했었다. 그 분과 그날 나눈 이야기는 내가 그 분과 나눈 처음이자 마지막 이야기였다. 그 분은 다른 사람과 얼굴을 마주할 때면 해맑은, 수줍은 웃음을 보여주었지만, 그 분이 다른 사람과 이야기를 나누지 않고 있을 때면 너무도 어두운 분위기에 휩싸인다는 점이 조금 걱정되기도 했다. 그리고 열흘 지나 나는 그 분의 또 다른 소식을 전해 들었다. 지금은 많은 사람이 기억하겠지만, 시간이 지나면 조금씩 기억이 희미해질 수밖에 없는 소식, 케이시-느루-모모 님께서 세상을 떠났다.

짧은 조문 시간으로 장례식장을 찾지 못한 나는 10월 7일에 열린 추모식에 참가할 수 있었다. 장례식 소식과 추모식 행사가 열리는 시간 사이, 나는 어떤 죄의식을 한 켠에 갖고 있었다. 처음이자 마지막으로 인사를 나누던 그날, 모모 님께 "다음에 꼭 다시 만나자"라는 말한 마디라도 해야 했다고, 나는 왜 그 한 마디를 못 했나 싶었다. 다음에 꼭 다시 만나자는 말이 결국 막연한 나중을 가정하는 말이고 그렇기에 아무런 의미를 갖지 않는 말이라는 것을 몇 년 전 뼈저리게 배웠음에도 나는 다시 그 말에 기대고 싶었다. 나중에 밥이라도 먹자고 할걸, 나중에 꼭 제대로 이야기를 나누자고 할 걸, 나중에 같이 활동을 하자고 할 걸, 나중에… 나중에… 나중에 뭐라도 하자고 그래서 아예 구체적으로 날짜를 잡을 것을. 아무 것도 약속하지 않은 느루 님이 세상을 떠났다는 소식에 나는 '나중'을 기약하지 못했다며 여러 번 후회했다. 이 후회가 다 무슨 소용이냐 싶지만 그럼에도 그 후회를 붙들고 싶었다.

추모식 당일, 나는 시간에 맞춰 그 행사에 가지 못 했다. 그럼에도 추모식에서 나는 다시 한 번 케이시-느루-모모 님을 새롭게 알게 되었다. 여러 단체에서 활동을 하고 있었고, 많은 사람에게 영향을 끼치고 있었다는 사실을 배웠을 뿐만 아니라 그 동안 내가 몰랐던 또 다른 이름 케이시가 있었던 점도 배웠다. 내가 어떤 후회를 하고 있을 때 느루 님은 9월 10일 만나 이야기를 나눈 모습에 머물러 있었지만, 추모식을 통해 만난 케이시-느루-모모 님은 훨씬 풍요로운 삶을 살고 있었다. 추모식에 전시된 모모 님의 사진, 케이시 님의 사진은 내가 처음 만나는 느루 님이었다. 그리고 그날 추모식에서 발언을 한 사람들 모두가 진작에 만나 뭐라도 할 걸, '쇼핑이라도 같이 갈 걸'이라고 말했을 때 케이시-느루-모모 님의 삶은 더욱 구체적 형태로 바뀌어갔다.

쇼핑이라도 같이 할 걸. 밥이라도 같이 먹을 걸. 나중을 기약하는 동시에 과거를 후회하는 이런 종류의 말은 이제 와서 아무런 의미가 없는 말이지만 동시에 고인의 삶에 구체성을 제공하고 고인이 어떤 일을 할 수 있는 사람인지를 상상할 수 있도록 한다. 활동가의 죽음을 애도하는 자리에서 고인이 그 동안 어떤 활동을 해왔는지를 말하다보면 그 활동가의 왕성하고 소중한 활동 내역을 들을 수 있다. 그 회고/애도는 매우 중요하지만 이 애도/회고는 고인을 활동가로 제한해서 상상하도록 하기도 한다. 하지만 그 자리에서 고인이 좋아했던 립스틱 색깔을 말하고, 고인과 같이 쇼핑을 했으면 좋았겠다는 후회를 담은 발언은 고인의 삶이 활동가에 제한되지 않는다는 점을 구체적으로 말해준다. 내가 트랜스로 살았건, 활동가로 살았건 삶은 그 어느 한 가지 형태로 제한되지 않는다. 그러니까 '나중'을 염두에 두는 후회는 무의미한 후회가 아니라 고인의 삶을 특정한 조건으로 제약하지 않고, 단순하게 만들지 않고, '내'가 미처 몰랐던 어떤 모습을 알 수 있게 하는 순간이 된다.

한무지와 케이시-느루-모모 님의 애도식, 추모식 자리를 통해 죽음을 다시 이야기한다면, 죽음을 어떤 식으로 사유하고 해석하느냐에 따라 삶은 전혀 다르게 구성된다. 죽음을 범주의 근거로 사용할 것이냐 삶을 알아가는 자리로 사유할 것이냐에 따라 죽음, 그리하여 삶은 결코 단순하지 않은 형태로 변한다. 만약 트랜스젠더퀴어의 죽음을 그저 혐오 범죄의 증거, 그리하여 사회적 차별의 근거로만 사유한다면 이것은 삶과 죽음의 관계를 사유할 기회 자체를 박탈할 수 있다. 죽음은 범주를 정당화하는 수단, 그리하여 '○○은 트랜스다'와 같은 식으로 주장하는 계기가 되어서는 안 된다. 이런 식의 주장은 지배 규범이 비규범적 존재를 평가하는 바로 그 방식을 반복하고 재생산한다. 죽음은 고인을 특정 범주로 수렴해서 사유할 수 없도록 삶을 더 풍성하게 만드는 계기여야 하고, 지금까지 알았거나 죽음을 계기로 조우한 고인의 삶을 복잡하게 재조직하는 시간이어야 한다.

죽음을 이런 식으로 다시 고민한다면, 이 고민은 트랜스젠더퀴어의 자기 서사를 어떻게 다시 구성할 것인가로 확장할 수 있다. 흔히 트랜스의 자기 서사는 어린 시절부터 몸과 불화를 겪었고, 혹은 몸과 심각한 불화를 겪지는 않았다고 해도 젠더 실천과 관련해서 어려움을 겪었고 이를 통해 자신을 트랜스로 인식했다는 형태를 취한다(트랜스만이 아니라 성소수자에 해당하는 많은 범주가 특정 서사 구조를 공유한다). 그런데 이런 식의 생애사 구성은 복잡하고 다층적인 삶을 트랜스젠더퀴어 범주의 삶으로 수렴하고 환원한다. 트랜스의 자기 서사가 특정 형태의 공통점을 취한다고 해서 이것이 잘못은 아니지만, 한 개인의 복잡한 삶을 트랜스젠더퀴어 범주를 설명하거나 완성하는 방식으로 구성하는 것이 정말 괜찮은 것일까? 이것이 자칫 삶 자체를 트랜스젠더퀴어 되기의 목적론에 복속시키는 것은 아닐까? 예를 들어 나는 트랜스젠더퀴어인 내 삶의 긴 여정을 묻는 질문을 받을 때면, 10대 시절 비건으로 살기 위해 많은 고민을 시작했고, 20대 시절 혼자 살기 시작하며 비건으로 어떻게 먹고 살고 '육식하는 비건 정치학'을 어떤 식으로 상상할 것인가를 고민하다 보니 트랜스 활동가로 살고 있다고 말하곤 한다. 이런 나의 서사는 많은 사람에게 당혹감을 안겨준다. 트랜스에게 기대하는 서사는 이것이 아니기 때문이다. 많은 사람이 나의 이런 서사에 당혹스러워한다는 점을 알지만 나의 트랜스 생애사와 관련한 서사는 이런 식으로 구성될 수 있고, 이것과 전혀 다른 방식으로도 구성될 수 있다. 무엇을 트랜스의 자기 서사, 생애사로 상상하고 있을까? 트랜스의 생애사는 특정 서사 구조를 통할 때에만 비로소 적절한 것으로 완성될까? 만약 특정 서사 구조를 갖추어야 한다면, 그것은 한 개인의 생애사를 듣고자 하는 것일까, 현재 사회에서 널리 퍼진 트랜스 서사를 재생산하고자 하는 것일까? 죽음을 통해 삶을 다시 상상하기 시작한다면, 이것은 단지 고인의 삶만 구체적으로 이해할 수 있는 것이 아니라 현재 규범적으로 유통되고 있는 트랜스 자기 서사 자체를 다시 고민하고 지금과는 다른 방식의 서사를 구성하도록 요청할 수 있다. 그리고 이것이 죽음을 고민하는 많은 방법 중 하나이자, 죽음을 통해 비로소 트랜스젠더퀴어로 태어나고 태어남과 동시에 트랜스로만 삶을 박제시키는 과정에 동참하지 않는 방법이다.

1. 이 글은 『뻐라』 2호에 실린 글을 저본 삼아 상당히 개고하였습니다. 한무지와 케이시-느루-모모 님을 기억하며 이 글을 씁니다.

2. 엄지원, 「18살 트랜스젠더의 '쓸쓸한 죽음'」, 『한겨레』, http://goo.gl/FNeFRI (검색일: 2013. 12. 6).

3. 이 사건과 관련한 자세한 논의는 루인, 「피해자 유발론과 게이/트랜스 패닉 방어」, 권김현영 엮음, 『피해와 가해의 페미니즘』, 교양인, 2018, 161-202쪽 참고.

4. 기독교의 교리에 따르면 성모 마리아는 원죄 없는 상태에서 예수를 임신/잉태했다고 말하는데 이것을 무염시태라고도 한다. 기독교에서 마리아의 무염시태가 중요한 이유는 기독교의 교리에 따르면 인간은 누구나 원죄를 갖고 태어나는데 그렇다면 예수를 잉태한 마리아도, 예수도 모두 원죄를 가져야 하는 문제가 생기고 예수가 원죄 없는 존재이기 위해 마리아 역시 원죄에 물들지 않는 존재여야 하기 때문이다.

직접 인용하지는 않았지만 이 글을 쓰며 도움을 받은 문헌

자크 데리다, 『환대에 대하여』, 남수인 옮김, 동문선, 2004.

주디스 버틀러, 『안티고네의 주장: 삶과 죽음, 그 사이에 있는 친족 관계』, 조현순 옮김, 동문선, 2005.

Johannes Fabian, *Time and the Other: How Anthropology Makes Its Object*(original 1983), New York: Columbia UP, 2002.

Rita Felski, "Timely Meditations", Introduction. *Doing Time: Feminist Theory and Postmodern Culture*. New York & London: New York UP, 2000, pp. 1-32.

Frieda J. Forman, "Feminizing Time: An Introduction", *Taking Our Time: Feminist Perspectives on Temporality*, Ed., Forman, Oxford: Pergamon Press, 1989, pp. 1-9.

Nancy Fraser, "Rethinking Recognition", *New Left Review* 3 (2000): pp. 107-120.

Peter Hegarty, in conversation with Cheryl Chase, "Intersex Activism, Feminism and Psychology: Opening a Dialogue on Theory, Research and Clinic Practice", *Feminism & Psychology* 10.1 (2000): pp. 117-132.
Julia Kristeva, "Stabat Mater", *The Kristeva Reader*, Ed., Toril Moi, New York: Columbia University Press, 1986, pp. 160-186.

James Lindemann Nelson, "Death's Gender", *Mother Time: Women, Aging, and Ethics*, Ed. Margaret Urban Walker, Lanhma et al: Rowman & Littlefield Publishers, Inc. pp. 113-129.

David Valentine, "The Calculus of Pain': Violence, Anthropological Ethics, and the Category Transgender", *Ethnos* 68.1 (2003): pp. 27-48.

5. 게이라는 게 이쪽이라는 뜻이야?

도균

5. 게이라는 게 이쪽이라는 뜻이야?

01 　'게이라는 게 이쪽이라는 뜻이야?'

2012년으로 기억한다. 이제는 9년째 사귀고 있는 애인과 사귄 지 3년째 되던 때였다. 함께 목욕탕에서 데이트를 하고 밖으로 나가던 애인이 옷을 입다 문득 나에게 이런 질문을 던졌다. "게이라는 게 이쪽이라는 뜻이야?" 당시 마흔다섯 살에, 주민등록번호 뒷자리가 같은 숫자로 시작하는 나와 몇 년째 함께 만나온 애인이 '게이'라는 단어의 뜻을 모르고 있었다는 걸 그 때 처음 알았다. 그 날 그 자리에서는 재밌는 해프닝 정도로 생각했지만 이후로도 그 일이 길게 기억에 남았다. 애인은 그 전까지 자신을 '이쪽'인 사람이라고만 생각했지 게이라는 정체성의 이름으로 설명해본 적이 없었다는 게, 이십대에 접어들면서부터 쭉 나의 정체성을 고민해왔던 경험과 대조되어 더 기억에 남았던 것 같다.

2018년인 현재까지, 애인은 쉰한 살이 되도록 어느 누구에게도 커밍아웃을 해본 적이 없는 사람이다. 그리고 그 애인과 9년째 사귀고 있는 나는 서른 살 먹은 트랜스젠더퀴어[1]다. 좀 더 정확히 말하자면 애인을 처음 만났을 때 나는 mtf 트랜스젠더[2]로 나를 설명했고, 이후에는 젠더퀴어[3]라는 이름으로 나를 설명하기도 했다. 때로는 나를 게이로 설명하기도 했고, 한 때는 치마를 입는 남자로 나를 설명하기도 했으며 지금은 나를 트랜스젠더퀴어라는 이름으로 설명하면서 일상적으로 치마를 입고 다닌다.

애인은 스스로를 게이라고 설명하지 않는다. 애인은 스스로를 '이쪽'이라고 설명하고 트랜스젠더퀴어인 나 또한 '이쪽'이라고 이해한다. 이반 휴게텔[4]이나 이반 DVD방[5]에서 그 공간에 오는 사람들과 종종 섹스를 한다. 딱히 오픈 릴레이션쉽[6]이나 폴리아모리[7] 같은 표현으로 우리의 관계를 설명하지는 않지만 서로 상대가 자신이 아닌 사람과 섹스를 하기도 한다는 것을 알고 있다. 그 섹스는 주로 이반 휴게텔, 이반 DVD방, '이쪽'인 사람들이 자주 모이는 공원 화장실과 같은 공간에서 이루어진다.

애인은 스스로를 게이라고 생각하지 않는다. 사랑을 해서 결혼을 한다는 관념이 있지도 않고 결혼을 일종의 인생의 통과의례 정도로 생각하는 사람이지만 결혼을 하지 않았다. 자신이 결혼을 하지 않은 것에 대해서는 자신이 가진 유전성 질환과 가난 때문이라고 이야기하지, 자신이 게이여서 여성과 결혼하지 않는다고 생각하지도 않는다.

마흔다섯 먹도록 게이가 무엇인지도 몰랐던 내 애인은 그저 자신이 게이인 것을 부정하고 벽장 속에 있는 게이인 것일까? 애인이 남성 동성애자라면 그는 왜 일상적으로 치마를 입고 트랜스젠더퀴어로 스스로를 설명하는 나와 연애를 하는 것일까? 애인이 자신을 그저 '이쪽'

이라고 설명하고 나에 대해서도 '이쪽'이리라고 이해하는 것은 정확하지 않거나 틀린 설명이고 이해일까? 애인이 성적 지향과 성별정체성의 범주를 이해하지 못하는 '무지한' 사람이어서 발생하는 해프닝에 불과한 것일까?

02 '이쪽'과 성소수자 사이

이 사건과 더불어 기억에 남는 경험이 있다. 나는 서울에 있는 대학으로 진학해서 성소수자 동아리를 통해 사람들을 만나기 이전에 이미 스무 살 재수생이던 시절에 재수학원 근처의 공원과 이반 DVD방, 이반 휴게텔 등에서 '이쪽' 생활을 시작했다. 당시 다니고 있던 재수학원에서 걸어서 10~15분만 가면 이반 DVD방, 이반 휴게텔 등이 여럿 있었다. 나는 공원에서 할아버지들과 크루징[8]을 하고 차비 명목으로 5천원 남짓한 돈을 받아서, 뭘 사먹거나 그 돈으로 다시 이반 DVD방이나 이반 휴게텔에 가서 섹스를 하는 식으로 사람들을 만났다.

당시에 내가 살던 도시에는 내가 접근 가능한, 성소수자를 위한 단체조차 존재하지 않는 상황이었고, 부모에 의해서 많은 것들이 통제당하는, 내가 원하는 곳에 마음대로 사용할 수 있는 돈이 거의 없는, 주거 공간이 양육자에게 예속된, 인터넷 등으로 사람들을 만나기에는 전화번호 등을 알리거나 만났을 때 술값이나 밥값으로 쓸 돈이 부담스러운, 애초에 가족들과 함께 사용하는 컴퓨터에 그런 기록이 남는 것조차 두려운 그런 상황들이 있었다. 나는 '이쪽'인 사람들이 자주 가는 공원 화장실을 인터넷을 통해 찾아서 방문하거나, 이반 DVD방, 이반 휴게텔에서 사람들을 만나서 섹스를 하고, 대화하고, 소액의 돈을 받거나, 밥을 얻어먹기도 하면서 '이쪽' 생활을 시작했다.

하지만 서울에 올라오고 대학 성소수자 동아리에 가입한 후 '이쪽' 생활을 했던 경험을 말할 수 없었다. 단적으로 해당 동아리에 들어가고 몇 달 뒤에 동아리에서 잡지를 낼 때, 잡지의 주된 내용은 '우리도 다른 학생들과 별로 다르지 않고', '데이트와 연애도 잘 하는', '평범한 학생들'이라는 것을 강조하는 내용이었다. 동아리 내부에는 문란함에 대한 낙인 혹은 이중적인 잣대가 존재했다. 끼를 잘 떠는 사람이 끼를 떠는 방식의 일환으로 본인의 문란함을 어느 정도 전시하는 건 재밌게 용인될 수 있는 일이었지만, 이반 휴게텔에 출입한다던가, 정말로 파트너가 자주 바뀌고 원나잇을 자주하는 사람들에 대해서는 매우 부정적인 시선들이 있었다. 그때부터 나의 이중생활이 시작됐다. 이반 휴게텔이나 이반 DVD방에 가서 원나잇을 하고, SM플레이를 즐기고, 나보다 경제적으로 여유로운 아저씨들과 섹스하고 식사를 얻어먹으면서, 동아리에 가거나 운동에 참여하는 사람들과 있으면 그런 것들과 거리가 먼 것처럼 굴거나 굉장히 축소해서 이야기를 하면서 순진한 척을 해야 했다. 문란함에 대한 경멸을 어느 정도 내재화해야 그 공간에 버티고 있을 수 있었기 때문이다. 그럼에도 나에게는 대학 성소수자 동아리와 이반 휴게텔 모두가 중요했고, 양쪽 모두 나의 정체성을 크게 구성하고 있는 공간들이었다. 갈수록 이중생활의 격차는 심해졌다. 성소수자 동아리에서 나의 다양한 특성을 드러내고 원하는 모습으로 살기 위해 애쓰면서도, 그 삶을 유지하기 위해 이반 휴게텔에서의 내 경험들을 최대한 감춰야했다.

그러다보니 나는 크루징이 이루어지는 화장실이나 이반 DVD방, 이반 휴게텔 등을 계속 출입하면서도 동시에 그런 공간들에 가지 않는 사람인 양 선을 긋는 태도를 보여야 했다. 내 정체성을 밝힌 사람의 수가 늘어나고 성소수자 동아리를 기반으로 만나는 사람들의 수가 늘어나면서 나를 더 많이 드러내는 만큼 감춰야하는 것들도 늘어났다. 크루징이 이루어지는 공간에는 "저 사람들은 왜 굳이 저렇게 나서서 시끄럽게 굴고 안 좋은 이미지를 만드느냐"고 손가락질하는 사람들이 있었고, 내 정체성을 밝히면서 사람들을 만나는 공간에는 "저 사람들은 왜 굳이 저런 데서 더럽고 위험하게 섹스하는지 모르겠다"며 손가락질하는 사람들이 있었다. 각각의 집단을 퀴어라는 이유로 단순히 동일하거나 유사한 그룹으로 간주하기엔 각각의 공간과 공간이 작동하는 방식이 너무 달랐다. 또 그 차이는 그 공간에 머무는 사람들이 스스로를 생각하는 방식에도 많은 영향을 끼쳤다. 단적으로 크루징을 하는 공간에서는 내가 다양한 젠더표현을 하는 것과 별개로 '이쪽'인 사람이었지만, 성소수자 동아리에서는 내가 '게이'인지, '트랜스젠더'인지 답을 찾아야만 할 것 같았고, 내가 무엇인지 알 때까지 끝없는 정체화의 과정을 거쳐야만 할 것 같았다.

03   나는 무엇일까?

자신을 그저 '이쪽'인 사람으로 긍정할 수는 없는 걸까? '이쪽'인 사람들은 반드시 게이나 트랜스젠더 등의 이름을 선택해야 할까? 20대를 보내는 내내 나는 내 정체성이 무엇인가에 대한 그럴싸한 답을 찾아야

할 것 같았다. 내가 나와 관계 맺는 방식, 내가 나를 감각하는 방식 자체를 설명하는 데 시간을 쓰기보다 그러한 관계와 감각에 붙일 딱 떨어지는 이름을 찾고 싶었다. 내가 처음으로 고민한 이름은 mtf 트랜스젠더였다. 2009년부터 2년가량 나는 스스로를 mtf 트랜스젠더로 소개했고, 주변의 일부 게이들과 여러 갈등을 빚었다. 성소수자 동아리에서 만난 많은 게이들은 끊임없이 내가 mtf 트랜스젠더가 맞는지 검열하려고 들었다. "가방을 더럽게 하고 다니는 걸 보면 의심스럽다"든가 하는 말로 내가 나를 설명하는 방식을 의심하는 사람들도 있었고, "선배라고 부르면 멀게 느껴지니 편하게 형이라고 부르라"든가 하는 말로 내가 나를 설명하는 방식 자체를 부정하는 사람도 있었다. 그와 같은 태도가 적절한 것인가와 별개로 나는 끊임없이 스스로 mtf 트랜스젠더가 맞는지 고민하게 됐다. 나는 여성인가? 나는 나를 여성으로 감각하는가? 여성으로 감각한다는 것은 무엇인가? 여성은 무엇인가? 어느 질문에 대해서도 제대로 답할 수 없었고, 그 고민을 해결하기 위해 열심히 찾아 읽었던 다른 mtf들의 서사는 나와 그렇게 일치하지 않았다. 털이 잔뜩 난 내 손등과 하체를 볼 때면 거북한 마음이 들었지만 그것은 다른 사람들이 말하는 것과 같은 젠더위화감이라기보다 이것만 아니면 모든 게 간단해질 것 같다는 소망에 가까웠다. 중·노년들과 크루징을 통해 지속적으로 섹스를 하는 과정에서 주름이나 굳은살의 형태, 위치 등을 보며 상대가 살아온 삶의 과정을 알게 되고, 몸을 내가 살아온 역사에 대한 일종의 기록으로 감각하기 시작하면서 거북한 마음은 많이 줄어들었다. 의료적 트랜지션을 통해 이전의 몸과 완전히 단절되는 것이 아니라 그 모든 과정과 흔적이 일종의 기록처럼 내 몸에 남게 된다고 생각하고 내 몸을 내 삶의 기록이라고 여기게 되니 의료적 트랜지션을 거치는 것도, 하지 않는 것도 오히려 좀 더 편하게 생각할 수 있었다. 어쨌거나 나는 성소수자 동아리의 회원이면서 게이가 아니지만 mtf 트랜스젠더도 아닌 나의 정체성을 표현할 다른 언어를 원했다. 그런 언어를 찾으면 내가 어떤 사람인가에 대한 답을 얻을 수 있으리라 생각했다.

그 다음으로 고민한 이름은 젠더퀴어였다. 2010년 겨울쯤 젠더퀴어라는 표현을 처음 접했을 때 이 표현이야말로 나를 잘 설명할 수 있는 표현이라는 생각이 들었다. 그 시기쯤 한국에 젠더퀴어라는 표현이 조금씩 들어오면서 SNS 등을 통해서 유통되기 시작했고, 내가 여성이라는 생각이 들지 않으면서도 내 몸에 거북한 마음이 들고 내가 남성이라는 믿음이 생기지 않는 상황에서 나를 설명하기에 가장 적절한 표현처럼 느껴졌다. 그렇게 나를 젠더퀴어라고 설명하기 시작했다. 그러다 2014년 여름에 한 단체에서 만난 사람이 인터뷰를 요청해 응한 일이 있었다. 그 사람은 내가 남성과 연애하고 남성을 상대로 성노동을 한다고 알고 있었고, 나에게 정체성을 물었다. 나는 나를 젠더퀴어라고 소개했고, 그 사람은 그게 무슨 뜻인지 되물었다. 나는 그에 대해 "나를 남성이나 여성 중 어느 쪽으로도 정체화하지 않는다는 의미"라고 답했고, 상대는 나에게 그럼 스스로를 어떻게 감각하는지에 대해 반복해서 질문했다. 그에 대해 "남성적인 부분과 여성적인 부분이 뒤섞여있다고 느낀다."라고 답했더니 상대는 모든 사람이 그렇지 않느냐는 질문을 던졌다. 지금이라면 조금 다른 답변을 할 수 있을 것도 같지만, 그렇게 끝없이 지속되는 대화 속에서 지치기 시작했고, 그 일이 있은 뒤부터 나는 그 사람을 만난 단체에서 나를 게이라고 소개하기 시작했다. 내가 어떤 이름으로 나를 설명하는 것은 상대에게 그를 통해 내가 어떤 사람인지 보다 더 압축적으로 전달하기 위한 목적도 있다고 생각하는데, 나와 함께 일상을 보내는 사람들이 무슨 뜻인지 알아듣지 못하고 내가 스스로 설명할 수도 없는 이름은 나를 소개하는 데 있어 그다지 도움이 될 수 없었다.

그렇게 그 공간에서 게이로 나를 설명하기 시작하고 난 지 1년 정도 지났을 무렵부터 나는 일상적으로 치마를 입고 생활하기 시작했다. 처음 치마를 입기로 결심했던 건 함께 연극을 준비 중이던 사람들에게 어떤 식으로든 힘을 주고 싶었기 때문이었다. 내가 치마를 입고 함께 연극을 연습하고 당당하게 일상생활을 하는 모습을 보여주고 싶었다. 그것이 나를 아끼는 사람들에게 즐거움이 될 수 있으리라고 생각했다. 한편으로는 이전부터 치마를 입고 싶었지만 의료적 트랜지션을 어느 정도 거친 이후에야 입을 수 있지 않을까 하고 막연히 생각을 해오던 차에, 지금 치마를 입고 싶은 마음을 나중으로 미루고 그것을 위해 치마를 입어도 사회적으로 용인되는 모습을 갖춰야 한다고 생각하는 스스로가 싫었기 때문이다. 그렇게 일상적으로 치마를 입기 시작한 후로 굉장히 많은 사람들이 나에게 성별을 질문하기 시작했다. 아마도 내가 트랜스젠더인지 묻고 싶었던 것이라고 생각하지만, 나는 그 질문에 제대로 답하고 싶지 않았다. 나를 본인들의 분류 기준에 맞춰 설명하길 요구하는 말들이 거북하게 느껴지기 시작했다. 그래서 내 가랑이 사이를 보는 척 하고 잘 모르겠다고 답하는 식으로 상대가 질문하는 것의 내용이 무엇인지 되묻거나, 내 성별정체성을 묻는 여러 질문들에 매번 다른 식으로 답하곤 했다. 내가 무엇인지 헷갈리게 만들고 싶었지만, 그럼에도 사람들은 나를 어떤 식으로든 고정된 무언가로 인식하고 싶어 했다. 내가 무슨 수를 써도 저들이 나를 고정시키려고 한다면 내가 원하는 방식으로 나를 설명하고 싶다는 생각이 들었다.

나는 지금까지도 정체성의 이름으로 나를 설명할 때마다 괴리감을 느낀다. 내가 나의 정체성을 감각하는 방식은 어떤 이름들이 무수히 흩어져있는 좌표상의 어느 한 점이 아니라 일종의 영역에 가깝기 때문이다. 그렇다면 그 영역이 포괄하는 범위 내에서 내가 원하는 어떤 이름을 골라야겠다는 생각이 들었고, 트랜스혐오에 대한 분노와 트랜스젠더와 젠더퀴어를 본질적으로 다른 범주처럼 구분하면서 생기는 미묘한 대립에 대한 반감으로 트랜스젠더퀴어라는 이름을 선택하게 됐다. 성적 지향과 관련한 질문을 받으면 구체적인 이름을 갖다 대는 대신 아저씨, 할아버지들과 섹스한다고 답하거나, 21년 연상의 아저씨와 연애하고 있다고 답하게 됐다. 경우에 따라 필요하면 상대가 알아들을 만한 적당한 이름들을 가져다 대기도 하면서 내가 무엇인가보다 내가 어떤 사람인가에 대한 설명에 좀 더 집중하게 됐다.

그러는 사이 성정체성을 섹슈얼 지향과 로맨틱 지향, 젠더 정체성으로 범주를 나누어 설명하는 방식이 SNS를 통해 많이 유통되는 것을 보게 됐고, 나는 다시 고민에 빠졌다. 나 또한 젠더퀴어로 스스로를 정체화하기도 했었지만 내가 나를 정체화한 과정이 다양한 섹슈얼 지향, 로맨틱 지향, 젠더 정체성 중 내가 무엇인지 찾아가는 방식과는 달랐기 때문이다. 내가 살면서 경험하고 감각한 나는 그렇게 일관되게 분류 가능한 사람이 아니었고, 내가 나의 섹슈얼리티에 대해 고민하는 방식, 내 몸에 대해 사유하는 방식은 그런 분류 방식과 여러모로 들어맞지 않았다.

04   모순된 이름으로 나를 설명하기

'나는 트랜스젠더퀴어 바텀알바다.' 나는 트랜스젠더퀴어다. 트랜스젠더와 젠더퀴어를 본질적으로 다른 범주처럼 구분하고 싶지 않으며, 태어나고 서류상으로 등록되는 순간 남성으로 지정받았으나, 내가 살아가는 사회가 남성에게 부여한 역할과 경계를 위반한다는 점에서 나를 트랜스젠더퀴어라고 설명한다. 그런 점에서 나는 남성이 아니다. 동시에 나는 바텀알바다. 바텀Bottom은 게이 문화에서 사용되는 용어로 자신의 항문을 이용해 상대와 항문성교를 하는 섹스 포지션을 가리키는 표현이고, 알바는 아르바이트의 준말이다. 바텀알바는 바텀과 알바의 합성어로 남성을 상대로 조건만남[9]을 하는 남성 성노동자를 가리키는 속어다. 내가 나를 바텀알바라고 소개할 때, 그것은 단지 내가 어떤 일을 하는가에 대한 정보 이상의 내용을 담고 있다. 내가 나를 바텀알바라고 소개하는 순간 나는 어떤 남성들을 가리키는 이름을 나를 설명하는 데 사용한다.

'나는 트랜스젠더퀴어 바텀알바다.'라는 세 어절짜리 짧은 문장 하나에 나의 젠더 정체성과 직업, 내가 하는 성적 실천의 한 형태가 드러난다. 그럼에도 '남성 성노동 업종'인 바텀알바로 일을 하면서 스스로 남성이라는 믿음을 가지고 있지 않은 트랜스젠더퀴어로서 '나는 트랜스젠더퀴어 바텀알바다.'라는 한 문장은 모순적이기도 하다. 그렇다면 내가 '트랜스젠더퀴어 바텀알바'라고 말하는 것은 틀린 것일까? 내가 이와 같은 언어를 거치는 방식으로 내 정체성에 대해 고민한다면 그 고민의 방식은 잘못된 것일까? 내가 일을 하는 방식은 '남성 성노동 업종'에 속하고 나를 만나는 구매자들은 나를 남성이라고 여긴다. 나 또한 그들에게 '남성'으로서 매력적인 존재로 어필하려고 노력하는 편이다. 하지만 나는 일상적으로 치마를 입고 다니고, 나에게 기대되는 '남성'으로서의 역할에 저항한다는 점에서 트랜스젠더퀴어이기도 하다. 내 삶의 맥락 속에서 나는 트랜스젠더퀴어이며 동시에 바텀알바다.

남성이 아닌 트랜스젠더퀴어로서의 나와 남성으로서의 역할을 기대 받고 그에 응하는 바텀알바로서의 나는 분리가 가능한가? 양쪽의 나는 모순되는가? 트랜스젠더퀴어 바텀알바인 나의 젠더는 무엇인가? 나에게 주어지는 선택지 중 무엇을 골라야 '정답'일까? 지정성별 남성의 트랜스젠더퀴어인 나는 어떤 남성들을 가리키는 데 사용되는 이름으로 나를 설명할 수 없을까? 젠더 정체성의 다양한 이름 중 내가 무엇인지를 찾는 방식으로 나는 나의 젠더를 충분히 설명할 수 없다. 또한 '트랜스젠더퀴어 바텀알바'라는 표현에서 볼 수 있듯 나를 설명하는 다양한 이름들은 일관성을 갖지 않는다. 나의 정체성은 그런 일관성을 가진 이름들의 집합으로 나타낼 수 없다. 나를 설명하기 위해서는 일관성 없고 모순된 이름들이 필요하다.

05 섹스로 정체화하기

정체성을 몇 가지 범주로 잘게 쪼개고, 그 속에서 나를 가리키는 적절한 표현을 찾는 것만이 정체화의 과정일까? 나는 섹스를 통해 내 몸에 대해 사유하고, 타인과 관계를 맺어왔다. 나에겐 그것이 정체화의 과정이었다. 몸에는 그 사람이 살아온 역사가 새겨진다. 주름, 굳은살, 살결, 살빛, 몸이 굽은 형태에서 그 사람의 삶을 읽을 수 있다. 대화를 나누고 상대와 몸을 맞대면서 상대의 삶을 읽는다. 몸에 새겨진 삶의 흔적들은 좀처럼 거짓말을 하지 못한다.

섹스는 섹스하는 이의 몸을 바꾼다. 짧게는 체취가 옮고, 체액이 섞인다. 자국이 남기도 하고 통증이 남거나 병들기도 한다. 기분 좋은 상대의 체취가 내 몸에 옮으면 그것만으로 기분이 좋아진다. 길게는 특정한 사람과 섹스하는 과정에서 소소한 습관들이 변한다. 특징적인 냄새나 촉감 같은 자극에 대한 내 몸의 반응이 변한다. 아주 오랫동안 어떤 습관을 가진 사람과 섹스하면 나에게도 그에 상응하는 습관들이 생긴다. 특정한 공간에서의 섹스도 몸과 섹스 그 자체에 남는다. 반복해서 몸으로 익은 것들은 길게 남는다. 삶의 가장 기초적인 기반이 되는 내 몸이 누군가의 몸/짓, 특정한 공간에 반응하며 변한다. 관계는 내 몸의 바깥에서만 이루어지지 않는다. 만나서 섹스만 하는 사람들에게도 그 섹스를 따라 몸과 섹스에 흔적이 남는다. '섹스 말곤 아무 것도 하지 않는다'고 해도 그 섹스만으로 아무 것이 된다. 그것에 반드시 정체성 같은 이름을 붙일 필요는 없지만, 그 무언가에 대해 이야기하는 것도 실체가 있고 의미가 있다.

중·노년층과 섹스를 하다보면 상대의 몸에 있는 주름, 굳은살, 흉터 등이 눈에 띄는 경우가 많이 있다. 상대의 얼굴에 있는 주름을 보면 상대가 어떤 표정을 자주 짓는지, 그 표정을 지을 때 상대의 얼굴이 어떤 모습일지 추측할 수 있다. 9년째 사귀고 있는 애인의 경우 그의 주름만 봐도 이 사람의 웃는 모습이 떠오른다. 애인이 웃을 때면 눈가의 주름을 따라 표정이 생긴다. 나에게 상대의 얼굴에 보이는 주름은 그가 지어온 표정들의 흔적이다. 그래서 나는 섹스를 할 때 이따금 상대의 눈가에 난 주름 등을 손으로 훑곤 한다. 상대의 감정과 표정이 만들어온 흔적을 손으로 감각하는 것이 때로는 상대가 어떤 사람인가에 대해 정말로 많은 것을 알려준다. 그럴 때 나에게 섹스는 탐색이며, 주름은 그 탐색의 좋은 이정표가 된다.

몸의 굳은살은 상대가 어떤 방식으로 살아왔는지를 보여주는 직접적인 흔적이다. 손에 굳은살이 어느 정도 있느냐를 통해 상대가 해온 일이 어떤 일이었는지를 알아가기도 하고, 상대의 직업을 듣고 굳은살의 위치와 정도를 통해 상대가 어떤 도구를 자주 사용해서 어떤 일을 하는지 내 손으로 감각하는 경우도 있다. 예전에 성노동을 하면서 만나던 손님과 하루는 함께 차를 타고 여행을 가고 있었다. 한적한 길 한 쪽에 차를 세운 사이 나는 상대의 손을 만지작거리는 과정에서 상대의 오른손에 박인 굳은살이 엄지손가락과 검지 사이에 몰려있다는 사실을 깨달았다. 동시에 그 굳은살에 비해 손이 굉장히 부드럽다는 생각도 들었다. 엄지손가락과 검지 사이 손바닥 부분에 지속적으로 힘을 많이 줄 일이 무엇이 있을지 생각해보다 문득 플라이어 종류의 공구들이 떠올랐고, 일할 때 그런 종류의 공구를 많이 사용하는지 물었다. 또한 상대의, 굳은살이 박였으면서도 부드러운 손을 보면서 혹시 일을 할 때 장갑을 자주 끼고 일을 하는지 물었다. 상대는 굉장히 신기해하면서 어떻게 알아차렸는지를 물었고 그에 대해 이야기하면서 상대의 직업과 일하는 방식, 노동 강도에 대한 이야기를 들을 수 있었다. 그럴 때 나에게 스킨쉽은 상대를 알아가는 과정이고, 굳은살은 그 과정에서 상대에 대한 많은 정보를 전달하는 힌트가 된다.

몸에 난 흉터도 절로 생기지 않는다. 긴밀하게 교감을 하고 있는 상황에서 무례하지 않은 방식으로 내 몸에 있는 흉터나 상대의 몸에 있는 흉터에 대해 이야기를 나누다보면 그 흔적에 얽힌 삶의 경험에 대한 이야기를 나누게 된다. 예컨대 내 몸에 있는 어느 흉터를 상대가 발견하고 이에 대해 대화를 나눌 때, 나는 그 흉터가 생기게 된 배경이 되는 사건을 이야기하며 나의 10대 시절에 대해 이야기하고, 또 그 대화가 상대의 10대 시절에 대한 이야기로 이어지는 식이다. 그럴 때 나에게 섹스는 타인과의 교감이며, 내 몸의 흉터는 교감을 이끌어내는 매개체가 되기도 한다.

나에게 섹스는 타인의 몸을 삶의 기록으로 이해하는 과정이었고, 그 과정은 나의 몸을 내 삶의 기록으로 이해하게 되는 과정이기도 했다. 주름, 굳은살, 흉터에 얽힌 타인의 역사를 알아가는 과정은 나의 몸에 남은 주름, 굳은살, 흉터에 새겨진 나의 역사에 대해 고민하는 과정이었다. 그 과정을 통해 트랜스젠더퀴어인 나는 스스로 위화감을 느끼는 내 몸을 내 삶의 기록으로 이해하며 이전과는 전혀 다른 방식으로 받아들일 수 있게 됐다. 정체화가 동일시의 과정이라면, 나는 섹스를 통해 타인의 몸을 읽어내는 방식에 나를 동일시하며 내 몸을 이해하게 됐다. 이 과정을 젠더 정체성을 가리키는 하나의 이름으로 설명할 수 있을까?

섹스가 정체화의 과정일 수 있다면, 그리고 관계 맺음의 방식일 수 있다면, 크루징을 통해 구성되는 집단에 대해서 생각해볼 수도 있을 것이다. 한국에서 크루징을 통해 사람들이 만나고 관계를 맺기 시작한 건 언제부터일까? 그렇게 구성되는 집단을 어떻게 명명할 수 있을까?

해방 이후 극장을 중심으로 크루징이 이루어졌다. 명동의 동명과 경동, 왕십리의 광무 극장에 모인 사람들이 크루징을 했다는 기록을 게이인권운동단체 친구사이에 2003년 10월 22일에 올라온 웹진을 통해 확인할 수 있었다.[10]

1960년대에는 명동의 모 극장과 다방, 이후 을지로 인쇄소 골목에 생기기 시작한 술집들에 어떤 사람들이 모였다.[11] 주로 특정 극장이나 화장실에서의 크루징을 중심으로 사람들이 모이고 한편에서는 한국 최초의 게이바로 일컬어지는 공간이 생겨났다. 온라인을 통해 유사한 욕망을 가진 타인과 연결되거나, 개인적인 통신 수단을 통해 연락을 주고받는 것이 어려웠을 시대적 상황과 더불어, 지금처럼 대학 성소수자 동아리나 성소수자 인권 단체와 같은 공간들을 통해 커뮤니티가 형성되고 진입하는 등의 다른 접근 방식이 불가능했을 것이다. 어찌됐건 한국에서 특정한 부류의 퀴어 집단이 형성되는 데 많은 역할을 한 크루징 문화의 공간적인 기반이 70년대 중반부터 정부 주도로 속칭 '종3'이라 불린 집결지와 판잣집들이 밀려난 종로 3가로 이동해왔다는 것을 온라인 블로그나 게이인권운동단체 친구사이의 자유게시판에 올라온 글 등을 통해 파악할 수 있었다.[12] 1960년대부터 1990년대에 이르기까지 신당동에도 게이바를 비롯한 업장들이 있었고, 1990년대 이후로는 이태원의 커뮤니티가 확장되기도 하지만 신당동의 경우 1990년대 이후로 쇠퇴했고, 이태원의 경우 크루징이 이루어지는 극장이 존재하지 않았다.[13]

2000년대에 들어서면서 크루징이 이루어지던 극장들이 문을 닫기 시작한다. 파고다 극장이 2000년대 초반 문을 닫고, 극장을 중심으로 한 크루징 문화는 많이 쇠퇴하게 되는데, 크루징 공간으로 활용되던 몇 곳 남지 않은 성인극장들이 존재는 하고 있지만 근래에 영등포시장에 위치한 한 성인극장이 문을 닫았고, 극히 일부를 제외하면 크루징이 이루어지는 성인극장 자체가 사라지고 있다. 화장실 크루징의 경우도 주로 사람들이 구멍을 뚫는 벽면에 철판이 덧대어지는 등의 상황이 있었고, 원래 화장실 크루징 자체가 여름철에 보다 번화하고 겨울철에는 많이 줄어드는 경향이 있지만 그렇게 늘고 주는 과정 속에서도 전반적으로 매년 점점 더 줄어드는 추세를 보인다. 실제로 사람들이 만나는 소위 '구멍 화장실' 중에 없어진 곳들도 많고, 서울에서도 이젠 몇 군데 정도를 제외하면 실질적으로 화장실 크루징을 통해 사람을 만나기 어렵다.

크루징이 이루어지는 공간 자체가 극장이나 화장실 등에서 이반 휴게텔, 이반 DVD방, 사우나 등으로 변화했다. 각각의 공간들도 취향에 따라 연령대가 나뉘기도 하고, 일부 이반 휴게텔의 경우 출입 가능한 연령대를 제한해서 40-50대 이상의 사람들은 입장할 수 없게 제한하기도 한다. 온라인 데이팅 어플리케이션들이 보편화되면서 온라인 접근성이 떨어지는 가난하고 나이가 많은 사람들은 계속해서 적은 수의 크루징 공간으로만 몰리는 상황이다. 그렇게 한정된 공간에서 관계를 맺는 사람들의 삶은 잘 보이지 않는다.

한편 1990년대 초중반부터 성소수자 인권 운동이 본격적으로 가시화된다. 1993년 〈초동회〉라는 인권 단체에서 게이, 레즈비언, 바이섹슈얼, 트랜스젠더들이 함께 했다는 기록을 볼 수 있고, 1996년 〈한국 트랜스젠더 & 크로스드레서 단체 아니마〉를 한국 트랜스젠더 인권 운동의 출발점으로 보는 해석도 있다.[14] 한편 1998년부터 2004년까지 게이를 중심으로 한 업소 홍보지 『보릿자루』 중 2000년 11월 21일 나온 『보릿자루』 22쪽에 실린 「다섯 개의 화장실」의 일부를 보면[15] "화장실 문화"라는 제목의 글에서 "아직도 실존하는 우리의 문화"라는 말로 '화장실 이반 문화'를 소개한다. 이때 화장실 이반 문화는 "억압된 성정체성을 끌어안고 살아가야하는 이반들의 위축된 심리가 그릇되어 분출되는 현상의 원인"인 "화장실 의식"으로 설명되고, "그래도 이반들보다 일반들하고 하는 게 더 낫다는" 이유로 일반사우나에서 남을 만지는 파렴치한 행동으로 규정된다. 그 글의 필자는 "세상 그 어떤 미친 일반이 이반이 접근해 추근덕거리는데 나 몰라 하고 자기 몸을 내맡긴단 말인가? 대부분 성추행으로 고발도 불사하는 포비아적인 반응을 보일 것은 불 보듯 뻔한 일이다."라고 말하면서 "이는 개인적 화장실 의식으로 인한 이반사회 전체를 일반사회에 그릇되이 인식시키는 중죄를 저지르는 것"이라고 강도 높게 비판한다.

해당 자료를 인용한 터울의 '2017 성소수자 인권 포럼' 발제를 보면 한국의 초기 게이 인권 운동에서 '화장실 문화'에서 벗어나야 한다는 언급, '가시성'을 중요한 목표로 삼는 분위기, '이반'이라는 규범이 형성되는 과정을 볼 수 있다.[16] 이러한 분위기가 형성된 이후에 게이 그룹 혹은 성소수자 그룹으로 진입한 사람들이나, 1990년대 중반부터 생겨난 대학 성소수자 동아리, 혹은 인권 단체에서 활동을 시작하거나 이 과정에 참여한 사람들을 '이쪽'인 사람들과 달리 정체성과 자긍심을 중심으로 만들어진 게이 그룹 혹은 성소수자 그룹으로 볼 수 있을 것 같다.

그렇지만 크루징을 통해 구성되는 '이쪽'인 사람들은 게이나 성소수자들의 과거형이고, '이쪽'인 사람들은 없어지고 있고 게이나 성소수자들을 '이쪽'인 사람들의 현재형이라고 말하고 싶지 않다. 그것은 굉장한 사실 왜곡이기도 하다. 게이나 성소수자들이 자신의 역사를 써나가는 동안 공원에서, 화장실에서, 이반 DVD방에서, 이반 휴게텔에서 사우나에서 자신의 역사를 만들어온, 자신의 삶을 살아온 사람들이 있고 나 또한 발 한쪽을 그런 공간들에 걸치고 살아왔기 때문이다. 공원, 화장실, 이반 DVD방, 이반 휴게텔, 사우나 등을 중심으로 만나는 '이쪽' 사람들, 특히 나이대가 높은 경우 그 '이쪽' 사람들은 이후의 게이 그룹과 완전히 일치하지 않는다. '이쪽'인 사람들이 크루징을 하는 과정에는 다양한 성적 실천과 젠더 표현이 혼종적으로 뒤섞여있다.

그래서 서로에게 건네는 질문도 다르다. 성소수자 운동 단체나 퀴어 커뮤니티에서는 내가 어떤 정체성을 가졌나에 대한 질문을 주로 받지만 크루징을 통해 만나는 사람들은 내가 어떤 젠더 표현과 성적 실천을 하는가와 무관하게 주로 '이쪽'이냐고 묻는다. '이쪽'이라는 두루뭉술하고 느슨한 범주로 연결되지만 그 개념은 게이나 트랜스젠더와 같은 이름으로 설명되지 않는다.

한편 '젠더퀴어', '에이섹슈얼'[17] 등 보다 다양한 방식으로 범주화되는 성소수자 그룹이 가시화되고 있다. 성소수자를 분류하는 범주 자체가 변화하는 상황에서 90년대 중반 성소수자 운동이 본격적으로 드러나기 시작한 이후의 '게이' 그룹을 지금 우리가 인식하는 '게이' 그룹과 동일하게 해석할 수 있는가의 문제도 존재한다. 나 또한 '바텀알바'로 일을 하고 '게이바'에서 친구들과 술을 마시기도 하지만 누군가 나에게 내가 '게이'인지 묻는다면 아마도 나는 아니라고 답할 가능성이 높을 것 같다.

그럼 이 때 서울의 종로 3가와 이태원, 부산의 범일동 같은 공간에 '게이'들이 먼저 모여왔고, 최근에 와서 갑자기 보다 다양한 퀴어들이 등장했다고 말하는 게 합당한 것인가에 대한 의문이 든다. 이전 시점에서 통칭되던 '게이' 집단 내부에, 지금 시점에서 보다 세분화되거나 다른 방식으로 범주화되는 사람들이 이미 포함되어있었다면, '이쪽'인 사람들과 '게이'라는 범주 사이의 균열에서, 그리고 앞서 '게이'라고 명명되던 집단이 현재의 범주 구분 방식에서 다양한 집단으로 나뉘는 상황에서 정체성이라는 범주 구분 자체가 흔들리는 것을 살필 수 있을 것이다. 그렇다면 고정적이고 절대적인 '정체성'을 전제하고 이루어지는 이야기나 분석들만으로 서로 다른 시공간의 다양한 삶들을 제대로 설명할 수 있을까?

07 낙인에 맞서는 방법

정체화가 어떤 집단에 나를 동일시하는 과정이라면, 그것은 동시에 어떤 집단과 나를 분리하려는 과정이기도 할 것이다. 앞서 언급한

'화장실 문화'에서 벗어나야 한다는 주장은 어떤 집단과 나를 분리하고자 하는 예시기도 하다. 그 주장에 깔린 욕망은 무엇일까? '개인적 화장실 의식'이 '이반사회 전체를 일반사회에 그릇되이 인식'시킨다는 말에서 이반사회가 일반사회에 그릇되지 않게 인식되기를 바라는 욕망을 읽어낼 수 있다. 하지만 질문해봤으면 좋겠다. 왜 어떤 사람들이 행하는 성적 실천은 문제가 되는가? 기혼, 일대일 관계, 이성 간 관계와 같은 특정한 조건이 갖추어지면 어떤 식으로 섹스를 해도 신경 쓰지 않는 사회가 어째서 '이쪽' 사람들의 여러 성적 실천, 예컨대 이반 휴게텔에서의 항문 성교와 같은 특정한 행위를 문제 삼는가? 문제는 정말 이반 휴게텔이나 항문성교 그 자체인가? 어째서 '남성'들이 '사회생활' 과정에서 성구매를 하고 그 과정에서 여러 성적 실천을 하는 것에 대해서는 굉장히 관대한 사회가 바텀알바에 대해서는 그토록 날을 세우는 것일까? 사회가 문제 삼는 것은 누가, 누구와, 어떤 관계로 그것을 행하는가라고 볼 수 있다. 이와 같은 상황은 문란함에 대한 낙인이 특정한 행위 자체에 대한 낙인이라기보다 특정한 사람들과 행위를 문제시함으로써 기혼, 일대일 관계, 이성 간 관계와 같은 규칙들을 재생산하고 사람들 사이에 위계를 부여하기 위한 수단이라는 점을 인식하게 한다. 문란함에 대한 낙인이 이처럼 차등적으로 부과되면서 위계를 만들어낼 때, '이쪽' 사람들을 향하는 낙인의 문제는 '이쪽' 사람들만의 문제가 아니게 된다. 크루징이 얼마나 문란하고 더러운 행위인지 강조하고 그러한 실천과 나를 구분 짓는다고 해도, 성적 실천과 성적 관계를 위계화하는 구조는 결과적으로 성소수자들의 실천과 관계를 열등한 것으로 규정한다. 성을 위계화하는 구조 자체에 질문을 던지고 이에 맞서지 않고서는 해결되지 않는 문제다. 이는 1990년대 '화장실 문화'에 대한 비판을 다시 생각해보게 만든다. 정말로 "'화장실 문화'가 '이반사회' 전체를 일반사회에 그릇되이 인식시키는"가? 아니면 '화장실 문화'가 '이반사회'에 존재했기 때문에 이것이 문제가 된 것인가? 그렇다면 우리는 '화장실 문화'와 싸우는 것으로 '이반사회'에 대한 낙인을 걷어낼 수 있는가?

08   게이바와 공원 사이

얼마 전 서울 종로에 위치한 한 게이바에 갈 일이 있었다. 벽이 온통 유리로 만들어져 지나가는 사람들이 내부를 볼 수 있고, 그 공간이 게이바라는 것을 다소 명확하게 드러내는 곳이었다. 20대 초반 이따금 들르던, 부산 범일동의 게이바들과 굉장히 대조되는 모습이었다. 바깥에서 내부를 조금도 볼 수 없고, 간판을 봐도 그 공간이 술집인지, 식당인지, 혹은 다른 어떤 가게인지 구분할 수 없고, 문에는 'Membership only'라고 쓰여 있었던 10년 전 그곳들과 사뭇 다른 게이바에서 칵테일을 마시며 지인과 한참 떠들었다. 그 술집뿐만 아니라 가게 내부가 유리창으로 투명하게 비치는 게이바들을 몇 곳 보면서 많은 변화를 느꼈다. 우리는 보다 더 가시적인 존재가 되었다.

그곳에서 나와 10분 정도 걸어가면 반듯하게 잘 정돈된 공원이 보인다. 어두운 밤을 환하게 밝히는 가로등 아래로 CCTV가 보인다. 그다지 넓지 않은 공원 하나에 수십 개의 가로등이 빛나고 있고, 그 아래로 수십 개의 CCTV가 작동하고 있다. 수십 개의 가로등이 공원을 밝히지만 미처 다 밝히지 못한 어둠이 드리운 벤치마다 드문드문 앉아있는 사람들이 보인다. 이상할 정도로 남성으로 읽히는 사람들뿐이다. 가로등 불을 피하듯 어두운 곳을 서성이며 이따금 나를 빤히 쳐다보는 사람, 조금 어색한 표정으로 빠르게 걸음을 옮기는 사람, 나를 향해 무언가 소리를 내다 시선이 마주치자 웃는 사람, 지나가는 나를 붙잡고 알아들을 수 없는 외국어로 무언가 말을 건네는 사람, 옆을 지나가는 나를 슬쩍 붙들고 자신의 신체 부위를 드러내는 사람. 크루징이 이루어지는 공원의 풍경이다. 이 공간에서 우리는 언제나 자신을 드러내왔지만, 그것을 가시성이라고 부르지는 않는다. 우리는 이곳에서 어둠 속을 서성인다.

누군가는 밖에서 훤히 들여다보이는 술집에 앉아 이야기를 나누고, 누군가는 어두운 공원에서 벤치에 앉아 옆 사람의 몸을 쓰다듬는다. 온라인 게이 커뮤니티에서 술집에서 만나 같이 술 한 잔을 할 사람도, 공원에서 만나 시간을 보낼 사람도 구할 수 있다. 서로 다른 공간에서 전혀 다른 방식으로 타인과 관계를 맺는 이들이 같은 온라인 커뮤니티를 공유하는 순간에 그 속에서 복잡한 갈등 구도가 형성된다.

게이 커뮤니티가 성적인 자유로움을 자긍심으로 이야기하는 순간에 말하지 않는 것이 있다. 자긍심이 될 수 없는 것이 있다. 자긍심의 언어로 표현될 수 없고, 그것에 대해 말하는 것이 곧 혐오가 되는 것들이 있다. 낙인찍히고 혐오받는 사람들이 모인 가운데서도 다시금 당신들로 인해 우리에 대한 사회적 인식이 나빠진다고 비난 받는 사람들이 있다. 무지개빛 프라이드는 그 경계 바깥에 위치한 사람들의 것이 아니다.

09 새로운 벽장

　크루징이 이루어지는 공간과 성소수자들이 모여서 커뮤니티를 이루고 인권에 대해 말하는 공간 양쪽에서의 이중생활이 지속되면서 나는 각각의 공간에서 스스로를 인식하는 방식, 사람들과 관계 맺는 방식이 달라지는 것을 느꼈다. 자긍심과 좀 더 단단한 정체성을 토대로 서로를 긍정하며 성소수자의 권리와 더 나은 세상을 이야기하는 성소수자 커뮤니티에서의 경험과 달리, 크루징 공간에서 나는 크루징이 이루어지는 그 순간의 즐거움과 욕망을 토대로, 하룻밤의 섹스에서 위안을 얻고, 상대에게서 선물이나 돈을 받으면서 느슨한 결합을 맺었다. 그 느슨한 결합이 주는 위안의 힘과 성소수자 커뮤니티가 가진 자력화의 힘은 서로 달랐지만, 양쪽 모두 나를 지탱하는 중요한 기반이었다.

　그러던 중 크루징 공간에서 성소수자 커뮤니티에 속한 사람과 섹스를 하게 되면서 나는 굉장한 두려움을 느꼈다. 활동가로서의 공적 자아와 이쪽 사람으로서 나의 자아를 어느 정도 떨어뜨려 놓고 각각의 공간에서 요구되는 서로 다른 기준에 맞춰 살아온 나에게 크루징 공간에서 만난 사람이 성소수자 커뮤니티에서 다시 마주치는 사람일 수 있다는 사실은 나의 이중생활이 가진 모순과 다시 직면해야한다는 의미이기도 했기 때문이다. 양쪽 공간에서 나에게 요구되는 역할이나 모습이 달랐고 활동가로서의 나와, 하룻밤의 섹스를 즐기고 그 과정에서 알게 된 사람들을 통해 물질적인 이득을 취하는 나는 너무 다른 사람이었다. 특히 활동가들에게 유독 '도덕성'이 요구되기도 하는 상황에서 하룻밤의 섹스를 즐기고, 상대의 욕망에 맞추어 나의 특정한 부분들을 어필해서 지속적으로 돈을 받거나 선물을 얻어내는 나는 '충분히 도덕적인 사람'일 수 없었고, 그래서 나는 크루징을 할 때 더욱 더 나이가 많은 사람들이 주로 방문하는 공간에서 좀 더 연령대가 높은 사람들을 상대하기 시작했다. 크루징을 할 때는 성소수자 커뮤니티에 속하지 않을 법한 사람들과 관계를 맺고 싶었기 때문이다.

그러다 연령대가 높은 게이들이 좀 더 많이 속해있는 커뮤니티와 어느 정도 접점이 생기기 시작하면서 진지하게 크루징을 그만둬야 하나 싶은 생각까지 들게 됐다. 성소수자들이 모이는 공간에서 나는 여전히 '문란한' 이들에 대한 낙인을 일상적으로 목격할 수 있었고, 크루징을 즐기고 성노동을 한다는 사실을 밝히고 활동을 하면서도 사람들이 내가 실질적으로 상대를 구하고 관계를 맺는 방식을 알게 되는 것이 두려웠다. 사회적으로 부도덕하다고 낙인찍힌 일을 하고 그것을 드러내면서도 내가 정말로 '부도덕한 사람'으로 보이는 것에 대한 두려움을 완전히 없앨 수는 없었다. 양쪽의 공간에서 나는 너무 다른 사람이었지만, 그럼에도 나는 한 사람이기에 나를 지탱해오던 느슨한 결합이 주는 위안과 커뮤니티가 가진 자력화의 힘 중 하나를 택해야만 할 것 같은 상황에 놓였다. 그리고 실제로 크루징을 하는 빈도가 많이 줄어들게 되었다.

그 과정에서 나는 결국 내가 활동가로서 수없이 해온 커밍아웃이 사회가 부도덕하고 나쁘다고 낙인찍는 지점들을 미묘하게 피해가며 드러낼 수 있는 것만을 이야기해온 과정이었다는 것을 인정해야만 했다. 예컨대 스스로 성노동자임을 말하면서도 성노동을 하는 과정에서 내가 어떻게 손님들의 동정심을 사고, 나를 어떤 사람으로 속이고 연기해서 그들이 지갑을 열게 만드는지에 대해서는 말할 수 없었다. 크루징을 즐긴다는 사실을 공공연하게 밝히면서도 크루징을 즐기는 순간에 내가 뱉는 거짓말들은 밝힐 수 없었다. 그 모든 과정에서 내가 활동가 도균임을 감추기 위해 연기했던 가짜 자아들에 대해서는 충분히 언급할 수 없었다. 나의 거짓말, 나의 가짜 자아들은 새로운 벽장이 되었다.

나는 왜 수없이 커밍아웃과 정체화를 반복하면서도 다시 새로운 벽장 속에 들어가게 되었을까? 나는 어째서 이 모든 것을 쓰기 위해 글을 풀어가면서도 직접적으로 말을 하는 대신 끝없이 질문을 던지고 있는 것일까?

10 성소수자인 성노동자가 드러날 수 있는 순간

한 대형 인터넷 퀴어 커뮤니티에서는 TG[18]/CD[19]게시판에 올린 공지를 통해 '일부 성매매를 일삼는 TG/CD분들 때문에 전체가 싸잡혀서 비난 받고' 있다고 훈계하고, '성매매는 명백한 범죄행위이며 발각되면 형사처벌을 받게' 된다고 경고한다. 또한 '게시판/대화방에서 노골적으로 성매매/매수'를 하는 이용자에 대해 '준회원으로 강등하거나 IP를 차단'하고 있다. 그리고 신고 게시판을 만들어 운영하면서 '성매매 증거화면을 캡쳐하여 등록하면 24시간 이내에 처리'해주겠다고 알리고 있다. 하지만 동시에 이 사이트에서 일정 기간 동안 정해진 금액을 지불하면 광고를 올릴 수 있는 광고 게시판과 한 번 글을 작성할 때마다 일정 금액을 지불해야하는 홍보 게시판에는 'TC'[20]를 지불하면 '선수'[21]를 '초이스'[22]할 수 있는 클럽, 빠, 노래방의 광고와 그런 업소에서 일할 '선수'를 찾는 홍보 게시물을 쉽게 발견할 수 있다.

사이트에 돈을 지불하지 않는 개인 조건만남 성노동자는 별도로 만들어진 신고 게시판을 통해 IP차단까지 당하지만, 한 달에 몇 만원씩 내거나 글 하나를 작성할 때마다 돈을 지불해야 하는 게시판에는 공공연하게 '성매매'를 암시하고, 성산업에서 사용되는 용어들이 포함된 광고들이 올라온다. 이때 '전체가 싸잡혀서 비난' 받게 만드는 '일부 성매매를 일삼는 TG/CD'와 '선수'를 '초이스'할 수 있는 클럽, 빠, 노래방의 차이는 무엇인가? 해당 퀴어 커뮤니티 내에서 '성매매'는 어떤 순간에 문제가 되는가? 혹은 해당 커뮤니티에서 '성매매'는 어떤 순간에 드러날 수 있는가? '성매매'를 불법화하는 법과 사이트 운영에 필수적인 수입 사이에서 이와 같은 모순적인 상황이 나타날 때, '성매매를 일삼는' 성노동자인 나는 내가 성노동을 하기 위해 손님을 구하려고 글을 쓰는 게 문제가 되는 것인지, 그런 글을 돈을 내지 않고 쓰기 때문에 문제가 되는 것인지 알 수 없다는 생각을 하게 된다. 성소수자인 성노동자들은 자신들을 통해 창출되는 경제적인 이득이 자신들을 비가시화시키는 구조로 돌아가는 순간에만 제한적으로 자기 자신을 드러낼 수 있다.

11   성소수자인 성노동자가 필요한 순간

종종 주변의 성소수자들이 연구자나 언론의 인터뷰에 응한 다음, 자신이 인터뷰에 응한 목적과 다른 방식으로 자신의 발언들이 사용되어 분노하는 모습을 보게 된다. 트랜스젠더퀴어 바텀알바인 나의 말이 필요해지고 드러나는 순간은, 연구자나 언론이 특정한 방식으로 나의 서사를 필요로 하는 순간뿐이라는 생각을 자주 한다. 어렵게 시간을 내어 많으면 십 수 시간씩 나의 경험에 대해 증언해도, 나의 이야기는 연구자나 언론이 원하는 목적에 맞게 편집되어 논문이나 기사에 텍스트로 박제된다.

내가 굳이 이런 글을 쓰고, 강연을 하는 것은 연구자나 언론의 재료로만 남고 싶지 않은 바람이 있기 때문이다. 나의 입에서 나온 내 삶의 언어가 연구자나 언론의 조금 특이한 이야깃거리가 되어 내가 원치 않는 방식으로 사용되는 것을 볼 때면 나에게 허용되는 선은 여기까지라는 생각이 들곤 한다. 내가 할 수 있는 말은 사람들이 생각하기에 '그런 사람'이 말해도 괜찮을 법한 자기 서사에 국한되고, 내가 나의 정치적 입장을 담아 나의 주장을 펼치는 것이 허용되는 순간은 오로지 그 입장이 나의 이야기를 전달해줄 연구자나 언론의 입장과 합치될 때나 내가 활동가로서 나의 경험을 다시 정돈해서 말할 때로 제한되기 때문이다.

예전에 한 행사 자리에서 '성매매가 성폭력의 원인'이라고 말한 사람이 있어, 그에 대해 내가 성노동 운동을 하는 성노동자임을 밝히고 반박한 일이 있었다. 그날 그 자리에서 상대는 내 반박에 대해 다시 반박하고 논쟁하는 대신 '한 당사자의 개인적인 이야기만 듣고 판단할 수 없다'는 말로 상황을 정리했다. 내가 하는 이야기는 자기 서사로 국한될뿐더러, 그 이상을 이야기할 때조차 내가 하는 말은 '한 당사자의 개인적인' 자기 서사로 치부된다. 그런 상황에서 나는 무언가를 이야기할 때, 내가 하려는 말이 당사자가 할 수 있는 말로서 적절한가를 검열하게 된다. 자기 서사로 치부될 수도 없는 이야기를 꺼내는 순간 나는 정말로 당사자가 맞는지를 의심받기 때문이다. 또한 내가 한 이야기가 연구자나 기자가 생각해낸 아이디어인 양 인용표시도 없이 사용될 때 내가 나의 경험을 나의 언어로 풀어서 설명하고 분석할 수 있는 한 사람의 인간으로서 존중받지 못한다는 생각을 한다. 내가 한 말이 온전히 나의 말로 받아들여지는 순간은 내가 응한 인터뷰로 문제가 촉발되고, 누군가 그 말에 대해 책임을 져야하는 순간이었다. 나는 나의 삶을 다루고자 하는 이들로부터 한 명의 인간으로 존중받을 수 있는가? 트랜스젠더퀴어 바텀알바인 나는 내 삶의 경험을 통해 형성된 나의 이야기가 연구자와 언론의 이익에 복무할 때만 제한적으로 나를 드러낼 수 있었다.

이 과정에서 성을 위계화하는 구조, 광고로 수입을 올리는 온라인 커뮤니티, 인터뷰를 따낸 연구자와 언론은 나름대로 이득을 봤지만, 정작 나는 끝없이 나에 대해 떠들어대면서도 정작 내가 하고 싶은 이야기들은 할 수 없는 사람이 됐다.

12　말할 수 없는 것을 이야기하기

말할 수 없는 것을 이야기하고 싶은 순간이 있다. 구체적으로 짚어서 무언가에 대해 말하는 행위와 그것을 통해 이야기하고자 하는 바가 대치되는 순간이 있다. 나는 '이쪽' 사람들을 고정된 하나의 정체성으로 주장하려는 것이 아니다. 나는 '이쪽' 사람들로 명명하는 사람들에 대해 이야기함으로써 정체성과 정체화를 다르게 사유할 단초를 마련하고 싶다. 그래서 '이쪽' 사람들을 하나의 문장으로 개념화해서 설명하는 대신, 그에 얽힌 역사, 공간, 갈등, 고민, 경험을 나열하듯 서술했다.

나의 젠더가 무엇이고, 내가 어떤 젠더를 가진 사람에게 어떤 방식으로 끌림을 느끼는지를 도식화하는 것만이 정체성으로, 그것을 찾아가는 과정만이 정체화로 상상되는 것에서 아쉬움을 느낀다. 하지만 내가 원하는 것은 새롭게 하나의 카테고리를 만들어 더 다양한 가짓수를 만드는 것이 아니다. 그것이 무의미하다고 생각하진 않지만, 내가 바라는 것은 그것이 아니다. 고정되고, 단일하고, 일관성 있는, 통합된 하나의 정체성이라는 상상에 의문을 제기하고 싶다. 말해질 수 없는 서사와 경험을 다른 방식으로 의미화하고, 다르게 의미화한 서사와 경험을 새롭게 구조화해 나가기 위한 출발점이기를 바란다.

말할 수 없음에 대해 고민했다. 말하는 것이 말하고자 하는 바와 대치되거나, 그것은 진지하게 이야기될 주제가 아니라고 치부되거나, 내가 특정한 이야기를 할 수 없는 사람으로 위치지어지거나, 그것에 대해 말하기 위한 언어가, 체계가 부재한다고 느낄 때, 그럼에도 그것을 말하기 위해 어떻게 해야 할지 고민했다. 그저 '이쪽' 사람들이라는 집단에 대한 경험적인 글로만 읽히지 않기를 바란다.

그럼에도 마음 한편에서는 '이쪽' 사람들에 대해 말하고 싶었다. 계급, 인종, 이주, 장애, 연령과 같은 것들이 성소수자 커뮤니티 자체를 분할하거나 커뮤니티에 진입하기 위한 요건을 만들 때, 거기서 미끄러진 사람들에 대해 쓰고 싶었다. 이 또한 오랫동안 가져온 욕망이고 서로 다른 욕망 사이에서 오랫동안 줄다리기를 했다. 여러 겹으로 얽힌 낙인과 구조의 문제를 시간과 공간의 맥락 위에서 이야기하고 싶다. 이 글이 그런 논의를 위한 좋은 출발점이 되길 바란다.

성적 지향과 성별정체성의 범주, 섹슈얼 지향/로맨틱 지향/젠더 정체성과 같은 분류, 섹스/젠더/섹슈얼리티 체계와 같은 것들이 낯설거나 그에 들어맞지 않는 사람들이 있다. 그 중에서도 특히 크루징을 중심으로 연결되는 사람들이 자신을 감각하고 관계 맺는 방식을 살펴보면서 그에 얽힌 문제들을 생각해봤으면 한다. 그러기 위해 '이쪽' 사람이면서 성별정체성의 범주인 트랜스젠더퀴어로 스스로를 설명하는, 나 자신의 충돌하는 경험들을 맥락화해서 설명했다. 그리고 나의 여러 경험들이 충돌하거나 모순적이게 된 상황들을 살펴보았다.

폭넓고 느슨한 이름으로 설명하는 것이 부정확하거나 틀린 것이라면, 정확한 것은 무엇일까? 나는 '이쪽'인 사람인 것으로 충분할 수 없나? '이쪽'인 사람들은 게이나 트랜스젠더 등의 이름을 찾아 정체화를 해야 할까? 성소수자 이슈에 관심이 높아져 가지만 '이쪽'인 사람들의 삶은 드러나지 않는다. 나이 많은 '이쪽' 사람들이 모여서 크루징을 하고 관계를 맺는 공원 화장실, 사우나, 이반 DVD방은 잘 보이지 않을 뿐더러 이따금 그 공간의 존재를 알고 있는 사람들 중 여러 사람들도 굉장히 부정적인 시선을 보낸다. 나이든 퀴어의 삶이 보이지 않아 아쉽다는 말은 곳곳에서 들리지만, 의구심이 든다. 보이지 않는 것인가, 아니면 보지 않는 것인가? 이와 관련해서는 나 자신의 여러 경험에서 출발해 여기에 작동하고 있는 낙인의 문제를 짚어봤다.

동시에 정체화의 과정이 수많은 이름 중에 내가 무엇인지를 찾는 과정으로 이해되는 상황에 대해서도 다시 검토해볼 필요가 있다. 예를 들어 섹스/젠더/섹슈얼리티는 우리의 구체적인 삶 이전에 존재하는가? 섹스/젠더/섹슈얼리티가 됐든, 성적 지향과 성별정체성이 됐든, 섹슈얼지향/로맨틱지향/젠더 정체성이 됐든 이와 같은 분류는 우리의 구체적인 삶과 스스로를 설명하기 위해 형성된 다양한 방식이라고 볼 수 있을 것이다. 그렇다면 그런 분류는 자신의 삶과 스스로를 탐구해 나가는 과정에서 참고할 수 있는 방향으로 기능하는 것이 적절하지 않을까? 그와 같은 분류 자체가 내가 도달해야 하는 지향점처럼 상상되고, 그에 부합하지 않는 구체적인 삶의 양상이 무시될 때, 그 분류 속에서 내가 특정한 이름을 갖는 것에 어떤 의미가 남는지 생각해볼 필요가 있을 것이다. 그런 점에서 나는 정체성이 고정되고 단단한 개념보다는 유동적이고 말랑한 개념으로 사유되길 바란다. 폭넓고 느슨한 이름이 가진 가능성이 있다고 생각한다. 그 가능성을 '이쪽'이라는 느슨한 이름을 통해 배웠다.

그러면서도 고민하게 된다. '이쪽'이라는 범주는 정체성의 이름들을 기반으로 하는 성소수자의 범주와 완전히 구분이 가능한가? 나는 '이쪽'이라는 범주와 성소수자의 범주 양쪽 모두에 속해있는 사람으로서 계속해서 나를 분리하고 크루징 공간과 성소수자 커뮤니티 공간에서 요구받는 역할에 나를 맞춰왔다. 하지만 '이쪽' 사람인 나와 트랜스젠더퀴어 바텀알바인 나는 분리되지 않는다. 동시에 트랜스젠더퀴어 바텀알바라는 이름은 섹스/젠더/섹슈얼리티 체계나, 섹슈얼 지향, 로맨틱 지향, 젠더 정체성을 성정체성 묶음으로 사유하는 방식에 맞지 않는 분류 방식이다. 나는 나를 설명하는 이와 같은 모순적인 이름을 통해 일관성 있는 섹슈얼 지향, 로맨틱 지향, 젠더 정체성에 대한 가정이 어떻게 흔들릴 수 있는지와 함께 정체화의 방식이 반드시 자신의 성적 지향과 성별정체성을 찾아가는 과정은 아닐 수 있다는 것을 이야기했다.

나는 정체성을 어떤 이름들이 무수히 흩어져있는 좌표상의 어느한 점이 아니라 일종의 영역에 가깝다고 감각한다. 트랜스젠더퀴어 바텀알바라는 이름도, 퀴어나 '이쪽'이라는 이름도 나 자신을 표현하는데 사용할 수 있다. 어쩌면 어떤 순간에 나는 나를 게이로 설명할 수도있을 것이다. 지정성별 남성의 트랜스젠더퀴어로 나를 설명하면서 동시에 어떤 순간에 나를 게이로 설명할 수 있다고 이야기하는 나는 거짓말쟁이일 뿐인가? 이와 같이 서로 충돌하는 언어로 나를 설명할 수있는 것은, 그 언어로 설명하는 나 또한 내 삶 속의 관계와 다양한 상황들 속에서 충돌하는 지점들을 내포한 존재이기 때문이며, 그런 충돌이 발생하는 이유는 그 각각의 범주 또한 완전히 경계 짓고 분리할 수있는 범주가 아니기 때문이다.

13 새로운 갈등

이 글의 도입부에서 언급한 애인과의 사건 이후로, 애인은 나와 연애하는 과정에서 '게이'라는 표현을 알게 됐고, 그 이름에 대해 고민하기 시작했다. 최근에는 게이 커뮤니티 사이트에 사람들이 올리는 소설이나, 게이 만화가가 그린 만화를 보면서 즐거워하기도 하고, 게이들이 사용하는 모바일 데이팅 어플리케이션을 설치해서 사람들을 구경

하고 그들과 쪽지를 나누기도 한다. 여전히 자신을 게이라고 설명하진 않지만, '남성을 좋아하는 남성'이 정체성이 될 수 있다는 점을 알게 된 후로 나와 애인 사이에는 새로운 갈등이 생겼다.

이전까지는 그냥 왜 치마를 입고 다니느냐 정도의 반응을 보이던 애인이 나의 젠더 정체성에 대해 인식하고 그것에 거부감을 보이기 시작했다. 연애 초기까지만 해도 내가 트랜스젠더라고 커밍아웃할 때, '그럼 니가 수술을 한 후에 우리가 섹스를 하면 임신하게 되는 거야?' 같은 질문을 던지며 나의 커밍아웃을 받아들이던 애인은 내가 다양한 젠더표현을 하고, 트랜스젠더퀴어 지인들을 만나고, 관련한 활동을 하고, 스스로 트랜스젠더퀴어라고 정체화하는 것에 대해 다소 민감하게 반응하기 시작했다. 애인이 자신을 '남성을 좋아하는 남성'으로 정체화 하기에, 스스로를 남성으로 여기지 않는 나와의 관계가 걸림돌이 되었다.

내 방에 치마나 화장품 등이 놓여있어도 크게 별다른 말을 하지 않던 애인은 요즘 내 방에 치마가 보일 때마다 불편함을 드러낸다. 나와 스스로를 그저 '이쪽'이라고 설명하고 이해하던 애인이 내 주변의 '트랜스젠더'들에 대해 질문한다. 이 과정은 자신의 정체성을 부정하고 벽장 속에 있던 애인이 벽장 밖으로 나오는 과정일까? 애인이 혼란을 겪게 되면서 늘 방바닥에 널브러져 있던 내 치마는 옷장 속으로 들어가게 됐다. 가끔 신던 구두도 신발장 깊숙이 들어가게 됐다. 나는 여전히 일상적으로 치마를 입고 다니고, 트랜스젠더퀴어 커뮤니티 단체에서 활동한다. 애인 또한 그 사실을 알고 있지만 그에 대해 대놓고 대화를 나누진 않는다.

애인이 정체화의 과정을 거치면, 성적 지향과 성별정체성의 범주를 이해하고, 그에 수반되는 여러 모순과 내가 해온 여러 고민들을 이해하게 되면 나와 애인 사이의 이 미묘한 기류는 없어지게 될까? 이 글을 읽으면 게이라는 게 이쪽이라는 뜻이 아니라는 걸 애인이 이해할 수 있게 될까? 애인이 이 글을 읽는다면, 아마 이 글은 애인이 태어나서 처음으로 읽은 책이 될 것이다. 애인의 질문에 대한 나의 고민들이 잘 전달되었으면 한다.

1. 퀴어 아키비스트 루인이 제안한 용어, "의료적 조치를 하건 하지 않건, 이원젠더 규범에 부합하지만 가끔 틈새를 드러내건, 이원젠더 규범에 저항하며 다른 방식으로 젠더를 구성하건 상관없이 이성애-이 원젠더 규범에 부합하지 않고 저항하고 때때로 능청스럽게 무시하는 그런 일시적이거나 지속적 삶의 태도, 젠더 경험, 인식론을 설명하고 싶어서" 제안한 용어라고 본인의 블로그에서 밝힌 바 있다. 루인 "트랜스젠더퀴어란 용어" http://www.runtoruin.com/3145 (검색일: 2018년 5월 26일).

2. Male to Female 트랜스젠더의 줄임말, 수잔 스트라이커는 트랜스젠더의 역사에서 '트랜스젠더'를 "태어날 때 지정받은 젠더를 떠나는 사람, 그 젠더를 규정하고 억제하기 위해 자기들의 문화가 구성한 경계를 가로지르는 사람"이라는 의미로 사용한다. 수잔 스트라이커, 『트랜스젠더의 역사』, 제이 · 루인 옮김, 이매진, 2016.

3. 젠더퀴어는 "규범적이지 않은 젠더 정체성 또는 그런 젠더표현이다. 이것은 엄브렐러텀이 될 수도 있고 특정한 정체성이 될 수도 있다." 성별이분법에 저항하는 사람들의 모임 여행자, 『뜻밖의 여행』, 2017, 17쪽.

4. 이반 휴게텔은 흔히 '게이 찜방' 등으로 불리며, 시간대별로 만 원 이하에서 만 원 대 정도의 금액을 내고 그 공간을 방문한 다른 사람과 서로 플러팅(flirting)을 하고 섹스를 하는 공간이다. 샤워 시설이 마련돼 있고, 다양한 크기의 어두운 방들이 있고, 그 밖에 업장에 따라 쉬는 공간이 있는 것이 일반적이다.

5. 이반 DVD방의 경우에는 이름은 DVD방이지만, 통상적인 DVD방과 달리 작은 상영관 같은 공간과 섹스를 할 수 있는 어두운 방들로 구성된 업장을 이야기한다. 입장료는 보통 5천 원 정도이며, 24시간 영업하는 경우가 드물고 지역이나 업장에 따라 많이 다르지만 전반적으로 출입하는 사람들의 연령대가 다른 종류의 업장들에 비해 좀 더 높다. 사람들에 따라 일종의 친목을 나누는 공간으로도 역할을 한다. 중년의 '이쪽' 사람들이 특정한 이반 DVD방에 지속적으로 방문하면서 그곳에서 만난 사람들과 친분을 쌓거나 연락을 주고받는 경우도 이따금 볼 수 있다.

6. 오픈 릴레이션쉽은 연애 관계에 있는 사람들이 상호 합의 하에 상대가 연애 관계 바깥에 있는 사람과 성관계를 할 수 있다는 것에 동의한 관계를 말한다.

7. 폴리아모리는 "상대방 또는 자신이 서로 외의 사람과도 연애, 섹스, 스킨쉽 등을 할 수 있도록 관계를 열어 두는 사람, 또는 그런 사랑을 하는 사람"을 말한다. 성소수자 부모모임, 『커밍아웃 스토리』, 한티재, 2018, 369쪽.

8. 크루징(cruising)은 "길거리나 화장실, 극장, 공원 등의 공공장소 혹은 게이 대상 업소 등을 돌아다니며 데이트 상대를 찾는 일. 과거 서울 지역의 경우 시외버스터미널 화장실이나 옥상, 바다극장, 파고다극장, 극동극장 등의 극장, 종묘 공원, 남산 공원 등에서 크루징이 성행했으나 인터넷이 생기면서 최근에는 공공장소에서 크루징을 하는 사람이 드물어졌다." 이송희일 외, 『게이컬쳐홀릭』, 씨네북스, 2011, 263쪽.

9. 성노동의 한 형태로서 가게에 속하지 않고 일정한 금액을 받고 만나는 방식이다.

10. 이송희일, 「연재1 - 극장의 역사 : 서있는 사람들」, 게이인권운동단체 친구사이 소식지, 2003.10.22 https://chingusai.net/xe/webzine/125014 (검색일 2018. 03. 29).

11. 이송희일, 「p싸롱의 몰락과 전설」, 게이인권운동단체 친구사이 홈페이지 자유게시판, 2003.10.23 https://chingusai.net/xe/freeboard/57686 (검색일 2018. 03. 29).

12. 임근준, 「2003년 1월 1일 : 유쾌한 동성애, 정체화되지 않는 이반, 그리고 또다시 육체의 범주에 발목 잡히기_ 중」 이글루스 블로그, 1998.9.1. http://chungwoo.egloos.com/1109491 (검색일 2018. 3. 29).

13. 이서진, 「게이 남성의 장소 형성 - 종로구 낙원동을 사례로」, 서울대학교 국토문제연구소, 『지리학논총』, Vol.49, 2007, 30-31쪽.

14. 퀴어락의 "한국 트랜스젠더 인권운동 20년" 전시회와 트랜스젠더 관련 자료 기증. http://www. runtoruin.com/2903 (검색일 2017. 12. 6).

15. 터울, 「게이정체성 · 게이인권운동 · 게이커뮤니티, 23년 역사의 궤적」, 성소수자 차별반대 무지개행동 주최 2017 제9회 성소수자 인권포럼 〈때가 왔다〉 자료집, 2017, 162쪽에서 재인용.

16. 위의 글, 162쪽.

17. 무성애의 하나로, 어떤 상대에게도 성적 끌림(육체적인 끌림)을 느끼지 않는 것을 말한다. 성적 끌림을 느끼지 않더라도 로맨틱 끌림은 그와 상관없이 느낄 수도 있고, 느끼지 않을 수도 있다. 성소수자 부모모임, 「커밍아웃 스토리」, 한티재, 2018, 369쪽.

18. 트랜스젠더의 약자.

19. 크로스드레서의 약자, 크로스드레서는 사회적으로 이성의 복장으로 규정되는 의복을 입는 사람들을 가리키는 말이다.

20. 테이블 차지의 약자, 성산업에서 테이블 당 비용을 계산하는 경우 사용되는 표현이다.

21. 성산업에서 남성 성노동자를 가리키는 데 사용되는 속어다.

22. 성산업에서 구매자가 성노동자들을 고르는 것을 가리키는 데 사용되는 속어다.

이 글을 쓰면서 받은 도움

• 전혜은 님과 나눈 수많은 대화와 질문이 글을 쓰는 과정에 정말 큰 도움이 되었다. 자신의 마감도 미뤄두고서, 밤새도록 쏟아지는 생각들을 갈무리하는 데 큰 도움 주신 전혜은 님께 감사를 표한다. 이 글을 쓰는 과정에서 항상 글의 첫 독자가 되어주었고, 구체적인 조언과 격려가 큰 힘이 되었다.

• 준비 중이던 원고를 한 번 갈아엎고 이 글을 작성하는 과정에서 『피해와 가해의 페미니즘』에 실린 한채윤의 글 「소수자는 피해자인가: 커밍아웃, 아웃팅, 커버링」과 『페미니즘 왼쪽 날개를 펴다』에 실린 「계급의 문제_도로시 앨리슨」을 읽었다. 내가 쓸 수 있는 글이 어떤 글인가를 생각하는 과정에서 두 글로부터 많은 도움을 받았다. 두 편의 글과 그 글들을 추천해주신 루인 님께 감사를 표한다.

• 부족한 고민의 행간을 애인과 함께 보낸 9년의 시간으로 채웠다. 몸과 삶에 대한 나의 사유는 애인이라는 낯선 이를 마주하고 욕망하는 과정에서 출발했다. 애인에게 깊은 애정을 보낸다.